U0505357

国际关系学
研究方法 （第三版）

RESEARCH
METHODOLOGIES
FOR INTERNATIONAL
RELATIONS
3RD EDITION

李少军 著

格致出版社 上海人民出版社

序　言

　　进行学术研究,非有专业的研究方法不行。挪威学者托布约尔·克努成(Torbjrn Knutsen)在比较国际关系专业学生与业余国际问题爱好者的不同时,强调了两个区别。第一个区别是"方法"。经过专业学习的学生用方法论为自己压舱,在面对问题的时候能够获得特定的科学哲学和学术规范的指导。第二个区别是"理论"。国际关系专业的学生能够自觉地沿着前人已经走过几个世纪的道路探究战争、财富、和平和权力问题。①

　　国际关系专业学生具有这两种素养,来自两种学习,即知识的学习和方法的学习。知识的学习是指研读学界已有的研究成果,包括国际关系史的学习,也包括涉及现实问题与理论问题的专论和概论的学习。这种学习,本质上是理解、记忆和积累的过程,目的是奠定专业的知识素养。方法的学习,主旨是搞明白什么是国际关系研究和怎样进行研究,目标是掌握研究途径与学术规范,培养观察事实和解决问题的研究能力。

　　从专业学习来讲,这两者都是不可少的,但无论是教师的"教",还是学生的"学",都有强调哪一方面的问题,即是重知识还是重方法。在 20 世纪 20 年代,教育家蔡元培在美国参观调查时,曾与在纽约的中国留学生谈过知识与方法的关系问题。他讲了"点石成金"的典故:八仙中的吕洞宾有点石成金的法术,遇到一人,要点金子送给他,但那人却不要金子,而想要吕洞宾能点石成金的手指。蔡元培认为,我们得知识是得金子,得方法是得指头,自然是方法更重要。②

---

　　① [挪威]托布约尔·克努成:《国际关系理论史导论》,余万里、何宗强译,天津:天津人民出版社 2004 年版,第 1 页。
　　② 参见冯友兰:《我所认识的蔡子民先生》,《三松堂全集》第十四卷,郑州:河南人民出版社 2001 年版,第 213 页。

在国际关系专业的学习中,学生阅读国际关系专业文献,了解国际问题研究的各种知识,是得"金子",而掌握各种研究方法的原理与应用,则是得"手指"。对教师来说,"授人以鱼,不如授之以渔",给学生传授知识固然重要,但教会学生如何探求和创造知识更重要。

知识与方法的关系,实际上还涉及学习的境界。《论语》记载,孔子在评论子路的乐器演奏时说过这样的话:"由也,升堂矣,未入于室也。"这里的"由"是指子路,"升堂"是指入门,"入室"是指进入更高的境界。在国际关系专业的学习中,大量阅读文献,熟悉各种知识,只能算"升堂";掌握研究方法,具有了创造知识的能力,才能算"入室"。如果说国际关系专业本科生阶段的学习达到"升堂"就可以了,那么研究生阶段的学习,特别是博士生阶段,则一定要"入室",要把培养研究能力作为学习的重点。

学习做国际关系研究,首先要解决怎样认识"世界"的问题。这是做研究的一道门槛。虽然做研究要懂怎样写论文,知道篇章结构的设计与学术规范,但在进行这些技术性操作之前,先得搞明白国际关系研究的意义,知道面对着怎样的"世界",懂得观察和解释事实的途径,并且了解学科的研究范式。有了这种哲学的思考,研究者才会明白怎样发现未知和提出有学理价值的问题,也才谈得上应用学科方法进行论证。

当今国际问题的复杂性,决定了研究方法的多样性。研究者有不同的"世界观"和研究理念,对研究问题和方法选择就会有不同的偏好。他们可能青睐实证方法,也可能更愿意进行非实证研究;可能倾向案例法、定量法或形式模型法,也可能倾向诠释法。这些方法没有高下之分,关键要看是否切合所论证的问题。除了这些学科方法,研究者还可能用到各种工具性方法,诸如问卷法、分析综合法、比较法等。应用这些学科方法和工具性方法时,不论研究者秉持何种理念,都必须了解其应用原理和适用性。尤其是运用"科学方法",诸如统计方法和形式模型等,是必须遵循有关规范的。由于解决复杂的国际问题需要用到多种方法,而形势的变化很可能需要用到新的研究工具,因此对方法的选择宜持开放态度。局限于某些方法,会把自己的研究限制得很窄,是不利于学术发展的。

本书作为一本教科书,写作宗旨是分三个层次对国际关系研究方法进行阐述。前三章主要从哲学方法的层次进行阐释,分别讨论了事实、理论与研究途径。第四章到第七章介绍的是学科方法,分别阐释了案例研究法、定量研究法、形式模型法和诠释法。最后一章从研究设计的角度介绍了专业定位与学术研究的具体规范。

就内容和写作特点来讲,虽然本书涉及很多操作层面的东西,但更偏重对方法原理的讨论。由于进行国际关系研究不是纯粹的"技术活",任何方法都不是可以拿来就用的东西,因此人们在使用时必须明白为什么要使用它。在学习中,搞清楚研究的原理,比掌握"怎样做"更重要。

进行国际关系研究,最终的实践形式是撰写专业论文。虽然本书的很多内容涉及论文的写作与学术规范,但论文绝不是按照操作要求就能写好的。恰如清人刘大櫆在《论文偶记》中所言:"凡行文多寡短长,抑扬高下,无一定之律,而有一定之妙,可以意会,而不可以言传。"学习撰写论文,固然可以参考教科书的说教,也可以参考学界的已有研究成果,但更多要靠自己的感悟。如果读了各种教科书和参考文献后,能够细细参详,让方法论的小溪在心中缓缓流过,那么也许在写作上能更快地达到专业的要求。

对于研究者来说,掌握写作规范与技巧固然重要,但更重要的是下笔之前先要有发现。如果在研究中找不到创新点,那么不管论文写得多精致,也是没有价值的。因此,学习研究方法要特别注意创新问题。在我看来,要创新,首先要学会观察事实,找到别人没有看到的新的现象、规律、属性、趋势等。比如,观察较长时段的国际互动,发现形势的新属性、新特点;比较重要个案,发现突发事件特有的动因与意义。做这样的研究,是需要有创造性思维的,而这样的思维肯定与多数人的想法不同。培养这种能力是比学习操作方法更难的事。由于人们进行国际关系研究,说到底是为了创造新知识,因此只有在探索中能够有发现,才算真正具备了成为专业研究者的素质。

鉴于方法在学术研究上的重要性,对于方法论的研究,包括进行经验总结和理论阐释,应当是一个受关注的领域。就目前国际关系学科的现状而言,这仍然是一个相对薄弱的领域,研究的人少,专门的成果也不多,在国内和国外都是如此。也许这是因为人们有这样一种认识,即国际关系学作为政治学之下的子学科,不需要有自己的特有方法,运用政治学的研究方法就行了。然而,比较国际关系研究与政治学研究可以看到,两者所用的概念体系和方法,尽管有相似相通的地方,但从总体讲是有很大差别的。例如,被政治学作为重点的对国内政治制度和政治思潮的研究,在国际关系研究中就不是主要领域。因此,国际关系学科在发展中应当形成自己的方法论体系。

我对方法论的系统研究,始于2005年承担的一项教材撰写课题。本书2008年出版后,2016年出版了第二版,现在修订的第三版,多数章节进行了大改,很多部分重写了。这反映了我对方法论认识的加深。如果说承担课题之初,我对方法论的认识还朦朦胧胧,那么经过这些年的思考,可以说已形成了较系统的理解。现在回顾以往带学生的经历,颇有"觉今是而昨非"之感。那时自己都不懂方法,也不知给学生教了些什么,但愿这本书能弥补一二。

研究方法论,我最深的感受就是:懂方法,才明白什么是国际关系研究。这里说的方法专指学术规范,针对的是学术研究。在国际问题领域,有学术研究,也有各种非学术研究。国际关系研究作为学术探索,宗旨是贡献新知识,实质是对发现的论证,确切地说就是"找到未知,提出问题,论证假说,结论最终接受同行评议"。这样的过程,其标志是使用规范的方法。这就如同体育比赛一样,不懂规则,就不能参加比赛,也看不懂比赛。对于国际关系学科的学者来说,大家都使用规范的方法,所做探索才可能进行重复、评估和讨论。这样的研究,事先是没有确定的结论的,它不是对权威的遵奉与效法,而是无止境的检验与修正。不循此途径,就谈不上知识的创新与积累,所做之事就不能说是学术意义上的国际关系研究。

当然,我现在也不敢说对方法就真的都懂了。特别是对于定量研究和形式模型等科学方法,所知就很有限。初版这部分内容的撰写得到了王玮(中国社科院美国研究所研究员)很大的帮助。在后来的修订中,我虽然大体上弄懂了这些方法,能够用自己的语言进行阐述,并且进一步说明了这些方法对国际关系研究的价值,但仍觉与学界对这些方法的运用现状相去甚远。希望现在这本书能够抛砖引玉,推动学界更多的人关注和探讨科学方法以及其他方法在国际关系研究中的运用。

在书稿付梓之际,我要感谢学界和出版社朋友的真诚帮助和支持。最后衷心希望得到读者的批评和指正。

李少军

2023 年 12 月

目　录

第 **1** 章
国际关系研究中的事实

"科学是建立在事实上面的建筑物。"[1]人们进行国际关系研究,不论是评论热点问题、分析形势走势,还是探求规律、演绎理论命题,都离不开事实。事实是国际关系研究的对象与原初因素。对研究者来说,只有对事实有适宜的认识,了解其基本概念、分类和属性,才能摆正研究主体与客体的位置,明白国际关系研究应经由怎样的途径和选择怎样的方法。

1.1 国际关系事实的概念与类别

要探讨**国际关系事实**的概念,首先需要辨析"事实"的词义。

在中文里,"事实"一词的释义是"事情的真实情况"。[2]在这里,"真实"是个关键术语。什么是"真实"? 一般来讲有两层意思:一是指事情存在或已经发生;二是指有关事情的陈述"与客观现实相符"。在英文词典中,有关"事实"(fact)的释义也强调了这两层意思。[3]对于这两层含义,我们可以用一个事例来说明。2003 年美国发动伊拉克战争是以"萨达姆政权拥有大规模杀伤性武器"为由。如果追问伊拉克是否真的拥有这种武器,那么所涉及的"真实"含义就是前者,即这种武器存在不存在;如果追问美国的情报

---

① J. J. Davies, *On the Scientific Method*, London: Longman, 1968, p.8.
② 中国社会科学院语言研究所词典编辑室编:《现代汉语词典(第 7 版)》,北京:商务印书馆 2016 年版,第 1194 页。
③ https://www.merriam-webster.com/dictionary/fact,访问时间:2023 年 12 月 20 日。

是否属实,则涉及的"真实"含义就是后者,即作为美国动武理由的情报是否与事实相符。对于"真实"含义的这两种解释,强调的都是事物的客观性。

除了客观的视角,对事实的界定还存在主观的视角。例如,如果追问人们怎样确定事实的真实性,那么就可以演绎出事实的另外两层含义,即根据有关信息确信为真的东西,以及经过研究确信为真的东西。在这里,"确信"作为一种心理活动,就是一个主观的过程。《剑桥词典》(*Cambridge Dictionary*)有关"fact"的释义就有这两层意思:"确信发生或存在的事情,尤其是存在证据或相关信息的事情。"[①]对于一般大众而言,确信事实大概主要依据感觉或经验,但对于研究者来说,则需要进行科学验证,能够被证实的东西才是真相。

综合以上讨论,可以总结出"事实"的四层含义:(1)真实存在的事情;(2)反映真实的信息;(3)通过相关信息被认为是真实的事情;(4)被科学研究证实的事情。在这四层意思中,"真实存在"是最根本的一条,其他三条可以说都是从这一条派生出来的。显然,有了事情的真实存在或发生,才可能有反映事情的真实信息,以及人们根据信息对事实的确认和证实。

把有关"事实"的基本含义用到国际关系领域,就有了"国际关系事实"的概念。这一概念所指的内容,既包括国际关系中真实存在的东西,包括反映这种真实存在的信息,包括人们根据相关信息认可的东西,也包括得到研究证实的东西。由于有关事实含义的后三种情形都与反映真实的信息相关,而信息的传递又是以文本为主要体现,诸如统计数据、新闻报道、政策报告、外交文献、资讯情报等,因此,探讨事实的类别、构成、属性和特点等,可以大体上分为两大类别进行阐释,一类是作为真实的事实,另一类是作为文本的事实。

---

① https://dictionary.cambridge.org/dictionary/english/fact,访问时间:2023 年 12 月 20 日。

1.1.1　作为真实的事实

所有真实存在的事情，都属于这一类别。作为一种实在(reality)，其构成既包括国际关系的实体(substance)，也包括这种实体的功能和行为所产生的属性(property)、状态(state)、关系(relation)、过程(process)和事件(event)等。在这里，作为实体的国际关系行为体构成了事实的第一要素或第一存在，因为它们是各种行为、属性、关系、状态的承担者。以美国为例，它本身的存在是第一存在，它所实施的各种对外政策行为，以及由此造成的国际关系现状，都是以美国这个实体为载体的第二存在。

国际关系实体作为真实的存在，是指能独立参与国际事务并在其中发挥影响的单元。其中既包括国家行为体，也包括非国家行为体。在当今世界，国家行为体大约有 200 个，其中取得联合国成员国地位的有 193 个。非国家行为体包括国际政府间组织(IGOs)、国际非政府组织(INGOs)、种族集团、跨国公司、地方政府、政党甚至个人。其中，国际组织是比较重要的组成部分。按照《国际组织年鉴(2020—2021 年)》(*Yearbook of International Organizations 2020—2021*)提供的 2019 年的数据，全球共有国际组织 72 831 个，其中政府间组织为 7 804 个，占 10.72％，非政府组织为 65 027 个，占 89.28％。[①]

在国际关系实体中，主权国家一直是最基本的单元。非国家行为体无论具有何种形式与功能，其存在都在主权国家体系的制约之下，因为：(1)主权国家掌握着管理人类社会的最高权力，是国际社会的基本单元；(2)国际政府间组织是主权国家建立的；(3)非政府组织在很大程度上受制于主权国家的管辖范围；

---

① Union of International Associations, *Yearbook of International Organizations 2020—2021*, *Volume 5 Statistics*, *Visualizations and Patterns*, p. 27, https://uia.org/sites/uia.org/files/misc_pdfs/pubs/yb_2020_vol5_lookinside.pdf,访问时间：2023 年 12 月 20 日。

(4)国家边界是各种行为体不能任意逾越的界限。主权国家所具有的这些属性,决定了它们是国际关系研究关注的主要行为体。

当然,人们也会注意到,伴随着全球化进程和全球问题的凸显,各种国际组织作为主要的治理平台,所发挥的作用在日益上升。在这种治理中,各种非政府组织已成为重要的参与者。这种情况使人们对各种非国家行为体的体制、机制和作用的研究也日益增多。

在国际关系中,行为实体存在的最基本的表现是互动。互动是指相互联系、相互影响和相互作用。这种互动会使行为体间形成一种行动-反行动的关系结构。每一个行为体都会以对外政策行为影响其他行为体,反过来,它也会受到其他行为体的影响。在这样的互动中,行为体发挥作用的方式,可以表现为"言",也可以表现为"行"。这两者通常是同时存在的,但有些时候行为体是只说不做,或者只做不说。

行为体的"行"有不同的形式,诸如谈判、施压、威慑、使用武力等。这些不同的形式体现了从合作到冲突的不同的互动属性和程度。采取行动的主体虽然包括非国家行为体,例如联合国、欧盟、北约等在国际关系中都是非常活跃和重要的行为体,但最基本的角色还是主权国家。在国家之间,无论是友好交往、进行国际合作,还是发生对抗、冲突甚至战争,都会构成最常见的真实事实。由于世界上的大多数国家在大多数时候是处于和平状态,可以通过外交途径解决彼此间的问题,因此人们(比如通过新闻)了解到的真实情况中,尽管冲突与战争常常是热点,但大多数情况是属于外交范畴的互动。

在互动中,行为体通常会以"言"阐释自己的政策立场。其中,包括国家首脑、外交官员的讲话,也包括政府部门正式发表的声明和政策白皮书等。这些东西,不论是具有实质内容的正式文本,还是属于外交辞令的空话、套话,只要在一定的场合表达出来,就都是真实存在的东西,构成了作为话语的事实。

行为体的"言"和"行",都是有一定意图指导的。这种观念性因素决定国际关系事实都具有社会意义。这里所讲的"意义",是指行为主体的主观因素所决定的方方面面,包括事实发生的舆论环境、行为体的意向、认同与价值等。正是这些观念因素,构成了国际关系事实发生的动因,并且决定着互动的结果和对国际关系的影响。例如,对于冷战的突然结束,建构主义的研究就强调了内在的观念因素的作用,认为由于苏联领导人戈尔巴乔夫接受了"共同安全"的思想,改变了观念,因而改变了苏联的对外政策,最终与西方建立了新型的关系。①

以观念为指导的行为体的互动,会导致各种结果,包括事件、关系、状态和过程等。这里所说的"事件",是指互动所导致的大事。例如"9·11"恐怖袭击就被称为"事件"。事件的存在,会构成国际形势的某种状态。状态是指实体在特定时刻的性质的总和。实际上,任何国际行为实体在任何时刻都处于一定的状态,诸如和平、战争、紧张、缓和等。一般来说,一个复杂的国际互动事实往往包括众多的状态。例如大国关系在历史进程中就往往表现为冲突与合作相伴随。实体间互动的不同状态的存在,表明国际关系是处于不断运动、变化的过程之中。

变化作为国际关系事实存在的基本特征,所导致的过程存在纵向的序列和横向的结构。从纵向的序列讲,国际关系事实可以分解为连续发生且相互联系的一系列事件。例如,20 世纪 90 年代发生的朝核问题,其发展过程就包括第一次朝核危机、美朝签订核框架协议、第二次朝核危机和六方会谈等事件。这些连续的事件构成了国际关系事实有始有终的过程。从横向的结构讲,国际关系事实在同一个时间点上往往是各种过程相互作用的结果。就2022 年发生的俄乌冲突来说,就包括不同的互动进程。伴随着俄罗斯与乌克兰之间直接的军事对抗,世界各国以及北约、欧盟、联合国等国际组织围绕该事件进行了各种双边和多边互动,内容涉

---

① 参见[美]亚历山大·温特:《国际政治的社会理论》,秦亚青译,上海:上海人民出版社 2000 年版,第 472 页。

及安全合作、军事援助、经济制裁、外交斡旋和舆论影响等不同方面。该事件的最终走向,将是这些过程共同作用的结果。

行为实体的行为所造成的结果,无论是事件、状态还是过程,在本质上都可以概括为行为实体间一定的关系。罗嘉昌认为:"关系是实在的(真实存在的),实在是关系的(即不是孤立的而是与其他实在处于一定的关系之中)。"①关系的存在会导致关系属性的存在。例如,冷战作为一种特殊的关系,其属性是非战争状态下的对抗。苏联解体之后这种关系不存在了,东西方之间以往那种存在于两大军事集团之间的非战争对抗的关系属性也就不存在了。当然,这种冷战式关系的再现是不能排除的。如果再发生这样的情况,那么附属于这种关系的属性也会再现。

国际关系事实从关系的角度讲,是一种复杂的和系统的存在。一方面,构成关系的行为实体的个体具有复杂性,不同的个体会扮演不同的角色,对相关的事件、过程、状态、结果会产生不同的影响。另一方面,这些个体因存在相互联系和相互作用,又会使国际关系事实在整体上呈现一种系统的存在。在这个系统中,任何一个实体都存在于与其他实体的互动之中,不可能脱离整个系统。例如,与以色列、巴勒斯坦冲突相关的各行为实体,一方面因各自具有不同的国力、同盟关系以及宗教认同等属性而在事件中扮演着不同角色,并对事态进程发挥着不同影响,另一方面则都处于与其他实体互动的整体结构之中,会受到其他实体的巨大影响,除了会受到地区因素的影响,还会受到全球因素的影响。国际关系事实这样一种复杂的和系统的存在现状,决定它既是一个包含不同元素的复合体,又是一个不断变化的连续体,既具有可以还原为不同个体、不同事件、不同状态和不同过程的个体性,亦具有构成元素间相互关联的整体性。

作为真实的事实蕴含着有待解释的各种现象与问题,是国际关系研究的直接对象。对这些现象和问题进行研究,需要对真实

① 转引自张华夏:《实在与过程》,广州:广东人民出版社1997年版,第47页。

的事实进行观察，①接收和处理真实事实所传递出的各种信息。在这个过程中，这些信息会转化为各种文本。作为对真实的反映，文本实际上是研究者在日常研究中所面对的主要对象。

1.1.2　作为文本的事实

在当代，反映真实事实的国际关系文本，可以大体上分为这样几类：(1)作为国际互动结果的正式文本；(2)国际行为实体(包括国际组织)发布的文本；(3)描述和记录经验事实的文本；(4)各种研究性文本。

第一类文本可称为"作为真实的文本"，因为其本身(包括内容)都是真实存在的事实。例如，国际互动中各方达成的具有契约性质的宪章、公约、协定、议定书以及联合宣言等，都属于真实存在的事实。②这些文本无论体现的是双边关系还是多边关系，都是国际法主体缔结的规定相互间权利义务的书面协议。它们作为互动结果，构成了真实事实的重要组成部分。研究这类文本，不存在辨别真伪的问题。

第二类文本是指行为体单方面发布的内容，诸如国家领导人的讲话、政府部门的政策声明、政府发言人的表态、国际组织的专门报告等。这类文本本身是真实的，一经发布就是客观存在，无法否认，但所发布的内容却未必都是真实的。例如，2003 年美国国务卿鲍威尔在联合国安理会上展示装有不明粉末的小瓶，宣称伊拉克拥有"大规模杀伤性武器"，提出对伊拉克使用武力。其表态作为一个文本是真实的，但所陈述的"事实"却是虚假的。

就国家的正式表态而言，尽管会传递出重要信息，但未必会把

---

①　"观察"是本书的一个重要概念，指感性认识活动，即通过人的感官直接认识外部世界。这种活动可以通过记录和描述客观实在，为研究提供经验事实。

②　例如《联合国宪章》《经济、社会及文化权利国际公约》《公民及政治权利国际公约》《联合国气候变化框架公约》《关于朝鲜军事停战的协定》《中华人民共和国政府和大不列颠及北爱尔兰联合王国政府关于香港问题的联合声明》《中英关于构建面向 21 世纪全球全面战略伙伴关系的联合宣言》等。

真实意图原原本本地表达出来。实际上,有些时候政府发布信息是想让人们清楚地了解其意图,但也有很多时候,其目的是故意让人们搞不清楚其真实意图。例如,中国政府在台湾问题上实现统一的坚定立场是一种非常清楚的政策宣示,而美国政府多年来的台湾政策则常常是模糊化的,使人感觉它既像是坚持一个中国的原则,又像是支持台湾"独立"。

第三类文本是指有关真实事实的记录和描述,诸如档案资料、新闻报道、各种公开的统计数据等。这些根据相关信息加工出来的文本,应以真实为根本,但却未必都与真实的事实相一致,其中可能包含不准确甚至虚假的信息。就各种新闻报道来说,不准确甚至不真实的情形就很常见。这些报道,有时是限于条件无法反映准确的信息,有时则可能是人们故意传播虚假信息。当今人们在网络上所看到的东西,就有许多是不真实的文本。

第四类文本是指国际关系学科的专业研究成果。这一类文本就研究宗旨而言可以大体分为两类。一类是对策性研究,其主旨是描述国际互动事实,分析问题属性,在评估各方力量、资源及政策选择的基础上提出战略性的建议或对策。另一类是纯学术研究,按主旨又可以分为两类:一类是对各种现实问题的研究,通过观察事实,对其特点、过程、起因和影响等进行深入、系统的解释;另一类是(纯)理论研究,目的是从国际互动的事实中发现具有普遍性的倾向和规律,用概念演绎的方式建立系统的理论。

在学术研究文本中,学者运用的各种概念,也可以被视为一种事实——概念化事实。这类概念是对现实的抽象,但对应特定的要素是可以具体化的。例如,"国家利益"作为一个重要概念,指国家需要维护或获取的东西,可以具体化为领土、资源、经济力量、科学技术、朋友圈、军事优势等要素。按照现实主义的推论,由于国家都是自利的,在"无政府状态"下都需要以自助的方式维护和谋求利益,并且会以权力为手段,因此会形成冲突的关系和权力政治。

概念化事实作为对国际关系实在的反映,指涉的不是单一的特定事实,而是重复发生、再现的一般现象。例如,经济制裁、结盟、多边外交、显示武力等在国际关系中会不断出现,把这些现象概括成概念,可以对其属性、特点进行演绎,形成系统的理论认知。

国际关系研究所形成的文本,与第三类描述、记录性文本相比,离现实更远一些。即使是基于田野调查进行的研究,做访谈与直接接触真实事实也不是一回事。一般来讲,这类文本所描述和概括的事实都是第二手的,其真实程度取决于研究者的鉴别与判断。当然,与现实有距离不等于可以脱离现实,因为研究所依据的事实,不论是就对策研究和问题研究而言,还是就理论研究而言,都必须是真实的。事实不真实,相关的分析、推论就有问题,作为文本就没有价值。

1.2　国际关系事实的属性

对国际关系事实进行阐释,特别是进行深层次的阐释,需要从国际关系事实的表象深入其本质。这不可避免地会涉及哲学层次的思考,即探讨相关的本体论问题和认识论问题。进行本体论的探讨,涉及的是国际关系事实的本原;进行认识论的探讨,涉及的是研究者与国际关系事实的关系。这两个方面都与国际关系事实的属性相关。

1.2.1　本体论的思考

本体论(ontology)作为一个哲学概念,指的是研究"存在"(being)的学问,其旨趣是探究事物的无法用感官感知的本原(即事物的最初根源)。在哲学史上,有关世界的本原是物质还是观念的对立,就是本体论意义上的争论。从研究方法的角度探讨国际关系事实的本体,目的是探求国际关系研究对象的属性和最重要的方面。

从词义来讲,"本"是与"末"相对的。"物有本末,事有始终。""本"是事物的根源或根基,知道了"本",才能解释"末"。①由于国际关系事实是国际关系研究的基点,因此探究其"本"就显得特别重要。

对于国际关系研究中的事实,人们的本体论观念大体上可分为两种倾向,即物质主义(materialism)与理念主义(ideationalism)。用建构主义的代表人物亚历山大·温特(Alexander Wendt)的话来讲,物质主义认为社会最根本的事实是物质力量的本质与组织,而理念主义则认为社会最基本的事实是社会意识的本质与结构。②在这里,我们可以结合国际关系理论不同学派的主张进行讨论。在比较流行的几种理论中,现实主义与自由制度主义倾向于物质主义,而建构主义则倾向于理念主义。

在现实主义理论中,"权力"是一个核心概念。现实主义所强调的权力,即让他者做原本不会做之事的能力,是有坚实的物质基础的,包括经济因素、地缘因素、人口因素、自然资源因素等基础性条件,而其最重要和最直接的体现则是军事因素。现实主义所用的主要概念,诸如国家利益、冲突与战争、权力平衡、霸权、安全困境等,都是以权力的物质属性为根本的。对现实主义者来说,尽管国际互动的表现千头万绪,但最本质的东西还是国家之间基于实力的权力互动,而这种互动说到底,是以各国的军事力量为支撑的。现实主义所强调的国际互动的物质属性,由于有丰富的外在现象可以观察,是比较容易理解的。

在自由制度主义理论中,"制度"是一个核心概念。按照自由制度主义的观点,尽管制度本身是非物质的,但其产生却有物质的根源,因为它的形成乃是行为体在物质层面合作(比如贸易)的结果。与现实主义所关注的"高政治"(政治、军事等)领域的物质互动不同,自由制度主义更关注"低政治"(经济、社会等)领域的物质互动,诸如行为体在经济上的相互依赖、这种依赖所导致的共同利

---

① 孙正聿:《哲学通论(修订版)》,上海:复旦大学出版社 2005 年版,第 144 页。
② [美]亚历山大·温特:《国际政治的社会理论》,第 27—28 页。

益,以及行为体面对全球问题挑战而进行的跨国合作等。正因为存在这种物质上的相互依赖,人类社会才会形成日益增多和普遍的国际制度。

与这种物质主义的倾向相对,建构主义所表现出的是鲜明的理念主义倾向。建构主义认为,在物质世界之外,还存在一个意义(meaning)与知识的世界,即主体间世界(intersubjective world)。这个世界是行为主体的意识相互联系所形成的一种结构,包含了人们对其周围世界的理解和解释。物质世界的意义归根结底是由人们的观念互动所形成的共有知识(即文化)决定的。按照建构主义观点,国际关系的现实取决于人们相互间存有怎样的观念。例如,如果行为体之间的共同期望表现为高度的猜疑,相互间总是对对方作出最坏的估计,那么它们就会形成相互感到威胁的关系,这就构成了所谓的“安全困境”。相反,如果行为体之间的共有知识表现为高度的相互信任,那么它们就会以和平的方式解决它们之间的问题,这就会形成所谓的“安全共同体”。①对建构主义者来说,尽管世界具有物质属性(他们是承认这一点的),但其本原乃是理念。除了建构主义之外,批判理论(critical theory)、后现代主义(post-modernism)、女性主义(feminism)等属于反思主义(reflectivism)理论群的学派,也都具有理念主义的倾向。从总体上来讲,这些学派具有更极端的理念主义观念,否认世界具有物质属性。

在国际关系研究中,本体论作为一种看待世界的哲学观,会影响研究者的研究旨趣、看问题的视角和对事实的最重要方面的判断。例如,如果研究者具有物质主义的倾向,那么他们在解释事件的原因时,就会侧重关注物质因素,诸如国家间经济力量与军事力量的变化、大国间维持现状和改变现状的权力政治等。以进攻现实主义的代表人物约翰·米尔斯海默(John Mearsheimer)为例,他多年来对中国的发展一直坚持这样的推论:中国的经济如果持

---

① [美]亚历山大·温特:《国际政治的社会理论》,参见译者前言第 24 页。

续快速发展,就会成为世界上最富强的大国,甚至是比美国更强大的超级大国;到那时,中国几乎肯定会利用其经济实力建立起强大的军事机器,并且一定会寻求地区霸权。①相反,如果研究者具有理念主义的倾向,那么他们在解释事件的原因时,就会侧重关注观念因素。例如,温特的理论就强调社会关系中最值得注意的因素是占主导地位的话语,包括观念、意识形态、文化、知识及语言等。②

研究国际关系的不同倾向,隐含着人们对于事实深层属性的不同认知。在这里,物质主义所讲的"物质",在概念上是指存在于人的意识之外并且能为人的意识所反映的客观实在,具有客观性。理念主义所讲的"理念",在概念上是指人脑反映客观事物的意识,具有主观性。为了更好地理解国际关系事实的根源与本质,我们需要对这两种属性作进一步的讨论。

我们首先看事实的主观性。从国际关系的构成来讲,人的群体关系是一个基本要素。行为体本身以及行为体互动所造成的状态、过程、事件等,都是以这种群体关系为基础的一种社会事实。由于人与人的联系都以思想观念为纽带,因此作为事实构成单元的这些群体,都是有主体意识的行为体,其互动会受到内在观念的驱动,有意图与目的作为指导。例如,进行身份定位,确定与他者是为敌、为友还是为伴;基于利益观和价值观确定对外政策的方向、目的以及达到目的的手段;从文化传统和民族情感出发对外部世界做出有别于其他行为体的反应等。由于存在普遍的观念因素的影响,因此国际关系事实具有主观属性。在这里,"主观"的含义是指人的意识活动。

从机理来讲,行为体在国际关系中不论是相互冲突还是合作,都存在观念层面的相互沟通与影响。以国家间建立国际组织为例,各方要实现这样的目的,就必须达成一致,这种一致是指行为

① 参见[美]约翰·米尔斯海默:《大国政治的悲剧》,王义桅、唐小松译,上海人民出版社2003年版,第543—544页。
② [美]亚历山大·温特:《国际政治的社会理论》,第383页。

体通过谈判在特定问题上形成共识。国际组织的基本原则和运作正是建立在这种共有观念的基础之上。就冲突的情形而言,行为体间是仅仅在外交层面上打口水仗,还是诉诸更激烈的手段,甚至实际动武,亦取决于各方的心态与意图所导致的敌对程度。反过来说,各方能否停止冲突寻求和平,最终也取决于它们的观念。

实际上,行为体的观念所发挥的影响,除了会体现在人与人的关系之中,还会体现在一些看似纯物质的人造物中,诸如核武器、航空母舰、反导系统等。这些人造物的存在,都是人有目的、有意识行为的结果,因此都具有社会意义。例如,美国保持庞大的航母战斗群,是为了确保在全球的军事霸权;朝鲜试验核武器,是为了增强自己在国际互动中讨价还价的能力。[1]

从另一个方面来讲,尽管国际关系事实与人的心理活动分不开,人的主观意识具有普遍影响,但国际关系事实并不是纯观念层面的东西,国际互动也不可能在人脑中进行。说得确切些,如果行为体只是停留在心理活动状态,既不把想法说出来,也不付诸行动,那行为体间就不会有任何关系。对于行为体来说,只有把头脑中的对外政策理念表达出来,转化为可以被感知的对外政策话语,才能进行外交决策和付诸对外政策行为,并通过互动造就各种活生生的现象与结果。在这里,观念的输出是一个分界点。在观念输出之前,人的心理活动属于主观的范畴;观念输出之后,人的言行则属于客观的范畴。对于行为主体来说,其头脑中的主观意识"输出"后就会成为他者可以感知和反映的对象,这时它们就不再是主观的东西,而成了人的意识之外的存在物。这些东西,不论是话语还是行为,不论他者是否感受到,承认不承认,都是不以人的意志为转移的客观事实,具有物质属性,即使对于想法的输出者来

---

① 鲁杰在对比自然事实与社会事实时,把炸弹、子弹与河流、山川并称为"自然事实",显然没有注意到这种人造物的社会意义。见[美]约翰·杰拉尔德·鲁杰:《什么因素将世界维系在一起? 新功利主义与社会建构主义的挑战》,载[美]彼得·卡赞斯坦、罗伯特·基欧汉、斯蒂芬·克拉斯纳编:《世界政治理论的探索与争鸣》,秦亚青等译,上海:上海人民出版社 2006 年版,第 256 页。

说也是如此。以 2003 年的伊拉克战争为例,这场战争是在美国小布什政府的对外关系理念推动下发生的。当这种理念变成战争的现实之后,与战争相关的所有事情,包括有关战争的决策部署和实际的战争进程,就都成了小布什政府意识之外的客观事实,不论人们(包括小布什政府在内)事后对这场战争有何种看法和说法,都不能改变事实的存在。

就人脑的观念输出而言,除了表现为对外政策行为之外,很大一部分是以文本为形式的。不论是政府的决策文件、外交发言、媒体报道,还是智库的研究报告、学者的研究成果,一旦拿出来,就具有了客观属性,成了他者可以用感官直接感知的对象。以国际关系研究的情况而言,研究者阅读文献也是一种对事实的观察。这些文献可以阅读是其客观性的体现,而与文献相联系的作者的价值观、写作意图以及情感等心理因素,则是文字背后不能直接观察的主观的一面。通常,研究者阅读文献,除了要理解文献字面所表达的事实与观点之外,还需要理解和诠释文献内在的具有观念属性的东西。

行为体的观念通过输出变为不以人的意志为转移的客观实在后,并不意味着与人的主观因素就没有关系了。实际上,行为主体言行的客观影响和结果会反映到其头脑中,并经思维后再次输出,推动言行的调整。这种调整也会再次成为客观的东西。当然,行为体后来言行的调整并不能改变此前事实的存在。作为一个过程,行为体会不断地输出自己的理念,不断地采取行动并造就各种结果,因此事实的主观的一面与客观的一面实际上是交织在一起的。就国际关系的进程来讲,行为主体会以不断变化的观念主导不断变化的行为。反过来,它们也会根据不断变化的事态不断调整自己的观念。

从总体上看,国际关系事实是具有双重属性的,既具有主观性,又具有客观性。这两种属性如同一个硬币的两面,既对立又统一。作为一个整体,国际关系事实存在从观念到行为的传递过程,也存在从行为到观念的反映过程。前者使得国际互动成为可能,后者使得过程的延续和调整成为可能。对于研究者来说,理解国际关系事实的属性,既要理解主观性与客观性的不同含义,也要理解这两者的共存性和不可分割的联系。割裂开这两者的联系,就不能适宜地理解国际关系事实的本原与属性。

1.2.2　认识论的思考

认识论(epistemology)所涉及的是人的思维能否认识世界以及怎样认识世界的问题。作为探究知识来源的学说,认识论在这里主要涉及两个问题:一是国际关系研究对象是不是可以认识的客体;二是研究者应经由何种途径认识和解释国际关系事实。之所以提出这两个问题,是因为国际关系事实并非方方面面都可以观察,人们认识这种客体是存在不确定性的。①

作为人的意识之外的现象,国际关系事实的客观的一面当然可以通过感官直接感知。无数活生生的实在,诸如外交谈判、多边会议、国际冲突、经济制裁、恐怖主义、签约缔盟等,都是可以观察的对象。在现代科学技术的条件下,人们可以很容易地感知国际关系事实的存在。新闻报道(特别是现场直播)构成了大众感知国际关系事实的直接途径。拉塞尔·伦(Russell Leng)指出,最容易描述的政治现象是那些可以触及的、有形的和相对静态的东西,诸如国家武装力量的规模、一个国家内外交使团的数量,或是它的国内生产总值(GDP)等。②

国际关系事实的主观的一面——体现行为体主观意图和互动的内在意义的一面——则不能观察,即不能通过感官直接感知。虽然心理学的发展和现代科学技术的进步,使得人们对人脑的思

---

①　在这里,"不确定性"是指一种有疑问、知识不完备,乃至无知的状态。可参见Merriam-Webster, *Webster's Ninth New Collegiate Dictionary*, Springfield, MA: Merriam-Webster Inc., 1991, pp.223, 1284。

②　Frank P. Harvey and Michael Brecher(eds.), *Evaluating Methodology in International Studies*, Ann Arbor: The University of Michigan Press, 2002, p.118.

维活动有了日益增多的了解,但这种了解依然是有限的和受限的。至少在现阶段,要完全了解人们在国际互动中头脑在想些什么是不可能的。以小布什会见普京的感受为例,就可以看出这一点。小布什在 2001 年认为这位俄罗斯领导人"坦诚可靠",但在 2007 年却感到他"很狡猾",对自己的政治打算讳莫如深。①这个认知事例表明,通过直接观察理解人的意图与观念是困难和易谬的。诚如中国古人所云:"知人则哲,惟帝其难。"②

人的心理活动不能观察,但并非不能理解和解释。由于国际行为体在互动中一定会把内在的意图以外在的言行表现出来,其意图与言行存在不可分割的联系,因此通过观察行为体的对外政策行为,解读其话语和对外发布的相关文本,就可以在一定程度上认识事实内含的观念因素。

以美国 2019 年退出《苏联和美国消除两国中程和中短程导弹条约》(简称《中导条约》)的事件为例。人们为解读美国的意图而关注的事实包括:冷战后美俄军事力量对比的变化,美俄之外其他国家特别是中国军事力量的崛起,美国退出条约的官方声明,俄罗斯在军事上的应对,美国随后进行的陆基巡航导弹试验,以及美国正式发布的一系列军事战略报告等。根据这些事实,人们的解读包括:美国认为俄罗斯不再是对等的军事对手;俄罗斯长期违反该条约,条约有利于俄罗斯而限制了美国核力量的发展;美国退出后可以试验新的导弹,可以更方便地在亚太地区和欧洲部署中程导弹;等等。由于人们对一个事件可能有不同的视角与关注重点,因此往往有不同的解读。不过,经过一段时间的讨论和事态的发展,可能有一些观点会得到较广泛的认同。

比较对国际关系事实的客观方面和主观方面的认识,可以看

---

① Tod Robberson, "I Looked the Man(Putin) in the Eye and Saw ... the Enemy", *The Dallas Morning News*, June 29, 2010, https://www.dallasnews.com/opinion/2010/06/29/i-looked-the-man-putin-in-the-eye-and-saw-the-enemy/, 访问时间:2023 年 12 月 20 日。

② 《尚书》有类似语句,意思是"能了解人才算明智,即使帝尧也难做到"。此语引自《陈书·高祖本纪下》,北京:中华书局 1972 年版,第 36 页。

到,尽管这两种认识都需要经由对可以观察的要素的观察,但目的
与途径是不同的。认识事实的客观方面(即外在现象),宗旨是搞
清楚客观真相,包括认知事实的特点和规律性,也包括解释事态的
进程、趋势和影响等。与之不同,认识事实内含的观念因素,宗旨
则是搞清楚行为体的真实意图,解释事实发生的动因并诠释其意
义。这两类操作,虽然观察事实都需要遵循客观性原则,实事求
是,但所作的解释却有不同属性。对真相的解释要能经得起客观
事实的检验,但对观念因素的解释(诠释)则不能用客观事实检验。
在这里,前一种操作是实证研究,而后一种操作则是非实证研究。

　　实证研究和非实证研究,作为认识事实的两种途径,虽然分别
对应于事实的外在现象与内在观念,有不同属性,但实际上是相互
关联的。由于国际关系事实的外在现象都有内在观念的驱动,或
者说其内在观念都有外在的表现,因此只关注事实的一面是不可
能得到完整认识的。说得确切些,如果研究者只观察可以观察的
东西,完全不研究观念性因素,那么即使认识到发生了什么事实,
也难以解释事实为什么发生以及对国际关系有何种影响。同样,
如果研究者忽略甚至无视事实的客观的一面,只进行纯粹的理念
分析,那么就会脱离现实,失去认识事实的基础。用中国古人的话
说就是:"皮之不存,毛将焉附?"

1.3　观察的客观局限与主观影响

　　以上的讨论表明,人们进行国际关系研究,不论是探求客观真
相,还是诠释行为体的主观意图,都不能离开对经验事实的观察。
由于研究者进行这种观察需要经由主观思维完成对所能获得的信
息的确认、遴选、整合与解读,因此在一定程度上会受客观条件的
限制,并且也会受主观因素的影响。

　　观察可以观察的事实,研究者在很多时候可能面对人为设置
的障碍。一些敏感的设施和不开放的信息,由于涉及国家安全,通

常不让人随意观察。例如,国际原子能机构对一些国家的核活动
进行核查就常常遇到这种情况。对于许多国际关系事实的真相,
人们知道存在记录,但却不能接触,除非当事方予以公布。例如,
2007年6月,美国中央情报局公布了一批秘密档案,披露了很多
不为人知的事实,包括策划暗杀古巴领导人的事实。①这类历史档
案作为秘密封存,是因为当事者不想让人们知道存在这样的事实。
这类情况的存在,构成了国际关系事实的一个重要特点。

由于存在各种限制,国际关系研究者在收集有关事实的资料
时,往往面临着困境。正如詹姆斯·多尔蒂(James E. Dougherty)
和小罗伯特·普法尔茨格拉夫(Robert L. Pfaltzgraff Jr.)所讲的,
国际关系领域涉及的资料数量远远超出了人们的掌握能力,许多
资料不公开,长期得不到,或者永远得不到,因此学者和理论家经
常得从不完全的证据中得出一般性的结论。这些证据除了不完全
之外,很可能还是不可靠的。②

对于可以不受限制观察的事实,研究者受条件所限,也未必能
进行全面的观察。比如记者亲临前线报道一场战争,可以直接目睹
很多实景,但不可能靠感官感知战争的全部。实际上,即使是事件
的直接参与者,比如参加谈判的外交官,也不可能直接获取全部信
息。尤其是多边谈判,每一位参与者只可能了解自己参与的部分,
要想综述全部事实,就需要利用他人对所观察事实的描述,通过思
维弥补缺失的环节,并且根据此前的知识积累,运用推论把零散的
要素整合起来。在这样的过程中,主观思维无疑发挥着重要作用。

观察者的观察结果会形成文本。文本所记述的都是已经发
生的事实。后来者研究这样的历史事实,只能根据当事者的记
述。关于这个问题,波兰著名记者雷沙德·卡普钦斯基(Ryszard

① Erin Blakemore, "Over 12 Million Pages of CIA Documents Are Now Accessible Online: Coups, Clairvoyants, Invisible Ink", *Smithsonian Magazine*, January 18, 2017,访问时间:2023年12月20日。

② [美]詹姆斯·多尔蒂、小罗伯特·普法尔茨格拉夫:《争论中的国际关系理论(第五版)》,阎学通等译,北京:世界知识出版社2003年版,第52页。

Kapuscinski)讲述过古希腊历史学家希罗多德(Herodotus,约公元前 484—前 425 年)面对的困境:他穷尽一生要保存历史的真相,防止人类事件的痕迹被时光抹掉,但他研究的主要来源却不是一手经验,而是其他人按照自己的看法叙述的历史,这些叙述都是有选择地留在记忆中的,而且是多多少少有意保存下来的。简而言之,希罗多德所依据的历史并不是原本的历史,而是讲述者表达的历史。这里所存在的矛盾是无法解决的,因为主观因素永远无法被滤掉。希罗多德在写作中表达出了对这种困境的认识,他不断限定自己记录的东西:"他们告诉我""他们坚持说""他们的说法各不相同",但问题并没有被真正解决。在卡普钦斯基看来,不论研究方法如何发展,人们永远不可能直接身处历史中,而只能面对别人叙述、呈现的历史。这项事业将始终如此,认为能够抗拒是愚蠢的。这或许是希罗多德最伟大的发现。①

从研究内容讲,国际关系研究的一个很重要的目标是认识并解释国际互动的规律性,即带有必然性的反复出现的关系。按照实证主义观点,运用寻找自然规律的大体相同的方法,就能够"发现"这些规律。②然而,尽管进行大样本统计可以发现反复发生的现象,但是必须意识到,这样的现象并不是纯自然过程的产物,而是与行为体的观念有直接关系。例如,肯尼思·华尔兹(Kenneth Waltz)在解释国际结构导致行为体的行为趋同的原因时,就强调了社会化和竞争,即社会化进程所形成的规范会限制和塑造行为体的行为,而竞争则会导致行为体理性地模仿成功的行为。在这里,规范和模仿都是行为体形成共识的产物。反过来讲,如果行为体的观念改变了,不再认可原本认可的规范,或者不再愿意模仿他者的行为,那么规律就不存在了。从这个意义来讲,人们认识国际

① 原书为 Ryszard Kapuscinski, *Travels with Herodotus*, translated from the Polish by Klara Glowczewska, Knopf, 2007,引文出自英国《卫报》书摘,参见 Ryszard Kapuscinski, "Making History", *The Guardian*, June 9, 2007。本书引文参阅了《参考消息》(2007 年 7 月 11 日第 14 版)的译文。

② 可参见 John Baylis and Steve Smith(eds.), *The Globalization of World Politics*, Second Edition, Oxford: Oxford University Press, 2001, p.227。

互动的规律性,除了归纳观察到的现象之外,还需要解释影响互动进程的观念因素,这样才能说明为什么某种现象会反复出现,为什么一些规律在另外的情况下不起作用。进行这样的研究,显然需要有主观层面的诠释。

进行诠释,解释的是事实的意义。对于研究者来讲,形形色色的国际关系现象,大到国际战争、联合国大会,小到招待来访领导人的菜谱,①都是有特定意义的。要理解事实的意义,就要认识其内含的主观因素。由于事实的意义不能用感官直接认识,因此需要运用诠释方法,理解和解释可以得到的文本。文本作为人脑观念输出的产物,对事实的描述和解释都是离不开主观思维的。研究者通过阅读文本认识事实,实际上需要经过对事实的再次主观思维过程。

以上讨论的几个方面表明,认识国际关系事实,无论从哪个方面讲,都有主观的一面。这是一种无奈,也是一种必然。对于主观因素的加入,实证主义者当然是反对的,他们认为观察必须是客观的。观察受主观因素的影响,必然会出现偏差,甚至会出现偏见。那么,我们应如何看待主观因素在国际关系研究中的影响呢?

从认识的机制来讲,任何研究者面对一个事实时,脑子里都不可能是一片空白。首先,他所记述的事实不可能是一件他完全不了解的东西,在描述时必然会用到已有的知识。其次,由于他以往从事类似工作时会积累经验,甚至会形成某种理论认识,因此进行描述不可避免地会受到以往的习惯和定式的影响。最后,他对相关行为实体或事实的好恶,也不可避免地会反映在他的描述和评论中。所有这些因素,都构成了认识客观事实的主观影响。

为理解这一点,我们可以看一个实例。2006 年 6 月 11 日,《华盛顿邮报》刊登了一位记者在阿富汗的见闻:"喊叫,奔跑,粉碎

① 例如,2007 年 7 月俄罗斯总统普京访问美国,美国总统小布什在其父位于缅因州的别墅接待普京。由于这次会见的背景是美俄两国关系日趋紧张,因此小布什特地设计了一些增进两人亲密关系的情节,其中包括品尝龙虾。由于在这次会见中龙虾被赋予了特别的意义,因此有媒体称这次会见为"龙虾峰会"。

声。枪响。狗叫。重型卡车飞驰,坦克? 三声枪响,很近。是卡拉什尼科夫冲锋枪。树林中弥漫着黑烟。破烂的黑旗在高处一闪而过。有东西在燃烧。更多喊声,哨声和惊慌的脚步声。噢,上帝,他们就在外边。藏电脑,藏相机,把所有英语写的东西都藏起来。他们就要翻墙进来了。"①

　　这位记者记录的是发生在阿富汗的骚乱,其中的信息多是通过感官得到的,看起来非常直接和客观。但是,如果仔细研读这段文字,就能体会到其中包含着记者先在的知识和对事实的诠释:这位记者了解阿富汗的形势,了解有关的武器,了解来的是什么人,并且知道这些人冲进来的后果(对自己的威胁)。这些东西所体现的先在的知识、经验和好恶,构成了他描述事实的观念背景。

　　对于先在知识对观察的影响,诺伍德·拉塞尔·汉森(Norwood Russell Hanson)提出了这样的论断,即"观察是理论导向的行动,对X的观察被关于X的先在知识所塑造"②。按照这种观点,观察的结果并非简单地取决于视网膜上的印象,而是由外在事物和观察主体的背景知识一起决定的。前者是事物驱动的过程,后者是概念驱动的过程。按照格式塔心理学的说法,这两者一个是外在世界进入人的视网膜的"物理性"过程(客观过程),另一个是由内而外的知识驱动的"能动性"过程(主观过程)。在这种机理的作用下,观察者所进行的只能是"负载理论的观察"(theory-laden observations)或"依赖理论的观察"(theory-dependent observations)。③

　　在国际关系研究中,人们头脑中先在的知识、经验、价值,甚至情绪,构成了影响观察的主观因素。在这些因素的影响下,不同的

---

　　① Pamela Constable, "The End of the Kabul Spring", *The Washington Post*, June 11, 2006, Page B01.

　　② [美]N. R. 汉森:《发现的模式》,邢新力、周沛译,北京:中国国际广播出版社1988年版,第22页。

　　③ Michael Heidelberger, "Theory-Ladenness and Scientific Instruments in Experimentation", in Hans Radder(ed.), *The Philosophy of Scientific Experimentation*, Pittsburgh: University of Pittsburgh Press, 2003, pp.138—151;[英]A. F. 查尔默斯:《科学究竟是什么?》,查汝强等译,北京:商务印书馆1982年版,第10—46页,转引自杨广的博士论文《超越实证主义——国际关系学的元理论研究》,第132页。

研究者通常会有不同的研究设想和观察视角,并且可能对同一现象有不同的描述、判断和解释。在现实生活中,面对一场简单的交通事故,不同目击者的不同描述都会使警察难下定论,在国际关系研究中,面对复杂得多的客观情况,研究者要依据文本得出"客观的"结论,显然不是一件容易的事。

在很多时候,观念因素会导致人们对同一事实作出完全相反的判断。例如,对于"恐怖主义",世界各国的政界与学者基于不同的价值选择就有不同的理解与解释,并且会对同一现象是否属于恐怖主义做出不同的判断。在中东,有关"恐怖分子"与"自由战士"的争论就反映了这种情况。在一些人眼中的"恐怖分子",可能是另一些人眼中的"自由战士"。在这里可以看到,国际关系研究与自然科学研究确实有明显的不同。在自然科学研究中,人们对事实的概念可能也有异议,但不存在价值观的争论。在国际关系研究中,人们在价值观上的差别所导致的对事实的不同认知与理解,使得相应的观察与描述也成了相异的事情。

由于对事实的观察不能缺少主观思维的加工,不可能避免"背景知识"和价值观的影响,因此恰当地看待以主观性因素为主要研究对象的非实证方法非常重要。比如,探究事实发生的原因,预测事态的走势,评估事态对国际关系的影响等,就不能单靠对事实的直接观察,同时还需要有主观的思维、推论甚至想象。虽然采用主观的方法可能产生偏差乃至偏见,但在这种研究中并非充满偏见,因为存在着纠错机制。一方面,研究者进行诠释的出发点和依据必须是真实的事实,推导必须合乎逻辑。没有事实依据也不合逻辑的诠释和推论,会在不同研究之间的交流和讨论中被淘汰。另一方面,事态随后的发展演变,迟早会表明哪些研究有价值,哪些没有价值。

从研究者的角度讲,要适宜地对待主观因素,就要始终把主观思维定位于对研究客体的解释,尽可能避免非学术因素(比如情绪、意识形态等)的影响,始终注意联系经验事实,这样才可能减少研究中的主观因素可能带来的弊端,使对事实的描述和解释更加接近客观的真实。

学习要点与思考题

国际关系研究是建立在事实的基础上的。只有了解事实的基本概念、分类、构成和属性，才能明确研究主体与客体的关系，知道国际关系研究应经由怎样的途径和选择怎样的方法。

一、 概念

"国际关系事实"所指的内容，既包括国际关系中真实存在的东西，也包括反映这种真实存在的信息；既包括人们根据相关信息认可的东西，也包括得到研究证实的东西。其中"真实存在"是概念的基本点。

思考题：

● 怎样理解界定事实的客观视角与主观视角？

二、 类别

"作为真实的事实"是一类。反映真实的信息以及得到确认和证实的东西，可归类为"作为文本的事实"。这两类事实有不同的构成和特点。

思考题：

● 怎样判断"作为文本的事实"的真实性？

三、 属性

国际关系事实作为客观实在具有可以观察的外在现象，而作为社会事实和人的主观意图的产物又具有不可以观察的内在意义。这种两重性，决定了国际关系研究既需要经由观察和实证，探求真相和规律，也需要通过文本诠释，理解和解释其中的观念因素。

思考题：

● 国际关系事实的双重属性对于研究方法的选择有怎样的影响？

四、 操作

对事实进行经验观察并非纯客观过程，研究者需要经由主观思维完成对所能获得的信息的确认、遴选、整合与解读。揭示事实的内在意义也不是纯主观过程，研究者需要以可以观察的经验事实作为诠释观念因素的根据。适宜地运用客观观察与主观思维，才能对事实有全面的认知。

思考题：

● 怎样认识客观观察的局限性和主观思维可能产生的消极影响？

参考文献

［法］E. 迪尔凯姆：《社会学方法的准则》，狄玉明译，北京：商务印书馆 2011 年版。

［美］N. R. 汉森：《发现的模式》，邢新力、周沛译，北京：中国国际广播出版社 1988 年版。

［澳］艾伦·查尔默斯：《科学究竟是什么?》，邱仁宗译，石家庄：河北科学技术出版社 2002 年版。

［英］大卫·马什、格里·斯托克编：《政治科学的理论与方法》，景跃进等译，北京：中国人民大学出版社 2013 年版。

孙正聿：《哲学通论（第三版）》，上海：复旦大学出版社 2023 年版。

［美］亚历山大·温特：《国际政治的社会理论》，秦亚青译，上海：上海人民出版社 2014 年版。

［美］詹姆斯·多尔蒂、小罗伯特·普法尔茨格拉夫：《争论中的国际关系理论（第五版）》，阎学通等译，北京：世界知识出版社 2013 年版。

张华夏：《实在与过程》，广州：广东人民出版社 1997 年版。

Frank P. Harvey and Michael Brecher (eds.), *Evaluating Methodology in International Studies*, Ann Arbor：The University of Michigan Press，2002.

John Baylis, Steve Smith and Patricia Owens (eds.), *The Globalization of World Politics*, Ninth Edition, Oxford：Oxford University Press，2022.

Paul R. Viotti and Mark V. Kauppi, *International Relations and World Politics*，5th Edition，Upper Saddle River，NJ：Pearson Education Inc.，2012.

Walter Carlsnaes，Thomas Risse and Beth A. Simmons（eds.），*Handbook of International Relations*，Second Edition，London：Sage Publication，2012.

第 **2** 章
研究方法的相关概念与理论

对国际关系事实进行研究,需要采取一定的途径、步骤、程序和手段。在国际关系学科的发展中,人们对于各种具体做法加以概括,从经验认识上升到理性认识,就会形成基本的概念。这些概念是对研究方法的本质特点进行抽象的产物,其语言形式是词或词组。对这些概念作进一步的解释并系统化,则会形成有关方法的理论。对于研究者来说,只有理解了这些基本概念和理论,才能对研究方法的本质属性有所认识,运用方法才能知其然也知其所以然。

2.1　观察与描述

进行国际关系研究,首先需要对事实进行观察并把观察所得描述出来,目的是寻求真相,有所发现。研究者有发现,才有可能提出有价值的问题,并通过解决问题实现观点的创新。

在研究中进行**观察**,是指通过人的感官认识事实,宗旨是搞清楚事实"是什么"(what)。**描述**是指描写与叙述,即用言语或文字把事实的真相表述和记录下来。有了对事实的观察和描述,研究者才能恰当地把握研究对象,为进一步的论证做好准备。

人们通过感官认识世界,大体上可分为直接观察和间接观察两种情形。

直接观察是指观察者直接接触真实事实的认识活动。这样的观察是所有认识的最初源头。由于国际关系事实都是人为的产物,有当事人,而且还可能有目击者,因此会在人脑中留下记忆,或是被记录为文本。当然,肯定也有很多事实没有留下任何记载,湮没在了时间的长河中。

人们通过直接观察得到的信息属于第一手资料。由于这样的资料是对事实的直接反映,因此可信度较高。当然,眼见未必为实,人们直接感知到的内容也可能并不是事实的本质方面,甚至可能是假象。因此,即使是直接观察得到的信息,仍然需要加以证实。例如,严肃的新闻媒体在发布重大消息前通常都会这样做。

直接观察所形成的记录,可能是粗略、零碎和片面的。要把这些东西变成系统和完整的描述,需要有一个整理的过程,包括梳理事实的脉络,剔除不准确甚至错误的信息,弥补缺失的环节,整合零散的片断等。在很多时候,为使描述完整,人们还需要补充有关事实的前因和后果的信息。

观察者进行信息的整理,除了运用亲自观察到的资料之外,大多还需要阅读和引用他者提供的信息,以补充自己观察的缺失。虽然这样做需要经由主观思维,但由于整理事实的过程同时也是对事实的证实过程,因此未必会失真。实际上,经过整理后的描述才更适合研究使用。例如,研究者观察当代世界难民的状况,阅读联合国难民署的各种专题报告就比进行直接的实地调查更方便,因为这些报告中的事实大多是经过汇集、整理和核实的,所提供的数据比较全面、系统、真实。

对于专业的研究者来说,由于很少有条件直接参与国际互动,或是直接目睹真实事实,因此基本上是经由间接的途径观察事实。这种间接观察,除了对当事人进行访谈之外,主要是通过阅读相关文本了解事实。其观察的对象,包括历史档案、新闻报道、专题报告、回忆录、数据库等记载事实的文本,也包括论文、专著等研究型文本。观察记载事实的文本,目的是获取有关真实事实的信息,而观察研究型文本,目的则主要是了解有关事实的研究现状,诸如相关的发现、解释和价值判断等。

一般来讲,研究者观察事实,尽管其目的包括验证事实、澄清真相,但主要还是为了有所发现,即探求学术研究中未知的东西,以便针对疑惑提出具有学术价值的问题并且解决这样的问题。出于研究兴趣和专业方向,研究者对事实的观察和描述并不是任意的,而是有选择的。他们通常是对自己的研究领域中新发生的事实,或是已发生事实的未知方面,进行观察和描述。只有在这样的观察中有了发现,并且把它描述出来,进一步的研究才能进行。按照研究问题所确定的方向,他们可以进一步查找相关资料,并选择适宜的方法进行论证。在这里,我们可以看到研究者与一般读者在阅读文献时的区别:一般读者阅读文献是汲取已有的知识,而研究者则是要通过观察事实找到未知的问题,并通过解决问题生产新知识。

就理论研究来讲,观察与描述同样是十分重要的步骤。这里所讲的"观察",就是研读各种理论文献。在这样的观察中,任何专业的研究者都会关注自己的研究领域中新出现的理论"事实",特别是与自己研究课题相关的"事实"。为了确定适宜的理论研究问题,一位好的研究者应当做到对一定学科的研究进展有全面而深入的了解。正如弗里德里克·威廉·韦斯塔(Frederick William Westaway)所讲,如果一位观察者想要在任何一个学科中成为有成效的研究者,就必须熟悉该学科已往的工作。这样,他才能具备观察极细微之征兆的能力,并且能运用这种能力联系两种似不相关的现象。①对理论研究者来说,前人的研究乃是进一步创新的基础与出发点。

从总体来看,研究者对事实进行描述,包括直接的观察所得,即经验现象,也包括对已有描述的再描述,即对前人所描述的经验现象做进一步阐述(包括修正与完善);包括对已有研究现状的描述,即学科综述,也包括对所要研究之特定观点的系统概括(作为进行诠释性研究的基础与前提)。对于实证研究来说,描述的特别重要的任务是对规律性现象进行归纳。这种通过观察所发现的反复出现的联系,正是研究者提出假设并进行验证的对象。在对假

---

① [英]韦斯塔:《科学方法论》,徐韦曼译,台北:台湾商务印书馆1975年版,第262页。

设进行验证的过程中,逻辑推理是基本的途径,但也少不了描述。例如,在运用大样本数据进行实证研究时,就需要对事实进行统计描述。在进行非实证研究时,研究者对事实和问题进行理解与解释,也需要把描述作为必要手段。

研究者对事实进行描述,需要用到概念。**概念**作为意义的载体,是反映对象的本质属性的思维形式。人们在研究中把所感知到的事物的本质特点概括出来,就成为概念。例如,在国际关系研究中,人们习惯于把参与国际互动的单元称为"行为体",把互动的单元(比如国家)所构成的整体结构称为"国际体系"。这里的"行为体"和"国际体系",都是对国际互动的本质属性的概括。

研究者运用概念进行描述,尽管可以指涉个别事物,例如,可以用"恐怖主义"描述"9·11"事件,用"单边主义"描述小布什政府的对外政策,但这些概念本身并不是对个别事物的描述,而是对多个事物的共性的概括。"恐怖主义"是对恐怖组织为达到政治目的而袭击平民目标、旨在制造恐怖气氛的行为的概括,而"单边主义"则是指"在不涉及其他团体或国家的情况下决定一项政策或行动的过程或事实"①。用这样的概念来描述某一具体事实,是为了更深刻地说明其本质。

从结构来讲,概念包括内涵和外延两个方面。**内涵**是指概念的含义,指该概念所反映之事物的本质属性的总和。任何事物具有这种本质属性,就可以用这样的概念来指涉。例如,"权力"是国际政治研究中常用的一个概念。这个概念的内涵,就是国际关系行为体对其他行为体实施影响的能力。任何国际关系行为体只要具有这种能力,就可以说它具有"权力"。概念的**外延**是概念所确指的范围,指所有包括在这个概念中的事物。例如,"国家行为体"这个概念的外延,就是指所有的国家。

在国际关系研究中,概念的产生归根结底是源于事实。基于

---

① 　https://dictionary.cambridge.org/dictionary/english/unilateralism,访问时间:2023 年 12 月 20 日。

这个学科形成的特点,国际关系概念无论如何抽象,都必须体现事实的共同本质。研究者只有基于对事实的观察,才能经由适当的概括而形成概念。例如,"外交"是对国家间以和平方式进行正式沟通活动的概括,"合作"是对行为体为共同获益而自愿调整政策行为的概括。从国际关系学科的发展来讲,对事实进行概念化乃是建立理论体系的一个必要条件。事实上,人们只有把观察到的东西抽象为概念,才能从经验研究的层面上升到理论研究的层面,进而推动学科建设的发展。

国际关系研究中所用的概念,同其他学科的概念一样,最基本的特征是具有抽象性和概括性。这样的一种抽象和概括,使得它远离实际。例如,现实主义所用的"均势"(balance of power)概念,就是针对复杂的国际互动的一种远离实际的概括。运用这种概念,研究者可以对权力政治和国际体系的理论进行演绎。对于理论远离实际的问题,肯尼思·华尔兹(Kenneth Waltz)曾作过特别的强调。[①]当然,概念远离实际不等于脱离实际。如果概念的发展使得它与国际关系现实完全不相关,那它就不再是国际关系学科的概念了。

在国际关系研究中,概念的提出和运用总是与理论的建构分不开的。一方面,有很多概念是在一定理论指导之下从已有概念推导出来的;另一方面,概念的形成总是在一定的理论体系之中,并且会与其他相关概念形成密不可分的关系。由于概念与理论有密切关系,因此青睐不同理论的研究者往往会有不同的概念偏好,并会提出不同的概念体系。对于同一类事实,他们有可能以不同的概念加以描述。例如,对于当代的国家互动关系,现实主义偏好使用"权力"的概念,自由制度主义偏好使用"制度"的概念,而建构主义则可能偏好使用"共有知识"的概念。有时,即使研究者使用同一个概念,其表达的含义也未必相同。

---

① 可参见[美]肯尼思·华尔兹:《国际政治理论》,信强译,上海:上海人民出版社2003年版,"中文版前言"第15页及正文第9页。

　　由于概念可能存在歧义,因此使用概念首先需要进行界定。一般来说,为了避免发生误解,人们对于学术研究所涉及的关键概念都应该说明其含义。正如费尔斯通(Firestone)所说,日常语言富有歧义,像其他符号一样,它们的含义取决于具体的语言环境。为了达到准确的要求,科学化的语言在形式上要避免使用多义词,这就是为了科学的目的而给普通术语赋予"技术性意义"的原因。①在这里,所谓界定,就是对于概念的内涵和外延做出确切而简要的说明。

　　研究者对概念所做的界定,通常可分为三种类型,即真实界定、名义界定和操作性界定。

　　真实界定(real definition)是指关于某一事物的本质特征(essential characteristic)的陈述。古希腊哲学家柏拉图就致力于发现真实界定,譬如寻求"正义"的本质。然而,由于本质的含义过于暧昧,因此人们往往认为这样的定义对科学研究无用。艾尔·巴比(Earl Babbie)指出,真实界定是将概念结构错当成了真实的实体。②不过,我们也应该注意到,在国际关系研究中还是存在很多力图说明国际互动本质的界定的。几乎每一种有代表性的理论,都有自己的真实定义,例如把"国际政治"界定为"为权力而斗争"(摩根索),把"国际结构"界定为"观念现象"(温特)。

　　名义界定(nominal definition)是用意义已经确定的特定词句来说明某一特定概念的含义。③例如,"利益"在国际关系研究中是一个常见概念,《现代汉语词典》把"利益"界定为"好处",④而马克·阿姆斯特茨(Mark R. Amstutz)则把"国家利益"界定为"国家相

---

　　①　W. A. Firestone, "Meaning in Method: The Rhetoric of Quantitative and Qualitative Research", *Educational Researcher*, 16:17, 1987,转引自约翰·W. 克雷斯威尔:《研究设计与写作指导》,崔延强主译,重庆:重庆大学出版社 2007 年版,第 114 页。

　　②　[美]艾尔·巴比:《社会研究方法》(第 10 版),邱泽奇译,北京:华夏出版社 2005 年版,第 122 页。

　　③　可参见吕亚力:《政治学方法论》,台北:三民书局 1979 年版,第 16—17 页。

　　④　参见中国社会科学院语言研究所词典编辑室编:《现代汉语词典》(第 7 版),北京:商务印书馆 2016 年版,第 805 页。

对其他国家而言的基本的需求(need)和欲求(want)"①。在这两个界定中,"好处""需求"与"利益"是直接等同的。对研究者来说,名义界定无所谓真伪,它只是帮助我们了解和描述世界的有用工具。

操作性界定(operational definition)通常是指在研究中为便于操作而提出的界定,这种界定在定量研究中很常见,具有明确和精确的特点。例如,研究者在对国家的"综合实力"进行研究时,就需要建立一套具体的指标体系,以便使研究变得可操作。在中国社会科学院的一项研究中,"综合国力"被具体化为资源、经济能力、科技能力、社会发展程度、军事能力、外交能力、政府调控能力等多个方面。研究者通过对这些方面进行精确界定,实现了对综合国力进行定量研究的目的。②

在国际关系研究中人们使用概念,所指涉的对象大体上包括两类,即可观察的事实与不可观察的事实。指涉可观察事实的概念,诸如"武装冲突""多边谈判""军事同盟"等,产生歧义的情况相对较少。指涉不可观察事实的概念,诸如"主体间世界""战略文化""社会建构"等,则可能存在理解的不同,其意义往往取决于使用者的界定。尤其是在国际关系理论研究中,人们使用同一个概念可能未必表达的是同一个意思,这种情况就会导致对问题理解的不同。

研究者在抽象的层面上使用概念进行描述,从功能上来讲,主要有四个方面的作用,即分类、比较、计量和价值判断。

分类是根据研究对象的特点分门别类,以相互关联的不同概念加以概括,从而对事实作出更精细、准确的界定。例如,研究者可以把国际关系行为体分类为国家行为体与非国家行为体,把行为体的互动行为分类为冲突与合作,把国际组织分类为政府间组织与非政府组织,把对外政策行为分类为单边主义与多边主义等。

① Mark R. Amstutz, *International Conflict and Cooperation*, Boston: McGraw-Hill, 1999, p.179.

② 例如可参见王诵芬、陈沙、石小玉:《世界主要国家综合国力比较研究》,长沙:湖南出版社 1996 年版,第 65—70 页。

　　比较是对概括同一类别的不同事实的概念进行对比,从而进一步明确其指涉物的属性。例如,通过比较同属"暴力行为"的"战争"与"恐怖主义"这两个概念,人们可以更明确地认识恐怖主义的属性:战争的基本特点是以对方的军事力量为对象,目的是在军事上打败对方;而恐怖主义的基本特点则是以平民等非军事目标为袭击对象,目的是制造恐怖气氛,迫使对方做原本不会做的事情。

　　计量是对研究对象进行统计与量化描述。在进行这种研究前,研究者需要对对象有清楚的界定,否则就无法知道该对哪些现象进行统计。例如,对当代的"重大武装冲突"进行研究,就涉及统计标准问题。通常,人们是以死亡 1 000 人作为"重大武装冲突"(或战争)的标准。但这一标准是按年度计算还是按历年累计,在研究中人们也有不同处理。对这一点,人们只有先确定标准,才能做进一步的操作。

　　价值判断是指概念可用于对事实进行规范性(好坏)描述。实际上,无论是指涉现实问题还是理论问题,研究者通常都会有一定的价值偏好。例如,用"特别军事行动"和"侵略"指称同一场战争,就体现了不同的价值判断。再者,在国际关系研究中,有许多概念本身就带有价值判断的寓意,例如,干涉主义、失败国家、殖民主义等都不是中性的概念。使用这些概念描述事实,直接表明了研究者的立场和价值取向。

　　在国际关系研究中,研究者进行观察与描述,直接目的当然是要清楚、准确地把握事实,但根本宗旨是为了提出问题和解决问题。研究者通过观察有所发现,找到了研究问题和作为问题答案的拟论证的观点,才能开启学术论证的过程。关于"发现""问题"和"拟论证观点"的讨论,见第 8 章的相关内容。

2.2　假说与论证

　　进入论证过程,研究者需要先提出预测或猜想的研究结论作为拟论证的观点,然后再对之进行检验或论证。这种预先提出的研究结论作为对问题的暂定答案,是一种尚未得到证明的**假说**。人们通过随后的研究,可能接受它,也可能拒绝它,可能支持它,也可能反对它。

预先提出的研究结论,其形式是定义明确的概念所构成的**命题**。命题作为表达判断的一种语言形式,在结构上是由"题设+结论"组成的。其中,题设是已知事项,结论是对已知事项的判断。例如,现实主义者所说的"国家存在于无政府状态的国际体系中",民主和平论者认为"民主国家之间不打仗",作为命题陈述的都是对国家存在状态的判断。

命题按照其内容,可以分为性质命题与关系命题。**性质命题**是指对事物的属性做出肯定或否定判断的语句。这种命题通常是一种定性描述,不涉及变量关系和因果关系。例如,"外交是国家和其他国际行为体之间的沟通和谈判过程"①,即属于性质命题。**关系命题**是指反映两种或多种事物之间存在某种关系的语句。这种命题主要涉及概念与概念之间,特别是变量与变量之间的关系。例如,霸权稳定论认为"造就并维持国际稳定的是权力的优势"②,作为命题陈述的是国际稳定与霸权之间的关系。

作为表达判断的语句,命题按照其包含判断的多少,还可分为简单命题和复合命题。**简单命题**只表达一个判断,而**复合命题**则包含多个判断,或者说是由多个命题组成。例如,"国家是理性的行为体"就构成了一个简单命题;而认定实体为国家的标准,则涉及复合命题,其中包括的判断有:(1)国家必须拥有领土基础和地理学意义上的边界;(2)国家边界内必须居住着稳定的人口;(3)国家应该有一个人民效忠的政府;(4)国家必须得到其他国家的外交承认。③

---

① John Baylis and Steve Smith(eds.), *The Globalization of World Politics*, Second Edition, Oxford: Oxford University Press, 2001, p.324.

② A. F. K. Organski, *World Politics*, Second Edition, New York: Alfred a. Knopf, 1968, p.294.

③ 参见[美]卡伦·明斯特:《国际关系精要》,潘忠岐译,上海:上海人民出版社2007年版,第102页。

　　按照科学研究的概念,有待论证的结论通常被称为"**假设**"(hypothesis)。假设是可以被检验(例如经由观察、实验和统计分析等步骤)的陈述。[①]这样的陈述是对拟研究的变量之间预期关系的一种学术猜想,[②]旨在说明变量间存在怎样的关系,这样的关系为什么会发生以及是怎样发生的。从假设的内涵来讲,它实际上可分为两类。一类是**描述假设**,即说明事实"是什么"。无论是判断事实的属性,还是说明变量间关系,都属于此类。另一类是**解释假设**,即说明事实的"为什么"。这类假设涉及本书后面将讨论的理论的建构。

　　对研究者来说,要提出假设,研究对象就必须是可以观察的,否则就不可能对假设进行检验。实际上,一项具有科学属性的研究,只有其他人可以重复检验过程,其研究结论才可能被学界接受。

　　假设所涉及的**变量**(variable),是指可以取不同值的概念,包括自变量和因变量。在因果理论或假设中,**自变量**(independent variable)是指作为原因的现象,**因变量**(dependent variable)是指作为结果的现象。[③]按照英文的词义,自变量是指独立发生变化的现象,这种现象的变化不受其他因素的影响;而因变量则是指根据自变量的变化而变化的现象,其取值依赖于自变量。例如,结构现实主义理论认为无政府状态的国际结构决定国家的行为,在这个表述中,国际结构是自变量,国家行为是因变量,国际结构的变化,例如表现为单极、两极或多极,会使相关国家表现出不同的行为。[④]

　　从假设的形式来看,它可以是一个表示变量关系的公式,也可以是一种说明变量关系的陈述。无论采取何种形式,假设都必须

①　参见 Scribbr 网站的"如何写出一个强有力的假设|步骤和示例"页面,链接为https://www.scribbr.com/methodology/hypothesis/,访问时间:2023 年 12 月 20 日。

②　可参见斯蒂芬·范埃弗拉的讨论。见[美]斯蒂芬·范埃弗拉:《政治学研究方法指南》,陈琪译,北京:北京大学出版社 2006 年版,第 8 页注 4。

③　可参见[美]斯蒂芬·范埃弗拉:《政治学研究方法指南》,第 10 页。

④　可参见[美]肯尼思·华尔兹:《国际政治理论》,特别是第八章。

标定明确的研究变量,必须包含有关变量间存在因果关系或相关关系的陈述,而且这种关系必须是可以验证的。这几点构成了鉴别科学假设的重要标准。①

假设所陈述的变量之间的关系,如果是一种有规则的关系,那么就可称之为"规律"。**规律**(law)是指变量之间在一定条件下会反复出现稳定的联系。这种联系可能是确定性的,也可能是概率性的。前者构成必然性关系,即如果有 A,那么一定会出现 B。后者构成或然性关系,即如果有 A,那么 B 可能发生也可能不发生,它们的关系具有一定的可能性和不确定性。这里的**或然性**(probability)是指概率。在国际关系研究中,几乎所有得到阐述的规律都是概率性的。②

通过提出假设确认和解释国际互动的规律,在国际关系学科中是进行实证研究的基本途径。由于这样的研究是围绕着假设进行的,因此,提出合适的假设就构成了进行研究的必要条件。对研究者来说,针对可以观察的事实提出假设,可经由两种途径。一种是通过经验观察,找到新的变量关系,提出有待检验的猜想。另一种是通过理论演绎,对已有理论做进一步推演,提出新的有待验证的命题。

提出假设之后,研究者需要收集合适的资料,通过适当途径加以验证。在实证研究中,验证假设的方法很多,其中案例研究法(case study methods)、定量研究法(quantitative research approaches)和形式模型(formal models)等是主要方法(这些方法将在后面的章节中介绍,这里不作具体阐释)。研究者对假设的验证,可能有两种结果,即证实或证伪(否证)。对于这两种结果,我们可以用"凡天鹅皆白"的假设来说明。如果人们通过研究,发现天鹅都

① 参见秦亚青:《实证主义与中国的国际关系研究》,载秦亚青:《权力·制度·文化:国际关系理论与方法研究文集》,北京:北京大学出版社 2005 年版,第 279 页。关于假设所陈述之变量间关系,斯蒂芬·范埃弗拉区分了因果关系与非因果关系,参见[美]斯蒂芬·范埃弗拉:《政治学研究方法指南》,第 8—9 页。

② 可参见[美]斯蒂芬·范埃弗拉:《政治学研究方法指南》,第 8 页。

是白色的,那么这个假设就得到证实;如果有人发现了黑色的天鹅,那么这个假设就被证伪。对研究者来说,假设得到证实当然是理想的结果,但被证伪也并非坏事,因为能够被证伪的假设也是科学的假设。在这里,"能够被证伪"的一个主要含义就是可以在科学的意义上被检验。按照卡尔·波普尔(Karl Popper,1902—1994 年)的观点,科学研究正是在假设不断被证伪的过程中进步的。就上述例子而言,验证者发现黑天鹅,证明天鹅不全是白色的,就可以对原有假设进行修正。如果在研究中发现还有其他颜色的天鹅,那么就需要对假设作进一步的修正。正是在这样的过程中,人们对天鹅的研究得到了发展。[1]

在自然科学领域,提出并验证假设以推动知识的积累,是学科发展的基本路径。但是,在包括国际关系学科在内的社会科学领域,情况却复杂、麻烦得多。虽然坚持科学方法的研究者一直在试图发现规律,试图提出在所适用的现象中都能得到证实的假设,但成果却远不能与自然科学相比。

布鲁斯·拉西特(Bruce Russett)和哈维·斯塔尔(Harvey Starr)认为,在社会科学中,令人感兴趣的规律很少。社会科学的现象极其复杂,常常有许多影响因素和原因作用于一个特定事件,而我们对于这些复杂现象的知识是如此不完备,以至于没有确立多少规律。社会科学家能够提出的不过是一个特定行为(威胁、承诺或让步)将产生一个特定结果的或然性。例如,他们不知道哪一位苏联领导人,在何时会让东欧国家走上独立之路。当我们希望就国际关系现象做出一般陈述的时候,我们并不一定意味着这种一般性适用于所有国家和所有时间。物理学可以接近于这种一般性,但在政治学中就很难做到。[2]

对于国际关系学者来说,由于作为对象的事实具有双重属性,既有可以观察的一面,又有不可观察的一面,因此并非在任何研究

---

[1]　关于"证伪",可参见本书第 3 章的有关介绍。

[2]　[美]布鲁斯·拉西特、哈维·斯塔尔:《世界政治(第 5 版)》,王玉珍译,北京:华夏出版社 2001 年版,第 30 页。

中都需要和可以提出可验证的假设。对于可以观察的事实,研究者需要进行实证研究,用经验事实检验假设;对于不可以观察的事实,则只能做非实证研究,以理解与解释的方法证明判断成立。

当然,即使研究者通过检验假设只能得到或然性结论,对研究来说仍然是有意义的。事实上,在国际关系学界还是有一些得到学界认可的成果的。例如,按照彼得·卡赞斯坦(Peter Katzen-stein)、罗伯特·基欧汉(Robert Keohane)和斯蒂芬·克拉斯纳(Stephen Krasner)的说法,在国际政治经济学领域中,有关"霸权稳定论"的研究就提出了适当的假设:国际经济行为方式可能随着国家之间权力分配的变化而变化,也可能不随之发生变化。该项研究对国家权力这一自变量的测量是根据国家的国民生产总值(GNP)或国家在世界贸易中所占份额来确定的;对国际经济行为这一因变量的测量是以国际经济体系的开放程度为指标,具体的操作是用规则和交易方式来测量这种开放程度。由于这项研究明确了因果关系的假设,并且具有可证伪性,因此是一个富有成果的研究纲领。[①]

对于研究者来说,不论针对的是可以观察的事实还是不可以观察的事实,提出假设或待证明的判断都涉及确认事实和解释事实两种不同的情形。涉及对事实的状态、属性、关系的描述属于前者,涉及对事实发生原因的解释则属于后者。尽管不同的研究有不同的指向和重点,但通常需要把这两者结合起来,这样才能知其然也知其所以然,使研究进入理论化的阶段。

2.3　理论与解释

国际关系研究从经验层面上升到理论层面,是学科发展的必

___

① ［美］彼得·卡赞斯坦、罗伯特·基欧汉、斯蒂芬·克拉斯纳:《〈国际组织〉杂志与世界政治研究》,载［美］彼得·卡赞斯坦、罗伯特·基欧汉、斯蒂芬·克拉斯纳编:《世界政治理论的探索与争鸣》,秦亚青等译,上海:上海人民出版社 2006 年版,第 21 页。

然。面对纷繁复杂的国际互动现象,人们如果不对事实进行某种程度的简化和理论化,就根本无法理解与解释。①对研究者来说,理论的重要性不仅在于对观察进行指导,对现实作出解释,而且在于对未发生之事进行预测。

2.3.1　理论是什么?

理论的含义是什么,迄今为止学界依然言说各异。对这个概念进行讨论,可以先看该词语的语义。《现代汉语词典》对"理论"的定义是"人们由实践概括出来的关于自然界和社会的知识的有系统的结论"②。《新牛津英语词典》对其的定义是"意在解释某物的一个命题或概念体系,并且特别指建立在一般原则基础之上的独立于被解释物的命题或概念体系"③。这两个定义,前者说明了理论的外延,即理论涉及自然科学知识和社会科学知识,后者说明了理论的内涵,即理论是解释一定对象的命题和概念体系。这两种在语义上互补的解释,可以作为我们讨论"理论"概念的基础。

在学术界,对理论的定义有各种不同的说法。对于这些定义,我们可以从三个方面进行思考:

第一,理论涉及的学科、领域和具体对象。由于各个学科的研究都涉及理论,因此该概念可以说有广泛的外延,可以是对理论的泛指,也可以指不同学科的理论,比如物理学理论、史学理论、文学理论,以及我们所讨论的国际关系理论等。在每一门学科之内,"理论"还可以有更具体的指涉,比如国际关系研究中的现实主义理论、霸权稳定论、民主和平论、批判理论等。

第二,理论本身的构成形式。有的定义认为,理论是指一套相

---

① Bruce Bueno de Mesquita, *Principles of International Politics*, Washington, D.C.: CQ Press, 2003, p.51.

② 中国社会科学院语言研究所词典编辑室编:《现代汉语词典(第 7 版)》,北京:商务印书馆 2016 年版,第 799 页。

③ Judy Pearsall(ed.), *The New Oxford Dictionary of English*, Oxford: Clarendon Press, 1998, p.1922.

互联系的陈述,包括基本概念、基本概念间的联系以及基本概念与观察结果的联系。也有的定义把理论界定为一种符号结构,包括一系列相互联系的假设,以及定义、规律、定理和公理等。①还有更简明的定义认为理论就是一组通则结合成的系统。②对这些定义进行综合和概括,可以把理论理解为由一组相互联系的概念和命题构成的体系。

第三,理论的属性。有较多定义强调理论是一种解释,例如,认为理论是对现象的系统反映,旨在对它们进行解释。③

综合以上三个方面,可以得到这样的理解,即理论可以指涉各种不同的学科和领域,其形式是一组相互联系的概念和命题构成的体系,其功能是对一定研究领域的对象进行系统解释。对理论的含义作进一步的讨论,就涉及理论解释的内容。浏览有关的定义,可以看到,较多强调的是对变量间关系或规律的解释。例如,康威·汉德森(Conway W. Henderson)提出,理论是指意在解释与推测一定研究领域的变量间关系的一组具有逻辑联系的命题。④

关于理论与规律的关系,肯尼思·华尔兹的观点是有代表性的。他提出:"理论是对规律的解释。"华尔兹在阐述这个问题时,比较了两种定义,即理论是"规律的集合",以及理论是"对规律的解释"。华尔兹认为,理论确实可以说是与某种特定行为或现象有关的规律的集中,但理论与规律的关系还有更深一层的含义,即理论是对规律的解释与陈述,而不仅仅是规律的集中。在这里,理论表现了与规律的质的区别。⑤确实,规律作为对反复发生之现象的

① [美]詹姆斯·多尔蒂、小罗伯特·普法尔茨格拉夫:《争论中的国际关系理论(第5版)》,北京:北京大学出版社2004年版,第23页。

② 吕亚力:《政治学方法论》,第42页。还可见[美]詹姆斯·多尔蒂、小罗伯特·普法尔茨格拉夫:《争论中的国际关系理论(第5版)》,第25页。

③ [美]詹姆斯·多尔蒂、小罗伯特·普法尔茨格拉夫:《争论中的国际关系理论(第5版)》,第17页。

④ Conway W. Henderson, *International Relations*, Boston: McGraw Hill, 1998, p.23.

⑤ [美]肯尼思·华尔兹:《国际政治理论》,第7—9页。

陈述,并不包含对于为什么会发生这种现象的解释。例如,牛顿的万有引力定律描述了宇宙中两个不同物体如何相互作用,但并没有说明为什么会有引力和引力是如何起作用的。直到爱因斯坦提出相对论,对此才有了一种解释。

华尔兹对理论的阐释,是一种符合科学理论的说法。从当代国际关系研究的主流学派对"理论"一词的使用来看,多数人是倾向于这种理解的,即理论是对变量间关系的解释。按照这样的理解,理论解释的只能是可以观察的客观因素。然而,正如前文所讨论过的,国际关系事实除了有可以观察的客观现象,还有不可以观察的主观意义。在很多时候,解释事实发生的动因是需要涉及行为体的观念的。实际上,国际关系学科一些聚焦价值的学派,其研究目的就是解释事实的主观意义。例如,批判理论(critical theory)强调理论总是有利于某人或某种目的,女性主义理论(feminist theory)强调对男性知识的批判,后现代主义理论(post-modernism theory)强调权力与知识的关系,都意在颠覆传统的研究范式和价值,与客观规律无关。[1]20 世纪 90 年代以来地位日趋上升的建构主义(constructivism),尽管一些代表人物不否认客观物质因素,但强调国际关系的现状取决于人的"共有知识"的建构,因此也不具有科学属性。这些强调主观因素和社会意义的理论,大体上都属于与实证主义相对的后实证主义。在国际关系研究中,凡涉及人的意图、价值、文化、认同等方面的理论,基本上都是话语诠释和主观建构的产物。

在多元的国际关系理论中,除了前面的讨论所涉及的科学与非科学的区分之外,还存在着解释的普遍性与特殊性的差异。具有普遍性的通则(nomothetic)理论是对某一类情形或事实的规律性解释,而具有特殊性的个案(idiographic)理论则是对特定事实的解释。与这样的区分相对应,国际关系学科存在从宏观、中观到

---

① 可参见 John Baylis and Steve Smith, *The Globalization of World Politics*, Third Edition, Oxford: Oxford University Press, 2005, pp.239—241, 271—291。

微观的不同层次的理论。

宏观理论,即所谓的"国际关系大理论",是以国际体系或国际关系的整体结构为解释对象。这种通过概念演绎构建的通则理论,具有概括性、间接性、超然性和远离现实的特点,所提供的是对国际关系的本质性看法:这个世界有怎样的结构和属性,国际互动会表现出怎样的大趋势和结果。由于这样的理论为学科研究提供了最基本的概念、公设和议题,提供了思维模式和方法,引领了研究什么和怎样研究的方向,因此常被称为"范式"(paradigm)。在国际关系学科的发展中,曾相继出现了有着不同本体论、认识论和理论假定的大理论,并形成了数次"大争论"(great debates),诸如理想主义对现实主义、行为主义对传统主义、新现实主义对新自由主义、实证主义对后实证主义,以及理性主义对建构主义等。这些大理论在很大程度上构成了国际关系学科知识的主体框架。

与宏观理论同属通则理论的中观理论,是指涉单元层次,是以某一领域或类别的行为体的行为及结果为对象。作为对变量关系或规律的解释,中观理论说明的是行为体某类行为具有共性的原因,是对经验事实的概括,可应用于对现实问题的解释。例如,外交决策理论、国际安全理论、全球治理理论、威慑理论、联盟理论、和平理论、战争理论等均属这一类别。由于这类理论既有抽象的概念演绎和通则视角,又有具体的对经验事实的归纳与解释,因此与体系层面的宏观理论和个案层面的微观理论都有相通之处。

微观理论作为对个案的解释产生于现实问题研究。在国际关系学科,对现实问题的个案研究占很大比例。这类研究的主旨是探究导致特定事件发生的原因和条件。做这样的研究,可能涉及带有共性的因素,但最终形成的理论都是具有特殊意义的解释,只适用于特定的个案。在形式上,这种解释不是对单一因果机制的判断,而是有关主要影响因素的一种综合性分析。由于这样的理论与现实有密切联系,因此它能否成立可以直接得到检验。

在国际关系研究中,不同的理论有不同的功用,它们都占有一席之地。不过,由于学科的知识体系是以对国际互动的一般认知和概括为基础,因此解释国际互动规律和机理的通则理论占有比较重要的地位。事实上,如果没有这样的整体性概括与解释,学科知识就可能是支离破碎的。当然,任何一种理论无论多重要,也只是学科知识的一部分。如果在通则理论之下没有丰富的解释现实问题的理论,那么国际关系学科就会失去现实价值与意义。因此,理解国际关系理论应以包容的态度对待这一有丰富内涵的知识体系。

2.3.2　理论的建构

理论的建构来自对事实发生原因的探究。在国际关系中,出现一种结果,必有相应的原因。原因是指导致某种结果或引发某种事态的条件。存在这样的条件,就会发生相应的结果。条件发生变化,结果就会变化。在这里,原因在前,结果是原因发生作用的产物。在国际关系研究中,建构理论的目的是对事实发生的原因进行解释。

研究者建构理论,首先需要针对研究对象提出一组相互联系的概念与命题作为预想的解释,然后需要运用一定的方法证明这个解释成立。由于提出预想涉及事实背后起作用的机制,通常并非来自直接的经验观察,因此需要有猜想和推测。在这个过程中,进行创造性思维是不可少的。研究者时常需要靠突发的灵感、顿悟等非逻辑思维提出论断。相比较而言,非逻辑思维的作用主要在于提出新思想,而逻辑思维的作用则在于对新思想进行论证。没有非逻辑思维,研究就只能囿于原有的知识范围而难有新突破。

按照科学方法,研究者提出的预想即前面讨论过的假设。在理论研究中,人们提出的是有别于描述假设(对应"是什么")的解释假设(对应"为什么")。解释假设只有得到了验证,才能成为科学理论。进行自然科学研究,通过处理变量关系推断原因,主要是靠实验和统计分析。研究所得结论,要合乎逻辑,也要合乎事实。合乎逻辑是指判断、推理合理,结果与前提有自洽的逻辑关系;合乎事实是指预想可以得到事实的验证。由此而形成的科学理论,不但可以解释已发生之事,而且在一定程度上可以预测未发生之事。

在国际关系研究中,针对可以观察的经验事实,人们也可以这样做。以有关"民主和平"的研究为例,一些学者通过观察和处理"战争"与"民主国家"两组数据,归纳出了"民主国家之间不打仗"的"规律"。[①]对这种"规律"进行解释的研究主要有两类视角:侧重民主规范的解释,认为民主国家倾向于用民主方式处理国家间问题;侧重民主政治结构的解释,认为在民主政制下公民可以制约国家的战争行为。对这两种解释,泽夫·毛兹(Zeev Maoz)和拉西特用经验事实进行了检验。对规范模型的检验表明,民主国家不会相互争斗,因为妥协与合作的规范可以防止它们的利益冲突升级为暴力冲突。对结构模型的检验表明,复杂的政治动员过程对两个民主国家的领导人施加了制度限制,使得暴力冲突成为不可能之事。在他们所做的检验中,这两种解释都得到了数据支持,但与规范模型相关的数据更具说服力。[②]这些得到验证的解释就可称为有关"民主和平"的理论。

杰克·利维(Jack Levy)认为,"民主和平论"是最接近经验规律的东西。[③]虽然人们对这项研究存在争议,但由于该命题可以用数据进行检验,可以支持、反对、修正、补充,因此其结论是符合科学规范的。不过,从另一方面来讲,利维的说法也反映了一种现实,即国际关系学科中类似的研究较少,虽然人们很想以"假设-检

① 民主与战争的相关性有很多实证性研究,例如 Melvin Small, David J. Singer, "The War Proneness of Democratic Regimes, 1816—1965", *Jerusalem Journal of International Relations*, Vol.1, No.4, 1976, pp.50—69。尽管对这一相关性存在争论,但得到了较广泛认可。

② Zeev Maoz and Bruce Russett, "Normative and Structural Causes of Democratic Peace, 1946—1986", *American Political Science Review*, Vol.87, No.3, 1993, pp.624—637.

③ Jack S. Levy, "Domestic Politics in War", in Robert I. Rotberg and Theodore K. Rabb(eds.), *The Origin and Prevention of Major Wars*, New York: Cambridge University Press, 1989, p.88.

验"的模式建构理论,但收效并不好。为什么会存在这样的情况?根本原因在于国际关系研究的对象存在限制研究者进行经验检验的属性和结构。

一是内含观念因素。国际关系研究的对象,说到底是行为体间有意识的决策应对的产物,观念的影响无处不在。在这种影响下,互动所形成的过程、状态和结果等,都内含不可观察的人的心理活动。在国际关系中,虽然行为体的政策理念有一定的稳定性,但受内外部压力的影响,或是因学习和总结经验而"提高了认识",是有可能发生不确定的变化的。观念变化的不确定性会导致事态演变的不确定性,并且可能造成重大影响。例如,20 世纪 70 年代中美关系的正常化就源于美国政府对华政策观念的转变。在很多时候,虽然通过观察各种外在因素(反映观念的符号)可以在一定程度上推测行为体内在观念的变化,但人的心理活动毕竟是不能直接观察的。在理论研究中,涉及观念的命题可以解释和推论,但不能用经验事实检验。

二是存在复杂系统。从整体讲,国际关系事实都是由众多因素构成的系统,在行为体之间、进程之间、影响因素之间存在着复杂的联系与互动。任何事态都不是单一原因的结果,也不会只产生单一结果。构成系统的单元是以合力的形式发挥影响。这种机制并不是纯自然过程,而是经由行为体的作用形成的。由此产生的系统效应,不同于其中任何单一因素的影响,也不是各因素相加的结果。由于系统的外延是不确定的,其构成包含观念因素,单元间的复杂互动机制并非都能观察,其效应可能是间接的、中介性的和滞后的,①因此解释系统的属性与作用也难以用经验事实进行检验。

在国际关系研究中,观念因素和系统因素的存在,不但影响通则式研究,而且影响个案式研究。这种影响导致人们对理论的论

---

① 　[美]罗伯特·杰维斯:《系统效应》,李少军、杨少华、官志雄译,上海:上海人民出版社 2008 年版,第 33 页。

证形成了与自然科学研究有较大差异的路径,其中有实证主义的"假设-检验"路径,亦有非(后)实证主义的解释主义路径,有系统层面具有思辨特点的概念演绎,亦有单元层面对经验事实的共性解释与个案解释。

涉及宏观理论和中观理论的通则式研究,寻求解释的是导致某类行为体行为或事件的一般性原因。在国际关系中,行为体作为系统中的单元,单个行为肯定有特殊原因,而普遍现象则有共同原因。这种原因可能来自国际结构的系统压力或激励,也可能源于行为体共同具有的某种属性。在探讨这样的原因时,构建宏观理论的目的是解释体系层面(即国际关系的整体)所呈现的某种长时段的趋势,而提出中观理论则旨在解释单元层面行为体某类行为的规律或因果机制。

就宏观理论研究而言,人们提出对系统的某种解释,因不能用经验事实进行检验,论证只能另辟蹊径。从国际关系大理论研究现状看,论证大体上都是采取远离事实的方式,即先用某些具有普遍性的概念或无需证明的公理作为对系统的某种概括,然后再由此出发进行推论。这样提出的理论判断虽然名义上是以系统的整体为对象,具有普遍性,但基于不同前提所作的不同推理,实际上解释的只是某一种宏观机制。

以汉斯·摩根索(Hans J. Morgenthau)提出的古典现实主义为例。该理论用两个无需证明的概念作为对国际关系整体的概括,即国际无政府状态和人性恶,并由此作出推论:由于主权国家组成的国际社会不存在一个制定法律和强制实施法律的中央权力机构,自利的国家只能以自助的方式谋求生存,以追求权力的方式实现自身的利益,因此必然导致权力政治,其表现就是一个国家企图控制他国的行为。这一推论是合乎逻辑的。它从抽象的系统视角解释了国际关系中带有普遍性的冲突现象。实际上,自由制度主义把国际关系整体概括为"复合相互依赖",由此推论出行为体间会形成共同利益并产生合作,建构主义把国际关系整体概括为"主体间世界",并推论出共享的知识可以建构行为体的利益与认同,大体上都是经由相似的途径。

国际关系大理论的建构,本质上是一种思辨式研究,即通过抽象的思考、推理和论证得出结论。运用这种方法,无论是出于客观视角还是主观视角,都可以得到抽象层面的演绎理论(deductive theories)。这种理论虽然包括对某种因果机制或建构机制的推断,但实际上是对国际关系的一种哲学思考。这种思考所得出的具有普遍意义的论断,是否成立,并不能用经验事实检验,而要看能否被学界接受。如果人们较普遍地认可这些理论,愿意基于这些理论的公设开展进一步的研究,包括进一步演绎出可解释经验事实的理论,那么就表明这样的理论成为引领学科研究的"范式"。在国际关系学界,现实主义、自由制度主义、建构主义等之所以成为"主流"理论,不是因为得到了检验,而是因为得到了学界认可。这种情况有学科调查数据的证明。①

在中观层面,由于理论的解释对象是单元层面造成规律现象的原因,而非系统层面国际结构的属性,因此与经验事实有密切关系。进行这个层面的理论建构,大体上有两种途径。一种是自上而下的模式,即从更高层次的宏观理论出发进行演绎推理,得出解释具体规律或普遍性特点的命题;另一种是自下而上的模式,即通过观察事实进行变量关系研究(对于不能直接观察的事实则通过操作化处理创造定量研究的条件),基于归纳逻辑作出解释。

用演绎推理的方式进行中观理论的建构是比较常见的。以安全困境理论为例。该理论的出发点是国家在无政府状态下会采取追求自身安全的行为。这是现实主义的命题。进一步推论的结论就是:国家的这种行为会增加其他国家的恐惧感和不信任感,进而导致相互间权力竞争的恶性循环,使各方都陷于难以摆脱的紧张

---

① 例如,Susan Peterson, Michael J. Tierney and Daniel Maliniak, "Teaching and Research Practices, Views on the Discipline and Policy Attitudes of International Relations Faculty at U. S. Colleges and Universities", College of William and Mary, Williamsburg VA, August 2005, https://trip. wm. edu/research/faculty-surveys,访问时间:2023 年 12 月 20 日。

状态。这样的推理解释了追求自身安全会导致紧张关系乃至冲突的原因,即各方不断增强的恐惧感和不信任感。由于这一理论涉及了不能观察的心理因素,因此不能直接用经验事实检验。

通过变量关系研究进行中观理论的建构,前述民主和平研究是一个事例。进行这种模式的研究,最理想的条件是解释项和被解释项都可以直接观察,并且可以得到规范的数据,但这种情况是比较少见的。通常,研究会面对不能直接观察的因素,特别是受观念影响的因素。在这种情况下,研究者需要进行操作化处理,即基于得到共同认可的定义,构建可以直接观察测量的指标,使对象数据化。例如研究观念因素对国家对外政策的影响,就可以通过对媒体的词语分析观察国家政策理念的变化,通过问卷调查分析民众对国家政策的态度。[1]

对事实进行观察,在观念因素并非直接研究对象但可能存在影响的情况下,可以采取"恒定法",即假定其恒定不变,对所有研究对象有大致相同的影响,这样就可以忽略其作用。例如,在民主和平研究中,研究者实际上是以"民主国家"有共同的制度、理念为前提,从而把这些国家视为具有相同价值的单元而观察其可以观察的互动。在国际关系研究中,对不少问题的处理可以采取类似的思路,即以行为体在某问题上有共识为前提,从而观察并解释其互动中具有共性的东西。

用经验事实验证理论,理想的方式是用较大样本进行统计推论。然而,由于国际关系事实有不能观察的一面,现成的数据库不多,有研究价值的重大事实样本很少,因此进行定量分析是受限制的。研究者在很多时候不得不用少数案例验证通则理论。虽然这种做法可能被认为缺乏说服力,但在不能做定量研究的情况下,选用定性方法不失为一种切合实际的选择。进行这种研究所发现的个性,有可能是行为体行为的共性表现。以多案例分析验证这样

---

[1] 需要注意的是,这种人为得出的数据,与真实是不能画等号的。例如,通过问卷预测大选就可能与最终结果不一致。

的发现,就可以通过累积的方式不断增强理论的可信度。以玛莎·费丽莫(Martha Finnemore)的研究为例。在《国际社会中的国家利益》(*National Interests in International Society*)一书中,她就用三个不同领域的案例,验证了国际组织建构国家利益的理论,说明了规范对国家行为的影响。[1]由于案例分析具有全面、深入的特点,因此可能更容易发现其中蕴含的因果机制。如果把对一个案例的分析看作一次检验,那么多案例分析就是多次检验。如果其他研究者读到此理论后进一步进行验证,并且发现有更多的事实符合该理论所阐释之机制,那么就可以表明该理论成立。按照逻辑实证主义者的看法,进行这样的验证是可行的。[2]

　　在现实问题层面,解释个案的微观理论都有直接、具体的对象,因此尽管会用到抽象概念,但理论本身不可能是抽象的和脱离实际的。针对可以观察的事实,研究者可以先提出假说。这种假说可能来自对事实的观察,可能来自对已有理论的演绎,也可能就是出于推测或猜想。对这样的假说进行论证,目的是证明事情的发生正是预想的条件所导致的结果。研究者可以用过程追踪法一步步地追根溯源,也可以用比较法、求同求异法、反事实分析法等寻找构成原因的要素。针对不可以直接观察的事实,可以采用前述的操作化方法作定量研究,也可以通过文献诠释作定性研究,解释其内在意义是怎样建构的。总之,不论是前者还是后者,最终形成的解释项都应与被解释项有逻辑自洽的关系,而且其中要包括具体的缘由和证据。

　　从总体看,国际关系理论的建构是存在不同模式的,有科学的途径,也有非科学的途径。对于研究者来说,进行国际关系理论的验证必须切合实际,并非越科学越好。除了传统的实证方法,案例分析、思辨推理以及文本诠释等都是可采用的途径。为了更好地达到检验的目的,以实事求是和包容的态度选择方法,可能更有利

---

　　① 参见[美]玛莎·费丽莫:《国际社会中的国家利益》,袁正清译,杭州:浙江人民出版社 2001 年版。

　　② 进一步的讨论,见本书第 3 章有关"逻辑实证主义"的介绍。

于推进国际关系理论的发展。

2.3.3　怎样用理论进行解释？

建构国际关系理论,目的是对国际关系事实进行**解释**。在中文里,"解释"的含义是"说明含义、原因、理由等"①。在英文中,涉及研究方法的"解释",有两个主要用语,即"explanation"和"interpretation"。这两个词译成中文都是"解释",但其方法论含义却有区别。"explanation"的释义中有对因果关系(causality)的解释,②而"interpretation"的释义中则有对社会事件或行为的意义(meaning)的解释(也可以译为"诠释"加以区分)。对比中文与英文的"解释"的词义,可以看到,中文的"说明含义",对应于英文的"interpretation",而"说明原因、理由",则对应于英文的"explanation"。把"解释"一词的含义区分为对因果关系的解释与对意义的诠释,从方法论的角度讲是非常重要的。

进行因果关系的解释,或者更广义地讲进行变量关系的解释,与前文阐释的科学意义上的理论是相对应的。这样的解释无论属于通则式还是个案式,原则上都是要说明被解释项乃是解释项所包含之条件与机理的逻辑后果。例如,按照现实主义理论,权力政治在一定条件下导致国际冲突,体现的就是一种因果关系,即在无政府状态下,只要国家以权力谋求利益,相互间就可能发生冲突。

进行意义的诠释,与前述的"科学"精神是相悖的,因为这种诠释无意探寻事物的客观关系,而是要理解和解释其社会意义。按照托马斯·施万特(Thomas A. Schwandt)的定义,"interpretation"是指"对于某些现象的分类、说明或对其意义的解释"③。在这种探

① 中国社会科学院语言研究所词典室编:《现代汉语词典(第7版)》,第670页。
② https://dictionary.cambridge.org/dictionary/english/explanation,访问时间:2023年12月20日。
③ David E. McNabb, *Research Methods for Political Science*, Armonk, New York and London: M.E. Sharpe, 2004, p.344.

究中,一个最基本的假定就是人的行为乃是其意图在一定的社会环境中的体现。要解释这样的事实,就必须联系历史和社会条件,理解和解释人的行为背后的主观意图。例如,解释欧盟一体化的进程,除了要分析各成员国在经济、政治、外交、军事等领域的互动外,还特别要分析各方推动欧洲联合的意愿。正是这种观念层面的东西,使得各成员国对欧洲联合的政策选择具有了一体化的意义。

在国际关系中,由于事实的可以观察的一面与不可以观察的一面是相互联系的,因此在研究中不能只依赖一种解释而排斥另一种解释。例如,依照现实主义理论,国家在权力政治中的一个重要表现是伴随着经济实力的增长同步发展军事实力,但很多国家基于对安全形势的判断并没有这样做。对于这种不合"规律"的现象,仅仅从权力关系的客观视角进行解释是不够的,还特别需要说明国家的不同观念。实际上,国家在权力政治中出于不同的价值判断,进行不同的政策选择是很常见的。比如,中小国家面对霸权国对地区事务的介入,是依附以求保护,还是结盟予以平衡,就是两种可能的选择。在这里,虽然同是结盟行为,但意图却不相同。

从另一个角度来讲,在注重国际关系事实中的观念因素的同时,也不能忽略甚至不承认国际互动有客观规律性。以国家的对外政策行为为例,尽管因时因事会有不同表现,但"国家利益"始终是决定因素。这些利益包含一些不可以观察的因素,比如国家对于价值、声誉乃至意识形态的追求,但也包含很多可以观察的因素,诸如对于主权、领土、军事力量、经济发展等的需求。在很多时候,只有通过观察这些可以观察的因素,才能从理性选择的视角解释国家为什么会采取特定的行动。事实上,正因为有某种"规律"可循,人们进行外交政策推演才是可能的和有意义的。

从不同的视角对事实进行解释,需要使用不同的理论。在国际关系研究中,不同层次的理论不单建构途径不同,解释对象也是不同的。注意这种差别很重要。

在宏观层次,国际关系大理论的解释对象是国际体系(结构),

主旨是说明体系对行为体的作用机制。按照这类理论的假定,国际体系中存在约束和支配行为体行为的持久的力量,这种力量的压力或激励作用会导致行为体的行为表现出某种宏观趋势,比如现实主义强调的国际冲突、自由制度主义阐释的国际合作、建构主义说明的观念建构等。不过,由于体系结构和单元都存在复杂的情况,这种趋势的表现和对单元的影响是有或然性的,即有可能但不确定。说得确切些,体系的影响是确定存在的,但单元的行为未必符合某种宏观趋势。从这个角度讲,国际关系大理论并不适合解释和预测行为体的实际行为与结果,其主要功能是解释行为体的互动所形成的整体结构及其变化,比如国际秩序、国际格局、国际制度以及国际规范的演进与影响等。从这种视角看待国际关系,这类理论可以告诉人们值得关注的宏观问题、国际互动的整体趋势与影响机制,并且能够引导人们进一步推论出可解释单元行为与结果的中观理论与微观理论。

中观理论旨在解释的是单元层面导致某种规律性现象的机制和原因。例如,同盟理论解释的行为体的结盟行为,理性选择理论解释的行为体权衡利益的外交决策,冲突理论解释的行为体开战的动因等。作为对行为体在特定问题领域的某一类行为的共性的解释,中观理论在多数情况下可以对该类行为的个案进行解释,但解释的只是个案的某一种属性。虽然个案的差异可能导致这种解释未必准确,但对共性的说明是有助于解释事实的个性的。当然,研究个案只解释其中的某一种机制是不够的,要对个案作出完整的解释,研究者还需要运用可解释个案多方面属性的微观理论。

微观理论是一种具有个性的理论,解释的是导致个别事实发生的特定条件与原因。这种理论不是一般性的泛泛的解释。为了说明导致结果的特定原因,它需要说明与结果相关的各种影响因素。对于研究者来说,作这样的解释不单要有理论思考能力,而且要有洞察世事的睿智。这样形成的解释,才能得到历史的验证。例如,乔治·F. 凯南(George F. Kennan)在第二次世界大战结束之初对苏联行为的研究,作为一项个案解释,就因推动美国遏制战略的形成而被载入史册。凯南认为,俄国历史上始终存在的不安全感是苏联行为的根源。由于苏美不可能是朋友,而苏联相对整个西方世界是一个比较弱的力量,遇到强大阻力就会退却,因此美国应以遏制的方式阻止苏联势力范围的扩大,并竭力促使其内部发生变化。①这项解释所形成的遏制理论成为研究冷战的重要学说。

运用微观理论对个案进行解释,虽然研究者所做分析不可能穷尽各种影响因素,但综合说明多方面的作用机制,无疑会使给出的理由更加充分和可信。从这个意义讲,人们可能需要运用不同理论的组合。以中美关系为例,做研究既需要解释双方互动的可以观察的方面,比如实力对比的变化、经贸相互依存度、实际的对外政策互动等,也需要解释不可以观察的方面,比如白宫和国会占主导地位的意图和价值因素、有影响的智库和精英的政策理念、民意对对方的态度等。尽管人们通常认为大国权力关系的变化容易导致冲突,密切的经贸关系可以促进合作,但在观念与价值因素的影响下,情况未必会如此。显然,对复杂个案作多方面的解释,才有可能得出更符合事实的判断。

在现实问题研究中对个案作多方面的解释,建立解释或然性的联结理论(concatenated theories)可以是一种选择。这种理论的主要构成和特点,是若干准规律的联结。例如,军备竞赛、经济恐慌和侵略野心都可能引发战争,但并非必然引发战争。在这些因素并存的情况下,研究者可以把它们结合起来,以便在某种程度上推论其可能的后果。②这样的一种解释结构就是联结理论。联结理论是涉及中心现象的解释因素的集合。

在国际关系研究中,人们研究一个现象、事件或双边、多边关

---

①　1946 年在美国驻苏联大使馆任职的乔治·凯南给美国国务院发的"长电报",次年在《外交》(*Foreign Affairs*)杂志上发表的《苏联行为的根源》(The Sources of Soviet Conduct),参见[美]乔治·F. 凯南:《美国大外交》,雷建锋译,北京:社会科学文献出版社 2013 年版。

②　参见吕亚力:《政治学方法论》,第 43—47 页。

系,常常会发现多种影响因素。对这些因素,人们很难确定如同 A
引发 B 那样简单的因果关系,而只能在评估各个因素的影响和作
用机理的基础上,研究不同影响因素之间可能的相关关系,以及这
些因素的系统效应可能产生的影响。虽然这种研究无法得到必然
性结论,但可以根据各种因素相互作用的不同情形,推测可能产生
的不同结果。

对于联结理论的可靠性与有效性进行确认,尽管比较困难,但
还是可以进行的。由于这种理论是多因素解释,因此进行确认更
有必要。这种确认至少要包括两个方面:一是要确认理论中所包
含的每一种机制是否都有适当的经验证据;二是要确认联结若干
机制的系统性解释是否与事实相符。由于联结理论所解释的系统
效应不等于其中所包含机制之和,因此需要特别确认影响因素的
合力的作用。由于影响因素的合力难以观察,因此研究者可能需
要通过推论说明联结理论的解释合乎逻辑并且合乎事实。①

运用适宜的理论对事实进行解释是国际关系研究中不可缺少
的组成部分。作这样的解释,虽然可以运用学界已有的相关理论,
但最重要的是提出新的理论。已有理论作为对当时世界的反映,
即使被认为具有恒久的解释力,也不可避免地带有一定的历史局
限性。时代的不断变化,需要人们对体系格局有新思考,对行为体
行为的规律性和因果机制有新发现,对重要个案有新解释。对于
研究者来说,把新的解释用严谨的概念和清晰的语言表述出来,并
且以适宜的方法加以论证,就可能建立得到认可的新理论。在这
个过程中,进行概念演绎可以远离现实,但理论的内涵却必须具有
现实意义。

本章所讨论的概念,涉及学术研究的一些最基本的步骤。搞
清楚这些概念的含义与适用范围,才能了解更多的有关方法的知
识,也才能形成对方法论架构的初步认知。沿着这些概念和理论
辅就的路向前走,才能迈过学术门槛,踏上研究之路。

---

① 参见吕亚力:《政治学方法论》,第 46 页。

学习要点与思考题

与方法相关的概念与理论是人们概括、总结研究经验的产物。理解这些工具性概念与理论，运用相关方法才能知其然也知其所以然。

一、观察与描述

观察是指通过人的感官认识事实，目的是有所发现。描述是用言语或文字把事实的真相表述和记录下来。有了对事实的观察和描述，研究者才能把握研究对象，并且通过创造性思维提出研究问题和拟论证的观点。

思考题：

● 对间接观察（如阅读文本）的事实进行描述，怎样确保事实的真实性？

二、概念

国际关系概念是反映事实的本质属性的思维形式。运用概念，不论是进行观察、描述、逻辑推理还是理论建构，都必须对其内涵和外延作明确界定。在研究中，可以用概念对事实进行分类、比较、计量和价值判断。

思考题：

● 运用国际关系概念进行思辨式研究，可以完全脱离事实吗？

三、假说与论证

待论证的观点是对研究问题的回答，其形式是不同种类的命题。实证研究中提出的假设，是一种有待验证的猜想。进行验证会用到"变量""规律""或然性"等概念。非实证研究中提出的待诠释的判断，需要以理解和解释文本的方式进行论述。

思考题：

● 假说如果涉及不可以观察的因素，怎样论证才能令人信服？

四、理论与解释

理论是解释一定对象的相互联系的概念与命题构成的体系。实证理论是对变量关系或规律的解释，后实证理论是对社会事实的意义的解释。国际关系学科的宏观理论是以国际体系为对象，旨在解释体系压力对行为体的影响。中观理论是以单元层次行为体的行为为对象,旨在解释规律性现象和具有共性的原因。微观理论是以个案为对象,旨在解释导致个别事实发生的特定条件与原因。在国际关系研究中,解释的创新是不可缺少的组成部分。

思考题:

● 理解并比较不同属性和层次的国际关系理论的不同的解释对象、建构途径与解释功能,并且认识这些理论的不确定性和局限性。

参考文献

〔美〕M. W. 瓦托夫斯基:《科学思想的概念基础》,范岱年译,北京:求实出版社 1982 年版。

〔美〕艾尔·巴比:《社会研究方法(第 11 版)》,邱泽奇译,北京:华夏出版社 2018 年版。

杜维运:《史学方法论》,北京:北京大学出版社 2006 年版。

〔美〕肯尼思·华尔兹:《国际政治理论》,信强译,上海:上海人民出版社 2017 年版。

吕亚力:《政治学方法论》,台北:三民书局 1979 年版。

〔德〕马克斯·韦伯:《社会科学方法论》,韩水法、莫茜译,北京:商务印书馆 2013 年版。

欧阳康、张明仓:《社会科学研究方法》,北京:高等教育出版社 2001 年版。

〔美〕斯蒂芬·范埃弗拉:《政治学研究方法指南》,陈琪译,北京:北京大学出版社 2006 年版。

孙小礼、韩增禄、傅杰青主编:《科学方法》,北京:知识出版社 1990 年版。

〔美〕约翰·W. 克雷斯威尔:《研究设计与写作指导》,崔延强主译,重庆:重庆大学出版社 2007 年版。

Bruce Bueno de Mesquita, *Principles of International Politics*, Washington, D.C.: CQ Press, 2003.

David E. McNabb, *Research Methods for Political Science*, Armonk, New York and London: M. E. Sharpe, 2004.

John Baylis and Steve Smith, *The Globalization of World Politics*, 6th edition, Oxford: Oxford University Press, 2014.

Robert Jackson and Georg Sorensen, *Introduction to International Relations: Theories and Approaches*, Oxford: Oxford University, 2003.

第 **3** 章
研究途径与范式

国际关系研究是通过一定的**途径**(approach)实现的。所谓途径,包括研究问题、分析视角、资料搜集、概念运用、论证方法等要素,可以为研究提供指导,为回答有关问题提供准则。在知识界,学者通常会使用不同的"途径"进行研究,并因而会导致方法的争论。在这个过程中,如果某一种"途径"得到广泛认可,取得支配地位,成为标准的研究和解释框架,那么它就变成了该领域的**范式**(paradigm)。

"范式"这个概念是美国学者托马斯·库恩(Thomas Kuhn)首先提出的。按照他的阐述,科学的发展会经历这样的过程。最初,研究界存在很多相互竞争的流派,学科成员对该学科应研究哪些现象、遵循什么样的标准或研究方法没有共识。其后,在研究者中间会出现可仿效的研究成果,并在应研究的问题和研究方法上取得一致。这时就有了共同的范式。库恩认为,一门成熟的科学是由单一范式支配的,一个学科从前科学阶段发展到科学阶段的标志就是确立了统一的范式。出现专门的刊物、学会和成为学校课程,都是在这一阶段。有了占主导地位的范式,这门科学就成为"常规科学"。在"常规科学"阶段,研究者的任务就是将范式应用于实际问题,解释各种现象。当然,有些问题是范式不能解释的,如果这种"反常"的问题积累到一定程度,原有范式就会受到质疑,于是就会发生"科学危机"。这时,就会有人用新的研究途径取代旧范式。一旦新的途径得到学界认可,新范式就形成了。库恩认为,通过革命由一种范式向另一种范式过渡是成熟科学通常的演进模式,一个学术共同体的研究就是经由这样的方式而不断发展。①

---

① 参见[美]托马斯·库恩:《科学革命的结构》,金吾伦、胡新和译,北京:北京大学出版社 2003 年版。

库恩对科学发展的这种概括,主要针对的是自然科学。在社会科学中,可以说几乎不存在单一范式主导研究的情况。如果应用"范式"的概念,大概只能按照比较宽泛的标准,指一种得到较多人认可的研究途径。在国际关系研究中,人们经常提到的传统主义与行为主义、实证主义与后实证主义、理性主义与建构主义等争论,就是这种意义上的存在争论的"范式"。

就国际关系学科的方法论知识而言,研究途径与范式是重要的组成部分。要深入学习这方面的知识,包括理解各种实用方法的哲学意义,就需要了解各种不同途径与"范式"的来龙去脉和主要争论。这一历史过程,经历了从前科学阶段到科学阶段的发展,包括经验论与唯理论传统的不同演进,以及各种非实证方法与实证方法的争论。把握这些研究途径的分歧所在和它们的承袭关系,对于搞清楚方法论知识的内涵是非常必要的。

3.1　科学研究途径的演进

国际关系研究作为一个起源于西方的学科,其研究途径的演进与欧洲学术思想的发展是分不开的。要了解这种研究途径所体现的科学实证精神,以及所包含的归纳与演绎传统,就需要追溯其由来,了解西方学术传统的历史发展。当代不同范式间的争论,实际上在很大程度上沿袭了欧洲历史上唯理论与经验论的分歧。

3.1.1　唯理论与经验论

在近代西方"科学革命"发生之前,中世纪欧洲的学术传统是处于**唯理论**的支配之下。这种学术传统的由来,可以追溯到古希腊的哲学家柏拉图和亚里士多德。按照唯理论的传统,世界上存在着一种特殊的知识领域,即哲学知识领域。获致这种知识,不能通过感性观察加以概括的方法,而需要一种特殊能力,即理性或理念的洞见。在唯理论者看来,理性乃是物理世界的知识的独立源泉,而数学则是这种知识的理想样式。唯理论传统的这种特点,使得中世纪的神学与之有了密切关系。原因很容易理解:各种宗教教理都不以感性知觉为根据。在这种传统的影响下,唯理论者成了神学家的自然同盟者,而亚里士多德则成了经院哲学的最高权威。

在神学和经院哲学的支配下,欧洲中世纪的知识界表现出了两个重要特点:一是人们的基本研究路径是基于权威的和肯定的前提进行演绎,而这种权威的和肯定的前提就是教会所解释的圣经以及柏拉图和亚里士多德的著作;二是工匠传统和学者传统彼此分离,掌握各种技术的工匠拥有实践经验,但形不成理论知识,而掌握理论知识的学者却脱离实际。这种分离从根本上阻碍了学术研究的进步。

到 16 世纪,欧洲的学术研究传统开始发生变化,其首要表现就是工匠传统与学者传统间的障碍被打破了。工匠把他们的传统记录了下来,并且吸收了学者的一些知识,而学者也开始注意工匠的经验和方法。意大利一位冶金工人万诺乔·比林古乔(Vannoccio Biringuccio,1480—1539 年)的著作《论火法》(De la Pirotechnia,1540),谈到了冶炼金属,铸造大炮、炮弹和钱币,以及火药的制造。伦敦的一位退休海员和罗盘制造者罗伯特·诺曼(Robert Norman)在 1581 年出版了一本小册子《新奇的吸引力》(The Newe Attractive),讲述了他通过“经验、理性和证明这几项学术根据”而发现的磁力现象。此后,英国伊丽莎白女王的御医——科尔切斯特的威廉·吉尔伯特(William Gilbert of Colchester,1544—1603 年)在 1600 年发表了《磁石论》(De Magnete)一书,建立了一个重要的理论体系。诺曼和吉尔伯特的工作是工匠学问和学术知识相结合的范例,他们把用实验方法探索自然界和从理论上解释自然界结合了起来。①

---

① 〔英〕斯蒂芬·F.梅森:《自然科学史》,上海外国自然科学哲学著作编译组译,上海:上海人民出版 1977 年版,第十三章。

　　工匠传统和学者传统的逐渐结合,导致了一种新的研究途径即**经验论**的产生。尽管经验论的历史也可以远溯至古希腊,但到了这一时期,它才具有了"积极的、有根据的、能与唯理论作成功竞争的哲学理论形式"①。在经验论的早期发展中,英国的弗朗西斯·培根(Francis Bacon,1561—1626 年)是一位重要的代表人物。虽然他并不是科学家而主要是一位哲学家,但他力图通过确立经验观察的方法来推动科学事业的发展。用他自己的话来讲,如果我们要了解自然界,就必须向自然界请教,而不是向亚里士多德的著作请教。②他提出了"知识就是力量"的说法,表示要做科学上的哥伦布。③

　　针对欧洲中世纪工匠传统和学者传统的隔离,培根强调了两者的结合。他认为,当时的学术传统之所以贫乏,是因为它与经验失去了接触;工匠传统之所以在科学上未能充分发挥其力量,是因为它的许多东西没有被记载下来。他提出,如果有经验的人学会读书写字,那就可以期望出现新的科学原理和新的技术发明。相比较而言,培根更加重视工匠传统,重视从实验科学中寻找新的原理、新的操作程序和新的事实。

　　培根认为,知识是存在的反映,一切自然的知识都应当求之于感官,而科学实验在认识中有重要的意义与作用。基于经验论,培根倡导了以归纳为主的科学方法:第一步,广泛搜集自然史和科学实验的材料;第二步,整理材料;第三步,进行归纳。培根利用他在英王詹姆斯一世手下担任大司法官的身份,列出了 130 个他认为值得研究的课题和操作方法,请求詹姆斯一世颁布命令搜集这些方面的知识,但是这一请求没有结果。按照他的设想,只要把大量事实搜集起来,并且按相关课题分门别类,就能在事实的百科全书

---

　　① 〔德〕H. 赖欣巴哈:《科学哲学的兴起》,伯尼译,北京:商务印书馆 1983 年版,第 65 页。
　　② 〔澳〕艾伦·查尔斯默:《科学究竟是什么》,邱仁宗译,石家庄:河北科学技术出版社 2002 年版,第一章。
　　③ 〔英〕斯蒂芬·F. 梅森:《自然科学史》,第十三章。

基础上牢固建立一座科学理论的金字塔,使各个学科的研究都取得成果。①

在17世纪,科学研究的一个重大发展是伽利略(Galileo, 1564—1642年)、牛顿(Newton,1642—1727年)等先驱科学家引领的"科学革命"。这一革命使人们逐渐认识到,像中世纪的自然哲学家那样迷恋古代人,特别是亚里士多德的著作,以及把圣经作为科学知识的源泉,都是错误的。在新思潮的推动下,自然科学研究中逐渐形成了这样的观点:科学知识是已证明了的知识;科学理论是严格地从用观察和实验得来的经验事实中推导出来的;科学是以我们能看到、听到、触到的东西为基础的;个人的意见或爱好和思辨的想象在科学中没有地位。②

经验论作为一种研究途径得到发展,无疑是学术界突破中世纪唯理论传统桎梏的结果。不过,这种突破并没有导致唯理论传统的中断。事实上,在这个过程中强调理性与演绎推理的唯理论传统也在演进。在17世纪,代表这一潮流的主要人物是与培根大致生活于同一时期的笛卡儿。

勒内·笛卡儿(René Descartes,1596—1650年)是法国哲学家、数学家、物理学家。他是西方现代哲学思想的奠基人,开拓了理性主义的研究传统,并且对现代数学的发展做出了重要贡献。笛卡儿作为法国布列塔尼地方法院法律顾问之子,一生过得都很优裕,对科学有业余的爱好。在自然哲学方面,他力图做的是两件事:一是研究并推广当时在力学中发展起来的数学方法;二是通过这种方法树立一个能说明自然界作用的一般机械图景。由于当时法国知识界的气氛对科学研究相当不利,笛卡儿于1628年前往荷兰,并在那里出版了他的《方法论》(*Discours de la méthode*,

① 可参考 Mark Cartwright, "Francis Bacon", *World History Encyclopedia*, published on 27 September 2023, https://www.worldhistory.org/Francis_Bacon/,访问时间:2023年12月20日;"Francis Bacon", Stanford Encyclopedia of Philosophy, 2012, https://plato.stanford.edu/entries/francis-bacon/,访问时间:2023年12月20日。

② [澳]艾伦·查尔斯:《科学究竟是什么》,第一章。

1637）。这本著作由两部分组成：第一部分是对数学-演绎法的分析，第二部分阐述了他对物质世界的大致看法。后一部分的内容后来在他的《哲学原理》（*Pricipia Philosophiae*，1644）一书中又得到了扩充。笛卡儿的思想在 17 世纪有很大的影响。

笛卡儿读过培根关于科学方法的意见，认为培根从自然界的经验事实出发，而不从为演绎研究提供基础的一般性原则出发，是本末倒置。笛卡儿深信，从不可怀疑的和确定的原理出发，用类似数学的方法进行论证，就可以把自然界的一切显著特征演绎出来。如果从同一命题演绎出了不同结论，那就要引进实验。不过笛卡儿对这一方面并不十分强调，他关心的主要是从基本原理推出事物的总体图式。他并不像伽利略那样，认为实验可以用来决定作为演绎方法出发点的原理。

笛卡儿相信，理性比感官的感受更可靠。他所强调的理性逻辑就是演绎方法。他提出了"普遍怀疑"的见解，主张怀疑每一件事情而不能信任人的感官。他认为人在怀疑的时候必定在思考，由此推出了著名的哲学命题——"我思故我在"（*cogito ergo sum*）。笛卡儿力图证明，现实世界中有许多可以用理性来察觉的特性，比如它们的数学特性（如长、宽、高等）。当人们的理智能够清楚地认知一件事物时，该事物就一定不是虚幻的，必定如人们所认知的那样。[①]

培根与笛卡儿两人的思想，可以说代表了科学观发展的两个传统，即经验论（归纳）传统和唯理论（演绎）传统。联系欧洲中世纪的学术传统背景，可以看到，培根着重发展的是工匠传统的价值及其操作过程，而笛卡儿的方法则更多地体现了学者的传统。

以培根为代表的经验论，在其后的发展中所取得的最突出的成就，就是奠定了观察与归纳在科学研究中的地位。这种研究途径在当代被一些科学哲学家称为"朴素归纳主义"。按照这种科学

---

① 可参考 Fred Wilson，"René Descartes：Scientific Method"，The Internet Encyclopedia of Philosophy，https://iep.utm.edu/rene-descartes-scientific-method/#H2，访问时间：2023 年 12 月 20 日。

观,科学始于观察。科学的观察者应该具有正常的未受伤害的感官,应该忠实地记录下看到、听到的东西,将它们作为观察到的事例,而且这样做的时候不能带任何成见。对于持这种科学观的研究者来说,有关世界或世界一部分的陈述,是可以被不带成见的观察者运用其感官直接予以证实的。正是这样的观察陈述,构成了推导定律和理论的基础。按照朴素归纳主义的观点,随着观察和实验所确立的事实的增加,观察就会更加精确、深入和广泛,人们就能经由归纳建立起概括性更强的定律和理论,从而推动科学的成长。①

人们在科学研究中进行观察和归纳,说到底,是为了发现因果关系,并据以对未知的事情进行预测。例如,人们每天看到太阳升起,就可以预测未来的太阳也每天升起。这样的推论方式,是得到经验论者普遍认可的。然而,在 18 世纪,这种研究途径却受到了英国哲学家大卫·休谟(David Hume,1711—1776 年)的批判。休谟作为经验主义者,对于观察和归纳能够得出全称陈述提出了根本性质疑,并由此得出了因果关系的不可知论和怀疑论。

按照陈波对休谟观点表述,归纳推理之所以不能得到演绎主义的辩护,是因为在归纳推理中存在着两个逻辑的跳跃:一是从实际观察到的有限事例跳到了涉及潜无穷对象的全称结论;二是从过去、现在的经验跳到了对未来的预测。这两者都没有演绎逻辑的保证,因为适用于有限的不一定适用于无限,而且将来可能与过去、现在不同。在休谟看来,感官最多告诉我们过去一直如此,并没有告诉我们将来仍然如此;而且感官告诉我们的只是现象间的先后关系,并不是因果关系;因果律和自然齐一律并没有经验的证据,只不过是出于人们的习惯性心理联想。②

休谟基于对因果关系的认识,提出了一个有重大影响的问题:我能从过去太阳从东方升起推出它以后也必然如此吗？我们能从

① [澳]艾伦·查尔斯:《科学究竟是什么》,第一章。
② 陈波:《休谟问题和金岳霖的回答——兼论归纳的实践必然性和归纳逻辑的重建》,《中国社会科学》2001 年第 3 期,第 35—46 页。

理性上证明从有限事例中归纳出全称判断是合理的吗？休谟的结论是,因果关系只能是或然的,不可能是必然的;因果关系的必然性得不到任何逻辑上的证明。休谟的这一诘难,构成了著名的归纳问题,也叫"休谟问题"。

在此后科学观的进一步发展中,实证主义出现了。

3.1.2　实证主义

实证主义(positivism)的代表人物是孔德。奥古斯特·孔德(Isidore Marie Auguste François Xavier Comte,1798—1857 年)是法国哲学家、社会学家,曾做过著名的空想社会主义者圣西门的秘书。1830 年,孔德出版了《实证主义教程》(*Cours de philosophie positive*)第一卷,稍后出版了其他各卷。孔德认为此前人类社会学术研究的发展历程经过了三个时期:第一个时期是神学时期,人们信仰神或精神的力量;第二个时期是形而上学时期(即哲学时代),人们仍然相信看不见的东西;第三个时期是实证的时代,在这个时代一切理论都要用观察实验的证据来证实。孔德只相信可以证实的知识。

孔德的实证主义强调,科学是不依赖神学和形而上学而自成一体的,各门特殊科学都是这个科学整体的分支。实证哲学家的主要任务就是在肯定特殊科学的区别的同时,将它们统一起来,建立实证的综合。孔德力图用这样的统一体来代替把科学置于哲学之下的思辨的形而上学体系。从方法论的角度讲,孔德认为科学方法是多元的,但各门科学在方法论上又是统一的。人们无论做何种研究,都必须观察事实和现象,并通过形成定律来协调事实和现象。为此,必须采用假设、演绎和检验等方法。①

对于孔德的实证主义思想,学界是存在异议的,因为孔德的思

---

① 参见刘放桐等编:《新编现代西方哲学》,北京:人民出版社 2000 年版,第 9—10 页。

想有两个明显的阶段。人们通常认为他在前一个阶段是实证主义者,而在后一个阶段因企图建立作为实证宗教的"人道教"而与实证主义多有不合。当然,不管人们怎样评价孔德这个人,他与实证主义的关系都是分不开的,因为孔德确实阐述了实证主义思想,而且"实证主义"这个词也是他创造的。①

如果说孔德是第一代实证主义者,那么马赫(E. Mach,1838—1916年)则是第二代实证主义者。马赫作为奥地利物理学家、生物学家、心理学家和哲学家,是比孔德更彻底的实证主义者。在孔德的学说里,虽然有关世界本质(是物质还是精神)的问题被排除在认识之外,但这种本质的存在并没有被否认,而马赫却认为这种问题乃是形而上学的残余。他主张取消现象范围以外的存在和本质的问题,提出科学和人类认识所及的世界就是经验世界。总之,对马赫来说,一切东西都要拿经验来检验。②

在马赫之后,20世纪30年代欧洲出现了**逻辑实证主义**。这种科学观起源于维也纳学派。这一学派的创始人与领导人是摩里兹·石里克(Moritz Schlick,1882—1936年)。石里克与马赫有渊源。1895年,维也纳大学曾为马赫设立了一个归纳科学的哲学教授席位。石里克在1922年接任了这一职位。在20世纪20年代末,一批参与"石里克小组"的学者组成了维也纳学派,他们的哲学思想在30年代被称为"逻辑实证主义"。这种思想继承了实证主义的传统并辅以数理逻辑,因而也被称为"第三代实证主义"。③逻辑实证主义的主要观点是经验论和反形而上学。该学派认为,科学知识的基础是可由公认的实验证实的经验感觉。换句话说,就是一切东西都要拿经验来检验和证实,一切科学结论都要有证据。石里克曾说,真实的陈述必须能得到最后的证实,也就是说

---

① 参见刘放桐等编:《新编现代西方哲学》,第5页;[波兰]Leszek Kolakowski:《理性的异化——实证主义思想史》,高俊一译,台北:联经出版事业公司1988年版,第51—52页。

② 参见刘放桐等编:《新编现代西方哲学》,第92—93页。

③ 王巍:《科学哲学问题研究》,北京:清华大学出版社2004年版,第18页。

"可证实性"是逻辑实证主义判断科学结论的唯一标准。

从方法论上讲,逻辑实证主义学派坚持的是归纳主义,但引入了概率逻辑。这一点可以说是对经验论的发展。按照古典经验论的看法,运用归纳法就能使科学知识得到完全的证实。但此后正如休谟所质疑的,人们发现作为证据的经验事实本身并不十分可靠,而且即使证据可靠,归纳推理也仍然是不可靠的。为了解决这个问题,逻辑实证主义把归纳逻辑归结为概率逻辑,并且用"确证"(confirmation)代替"证实"(verification)。其逻辑就是:尽管再多的证据也不能完全证实一个假说(理论或规律),但能逐步增强人们对它的相信程度,即"确认度"。正如逻辑实证主义的主要代表人物卡尔纳普(Rudolf Carnap)所说:"不可能有绝对的证实,只可能有逐渐的确认,这个看法有时是以这个方式来表述的:一切语句都是概率语句。"①逻辑实证主义的观点说得通俗些就是:虽然无论我们观察到多少只白天鹅,观察到多少次太阳从东方升起,都不能证实"凡天鹅皆白""明天太阳一定从东方升起",但过去的经验重复得越多,"凡天鹅皆白""明天太阳一定从东方升起"的可能性就越大,概率就越高。科学的进步,正是通过被经验证实的或然性真理的逐步积累而实现的。

3.1.3　证伪主义

逻辑实证主义者为归纳主义和"经验证实"的理论大厦所做的维护,不久就受到了**证伪主义**(falsificationism)的批判。这一新的科学哲学思想的代表人物是卡尔·波普尔。波普尔出生于奥地利,1922 年进入维也纳大学,与"维也纳小组"一些成员有来往,但不是小组的成员,也不同意小组的一系列重要观点。他认为归纳法没有任何根据,因为休谟问题表明,从有限的观察到普遍适用的理论之间没有逻辑通道,不论多大数目的经验观察,都不能证实全

---

①　转引自周林东:《科学哲学》,上海:复旦大学出版社 2004 年版,第 69 页。

称陈述。波普尔认为,归纳方法不仅不能得出必然性,而且也不能得出或然性。经验可以证实单称陈述命题,比如"这只天鹅是白色的",但任何数量的有限单称命题同构成科学理论的全称命题(比如"凡天鹅皆白")相比,其概率都只能是零(因为任何有限数除以无穷大,其极限都是零)。

与逻辑实证主义的"经验证实"理念相对,波普尔提出了"经验证伪"原则。所谓"证伪",是指一个理论可能被某些否定性经验事实证明是假命题而被推翻。波普尔提出证伪原则有两个主要理由。一是人的认识容易犯错误,具有"易谬性"。一个理论即使当前被认为很好,日后也可能被证明是错误的或有缺陷的。因此应发扬批判精神,随时发现谬误之处。二是经验证实是做不到的,因为被用来"证实"的经验事实都是单称陈述,而理论却是全称陈述,即使找到许多单称陈述,也不可能穷尽事实,总会存在人们未找到的否定性单称陈述。再者,用单称陈述的积累去证实全称陈述,在逻辑上也是说不通的。

波普尔发现,在单称陈述与全称陈述之间是存在不对称的逻辑关系的:任何有限数量的单称陈述的事实都无法证实一个全称陈述的理论,但只要找到一个否定性的单称陈述,就可以证伪一个全称陈述的理论。例如,为了证实"凡天鹅皆白"这个全称陈述,人们花了很大力气,找到了大量天鹅,但还是不能证实这个陈述,可一旦有人找到一只黑天鹅,上述全称陈述就立即被证伪。波普尔的结论是,科学中没有证实,没有验证,只有证伪。他以这一原则作为科学与非科学的分界标准,即只有能被经验证伪的命题才是科学命题,否则就是非科学的。波普尔所倡导的这种研究途径,被称为"证伪主义"或"否证主义"。①

比较逻辑实证主义和证伪主义这两种科学观,可以看到,前者是以"积累论"为基础,即通过理论的不断被证实而积累起越来

---

① 参见 Karl Popper, *Conjectures and Refutations*, London: Routledge and Keagan Paul, 1963, pp.33—39;周林东:《科学哲学》,第 75—76 页。

多的理论,从而使科学事业得到发展;而后者却是以"淘汰论"为基础,即通过理论不断被证伪和淘汰,从失败中汲取教训,从而使理论逐渐接近于正确。

从具体操作来说,证伪的过程是这样的:首先研究者遇到问题并提出尝试性理论。对这个理论,人们进行证伪,消除其中的错误,把通过检验的理论部分保留下来。然后人们又遇到了新问题,被保留的理论面对新问题又被证伪,于是研究者又会提出新的理论尝试,并重复此前的证伪过程。由于波普尔认为科学理论应当在批判中前进,因此他的科学观又被称为"批判理性主义"。[①]

波普尔通过批判逻辑实证主义而发展出批判理性主义之后,其理论又受到了伊姆雷·拉卡托斯(Imre Lakatos,1922—1974年)的批判。拉卡托斯出生于匈牙利,1956 年匈牙利事件后逃往英国,1960 年到伦敦经济学院任教,与波普尔是同事。他对波普尔的学说提出了批评,认为科学理论不会经由观察而被直接证伪。他不同意波普尔的所谓"判决性实验"。他把波普尔的证伪主义称为"朴素证伪主义",认为这种主张不符合科学研究的实际。在拉卡托斯看来,一个科学理论总要经历萌芽、发育等阶段才能成熟。一个理论即使是科学的,在萌芽阶段也往往很不完备,经不起许多反例的冲击。如果这时靠"一次证伪"去否定它,那就会扼杀许多真正的科学理论。

针对"一次证伪"的做法,拉卡托斯认为,一个理论与实验不符,情况可能很复杂,未必是理论本身有问题,而可能是受到了其他错误理论的干扰,或是技术条件和初始条件有问题。再者,"科学家是厚脸皮的",他们不甘心一驳即倒,总是设法挽回。当理论与观察结果相冲突时,他们要么提出辅助性假说,避免科学理论被观察实验所证伪,要么干脆忽略这些反常现象,转而研究其他问题。即使理论确实错了,他们也可能经过一段喘息时间,使之重整

---

① 参见罗慧生:《西方科学哲学史纲》,天津:天津人民出版社 1988 年版,第126—132 页。

旗鼓,恢复活力。

通过批判"朴素证伪主义",拉卡托斯提出了自己的"**精致证伪主义**":科学的发展是新的理论体系代替旧的理论体系,只有理论(而非观察实验)才能证伪理论。在拉卡托斯所提出的"科学研究纲领"(scientific research program)中,理论体系包括"硬核"(hard core)和"保护带"(protective belt)两部分。硬核由理论体系中最重要的概念和定律构成。保护带主要指围绕在硬核周围的辅助性假说。拉卡托斯认为科学研究纲领具有两种功能,即反面启发法(negative heuristic)和正面启发法(positive heuristic)。前者是通过增加或修改保护带的辅助性假说,避免不利的观察实验直接针对硬核;后者是主动发现新的规律,解释新的现象。拉卡托斯从历史观点出发,认为科学研究纲领有一个发生、发展乃至衰亡的过程。如果一个研究纲领能不断发现新规律,预测新现象,那就是进步的;如果只能消极地解释过去的现象,不断受到反常的挑战,只能被动地靠修改保护带来应付,那就是退步的。①

对于一个新理论代替旧理论是不是科学进步,拉卡托斯提出了清楚的标准:"当且仅当理论 T′ 符合下列特征时,科学理论 T 才能被证伪:(1)T′ 超越了 T 的经验内容,即它可以预测新的事实,而 T 则无法预测这些事实,甚至认为这些事实不可能出现;(2)T′ 可以解释 T 的成功之处,即 T′ 包括了 T 的所有能成立的内容(在允许的误差范围之内);(3)T′ 超出的内容可以被证实。"②总之,拉卡托斯认为,实验观察不能直接证伪科学理论,科学的发展实际上是进步的科学研究纲领代替退步的科学研究纲领。

在拉卡托斯之后,在科学哲学领域还有许多其他的发展与争论,但为了阐述科学研究传统对国际关系学科的影响,讲到这里就

---

① 此段叙述参见王巍:《科学哲学问题研究》,北京:清华大学出版社 2004 年版,第 26—28 页;罗慧生:《西方科学哲学史纲》,第 190 页。

② Imre Lakatos, *The Methodology of Scientific Research Programs*, Vol. 1, London: Cambridge University Press, 1978, p.32,转引自[美]詹姆斯·多尔蒂、小罗伯特·普法尔茨格拉夫:《争论中的国际关系理论(第五版)》,阎学通、陈寒溪等译,北京:世界知识出版社 2003 年版,第 8 页。

可以告一段落了,因为与拉卡托斯的学术生涯大致同时,在 20 世纪 50 年代和 60 年代,国际关系学科发生了一场有关研究方法的大争论,即行为主义与传统主义的争论。这场争论标志着国际关系研究进入了关注方法论的重要的学科发展阶段。在此后的国际关系研究中,人们不但探讨对自然科学方法的借鉴,探讨演绎法与归纳法的运用,探讨经验观察与规律发现,而且从途径与范式的角度探讨国际关系学科的发展。在这种探讨中,拉卡托斯的著作成了人们经常引用的经典。从这一情节来看,也许我们可以把拉卡托斯的思想视为从科学哲学到国际关系方法论的一个衔接点。

3.2　行为主义与传统主义

在 20 世纪 50 年代末之前,国际关系学界的主要研究途径是所谓的**传统主义**(traditionalism)。这种研究途径具有较浓厚的道德哲学色彩,其基本特征是运用思辨式语言和诠释学方法进行文献研究,特别注重政治哲理和政治历史的分析,注重演绎推理,很少或基本不使用定量方法,主要依赖逻辑分析寻找一般理论。[①]坚持这种研究途径的学者认为,通过第一手的观察和实践经验,或是阅读大量第二手的外交史或其他相关图书资料,比如国际关系史、政治家的回忆录、国际法条约以及哲学著作等,就可以依靠洞察力作出判断,得出研究结果。

自 20 世纪 50 年代末开始,伴随着**行为主义**(behaviorism)的兴起,国际关系研究中的传统主义途径受到了挑战。在国际关系学界,行为主义的代表人物有卡尔·多伊奇(Karl W. Deutsch)、戴维·辛格(J. David Singer)和詹姆斯·罗西瑙(James Rosenau)等。这些学者谋求使国际关系研究更科学,方式是借鉴生物学和物理学等

---

① 汪志强、袁方成:《西方行为主义政治学方法论评述》,《江汉论坛》2005 年第 6 期。

学科更严格、更复杂的研究途径,以期建立一种累积的知识体系,所用方法包括数据收集、定量分析、数学模型等,并且使用计算机。

行为主义作为一种研究途径,最初并非起源于国际关系领域,而是来源于心理学研究。在 20 世纪初,美国心理学界最早出现了行为主义学派。该学派主张,观察人的行为是研究其心理和精神过程的最好和最方便的方法,或者说是唯一真实有效的方法,因此心理学应该研究的是可以被观察和直接测量的行为,而不是没有科学根据的意识。行为主义的创始人约翰·华生(John B. Watson,1878—1958 年)1913 年发表了《一个行为主义者心目中的心理学》一文,[1]该文后来成了行为主义学派的最早经典。行为主义学派的兴起,颠覆了当时轻视行为研究而将内省作为主要方法的构造论心理学。[2]

行为主义作为研究途径兴起之后,对政治学界产生了重要影响。有一批政治学家(包括国际关系学者)相信,由于人类行为关系到政治与政府,因此对政治学的研究应该聚焦于行为。行为主义的一个主要倡导者海因茨·尤劳(Heinz Eulau)认为,行为主义所研究的是人们在政治环境中的行为、态度、偏好和期望。[3]这些学者接受行为主义,使得政治学研究出现了新的倾向:第一,可观察的行为,无论是个体行为还是社会群体行为,都应该成为研究的重点;第二,对这些行为的任何解释都应该经得起经验的检验。[4]

行为主义发展的早期阶段,人们称之为"传统行为主义"。在这个阶段,研究者对广泛的实际问题进行了研究。例如,在大众层次,他们研究了投票行为,研究了示威、罢工,甚至暴乱。在精英层

---

① John B. Watson, "Psychology as the Behaviorist Views It", *Psychological Review*, 20, 1913, pp.158—177.

② 可参见 http://en.wikipedia.org/wiki/John_B._Watson,访问时间:2023 年 12 月 20 日。

③ Heinz Eulau, *The Behavioral Persuasion in Politics*, New York: Random House, 1963, p.21,转引自 Robert Jackson and Georg Sørensen, *Introduction to International Relations*, 2nd edition, Oxford: Oxford University Press, 2003, p.229。

④ [英]大卫·桑德斯:《行为主义》,载[英]大卫·马什、格里·斯托克:《政治科学的理论与方法》,景跃进等译,北京:中国人民大学出版社 2006 年版,第 41 页。

次,他们研究了领袖的行为,并特别研究了领袖观察世界的方式与他们的特殊行为之间的关联。在社会群体方面,他们研究了利益集团与政党的行为。在国际层次,他们考察了民族国家、跨国公司、国际组织等不同行为体的行为。行为主义者对这些层次的研究,试图回答的都是同样的问题:相关行为体事实上做了什么? 怎样才能最好地解释其行为的原因?①

对行为主义者的研究对象,也有学者强调,其关注的中心点是人们在社会结构中的作用,而这种社会结构是指政治系统。尽管他们并不拒绝分析群体、组织或国家,但通常把个人作为基本的分析单元,把政治实体视为个人在其中扮演角色的一种结构。对行为主义者来说,群体、组织或民族并没有独立于个人行为的地位,它们乃是这些个人以某种方式相互行为而联系在一起的。②当然,也有政治行为主义者是以民族国家为基本的分析单位,例如戴维·伊斯顿(David Easton)和莫顿·卡普兰(Morton Kaplan)等人就是这样做的。③

行为主义作为一种研究途径,所强调的基本原则是科学主义,因此行为主义也被称为"科学主义"。其指导思想是:在分析经验事实基础上概括出来的理论或假说,必须用普遍适用的方法加以检验或证实。基于这一原则,行为主义的研究旨趣是经验命题而不是规范命题。在这里,经验命题是可以验证的,可以判定其陈述是真是假,而规范命题所陈述的价值判断、个人偏好则无法验证。从这个角度讲,行为主义是主张"价值中立"的。与传统主义相比,它是解释的而不是伦理的。对行为主义者来说,进行政治科学研究即便不能完全去除价值,也应该对价值持保留态度,或者至少不

---

① [英]大卫·马什、格里·斯托克:《政治科学的理论与方法》,第 41—42 页。

② Heinz Eulau, *The Behavioral Persuasion in Politics*, New York: Random House, 1963, pp.13—14,转引自 Robert Jackson and Georg Sørensen, *Introduction to International Relations*, 2nd edition, Oxford: Oxford University Press, 2003, p.230。

③ David Easton, *The Political System*, 2nd edition, New York: Knopf, 1971, pp.136—141; Morton Kaplan, *System and Process in International Politics*, New York: Wiley, 1964.

能把价值视作在科学上需要下工夫去研究的部分。①

由于行为主义者坚持经验验证的原则,因此其方法属于实证主义。在政治学领域,行为主义的研究途径强调了四点:

第一,政治学是一门预测与解释的科学,所要探究的是政治行为的规律以及与此相关的变量。加布里埃尔·阿尔蒙德(Gabriel A. Almond)提出,需要有一种可用来解决人类事物中的暴虐和强制问题的"可解释、可预测、可控制的政治理论"。②

第二,政治学研究要建立在可观察的经验事实的基础上,有关政治现象之间因果关系的假说,要用经验材料加以验证。戴维·伊斯顿指出,我们时代的主要问题在于为理解人类的政治行为及许多其他行为而发现和确定稳定的单元。③

第三,政治学研究的资料应当量化,这样才能发现规律及各种内在的关系。罗伯特·达尔(Robert A. Dahl)指出,定量资料的一个好处是大大方便了因果分析;另一个好处是定量资料可以用来进行比定性资料更有效的分析,特别是在借助计算机的情况下。④

第四,为了精确地描述和解释政治现象,应当破除学科间的界限,效法自然科学和其他社会科学的技巧、技术和概念,实现跨学科的方法的结合。

大卫·桑德斯(David Saunders)认为,行为主义对经验观察与经验检验的强调,造就了其本身的两大特征。一是承诺系统地运用所有相关的经验证据,而非有限的例证;二是科学理论或解释在原则上必须能够被证伪。由于强调系统地运用证据,因此统计技

---

① [德]克劳斯·冯·柏伊姆:《当代政治理论》,李黎译,北京:商务印书馆 1990 年版,第 78 页,转引自汪志强、袁方成:《西方行为主义政治学方法论评述》,《江汉论坛》2005 年第 6 期。

② [美]格林斯坦等:《政治学手册精选》,竺乾威等译,北京:商务印书馆 1996 年版,第 155 页、第 348 页和第 244 页,转引自汪志强、袁方成:《西方行为主义政治学方法论评述》。

③ [美]戴维·伊斯顿:《政治生活的系统分析》,王浦驹译,北京:华夏出版社 1999 年版,第 13 页,转引自汪志强、袁方成:《西方行为主义政治学方法论评述》。

④ [美]罗伯特·达尔:《现代政治分析》,王沪宁等译,上海:上海译文出版社 1987 年版,第 13 页,转引自汪志强、袁方成:《西方行为主义政治学方法论评述》。

术在行为主义研究中得到了充分的发展。不过,人们不能因为行
为主义强调定量研究就把行为主义等同于定量研究。实际上,行
为主义者也接受定性研究。对行为主义者来说,要点不在于证据
是定量的还是定性的,而在于证据是用来评估理论观点的,而且研
究者应该系统地而不是解说性地运用证据。关于证伪,行为主义
者并不认为他们的理论的所有方面都可以证伪。正如拉卡托斯所
指出的,自然科学与社会科学中的大多数理论都包括一套不可证
伪的"硬核",这些"硬核"通常是无法进行经验检验的极为抽象的
假定。在研究中,只要研究者能够从这些"硬核"中推论出可以观
察与检验的预言,那么这样的理论就是可以证伪的。[①]

　　行为主义者对自然科学研究方法的仿效和对实证主义原则的
尊崇,旨趣是要把政治学变成真正的社会科学。行为主义者相信
科学的统一性,认为社会科学同自然科学没有根本的不同,在这两
个领域可应用同样的分析方法。行为主义者相信可能存在一种有
关国际关系的累积的科学,可以使国际关系研究的复杂性、精确性
和简洁性不断得到推进,并且使其预测性和解释力不断增强。行
为主义者还相信在社会科学领域可以进行跨学科的研究。

　　行为主义曾经风行一时,但很快就受到了传统主义的反击。
当时,行为主义学派主要是由美国学者组成,而传统主义途径的坚
持者则主要是英国的国际关系学者。英国的传统主义者普遍怀疑
定量分析方法。比起美国同行,他们更愿意批评所谓的"科学主
义"。传统主义的主要代表人物赫德利·布尔(Hedley Bull)认为,
"古典派"的理论是从哲学、历史学和法学派生出来的,其最主要的
特点是明确依赖判断。布尔指出,如果我们严格按照验证和实证
的标准行事,那国际关系就没什么意义可言了。[②]传统主义者常常

---

① [英]大卫·桑德斯:《行为主义》,载[英]大卫·马什、格里·斯托克:《政治科
学的理论与方法》,第44—46页。

② Hedley Bull, "International Theory: The Case for a Classical Approach",
World Politics, Vol.18, No.3, April 1966, p.361,转引自[美]詹姆斯·多尔蒂和、小罗
伯特·普法尔茨格拉夫:《争论中的国际关系理论(第五版)》,第40页。

怀疑预测未来和把可能性分析用于人类事务的做法。对于定量分析方法,他们认为是"通过煞费苦心的统计分析来证明对有常识的人来说是显而易见的论点"。传统主义者坚持认为,他们同其他社会科学家一样,搜集、筛选、权衡和理解证据。他们是在审查和理解全部被认为相关和可靠的资料之后,依靠判断、直觉和洞察力得出结论。①

行为主义与传统主义进行辩论的核心问题是认识论问题。行为主义依赖于实证主义的认识论,认为人的知识产生于感官体验,来源于对周围世界的观察。与之相对的形而上学方法,则在经验观察之外追溯知识的源泉,包括运用人类的理智、沉思、直觉和自省。②与传统主义相比,行为主义重视的是精确的科学方法,比如观点调查、统计分析、建立模型以及应用计算机进行定量分析等。行为主义者表示,他们之所以要验证两个要素之间是否存在数量上的内在联系,是要确定两者之间的关系是否纯系巧合;他们进行多变量分析,是要弄清楚若干要素中的哪个要素在预测某一结果时最可靠。③行为主义者在选择课题、提出假设、制定分类方法时,在主观上总是力图超越个人判断,采用不受个人偏见影响的演绎法或归纳法,并且用逻辑推理或数学推理替代直觉的说明。④

行为主义与传统主义的辩论,涉及了对许多具体问题的解释,例如,在什么情况下容易发生战争? 国内政治对外交政策的影响是什么? 威慑成败的条件是什么? 国家间相互依存的增多对于政府间的关系有怎样的影响? 诸如此类。行为主义者认为他们的方

① [美]詹姆斯·多尔蒂、小罗伯特·普法尔茨格拉夫:《争论中的国际关系理论(第五版)》,第40页。

② 同上书,第39—40页。

③ J. David Singer, "The Incompleat Theorist: Insight without Evidence", in Klaus Knorr and James N. Rosenau(eds.), Contending Approaches to International Politics, Princeton: Princeton University Press, 1969, pp.72—73,转引自[美]詹姆斯·多尔蒂和小罗伯特·普法尔茨格拉夫:《争论中的国际关系理论(第五版)》,第41页。

④ [美]詹姆斯·多尔蒂、小罗伯特·普法尔茨格拉夫:《争论中的国际关系理论(第五版)》,第40—41页。

法最终能够以很高的可信程度回答这些问题,甚至可以预测未来国际关系事件的发生。然而,传统主义者却认为,由于国际环境具有极大的复杂性,研究者受到各种条件的限制,因此人们充其量只能像气象学家预报天气一样得到合理推测的猜想,而不能得到如物理学家那样的精确计算。

对于行为主义的研究途径,传统主义的批评主要有四点:第一,过分相信把问题陈述变为因果关系命题的能力,以及运用这些命题预测那些不可预测之行为的能力;第二,给不符合现实的抽象模型披上了现实的外衣;第三,回避了国际政治中的实质问题,由于热衷于科学方法,行为主义者实际上从未掌握这些问题的全部复杂方面;第四,沉迷于测量方法,无视被测量现象在质上的重大差别。[①]针对这些批评,行为主义分析家认为,传统主义者不信任精确方法、定量方法和通过统计检验进行核查的态度,是不负责任的和狂妄的。[②]

传统主义者在对自己的研究途径进行辩护时,特别强调了这一点,即国际关系研究不可能运用严格的自然科学方法。他们坚持认为,运用自己的一套办法,可以对引为证据的第一手资料和第二手资料(如文件)进行仔细的内容分析,例如分析政府报告、外交函件、个人回忆录、新闻报道和评论、人物采访、学术成果等,并且通过直觉选择重要的和相关的资料,而不需要系统地统计词句使用的次数。传统主义者坚信政治的精髓在于质的差别——通过一字或一词的选择,就能表达出含义上的精细和微妙差别,而这个字或词并不必然反复出现。[③]对于研究途径,坚持传统主义的学者更

---

① Hedley Bull, "International Theory: The Case for a Classical Approach", *World Politics*,转引自[美]詹姆斯·多尔蒂、小罗伯特·普法尔茨格拉夫:《争论中的国际关系理论(第五版)》,第 41 页。

② Klaus Knorr and Sidney Verba(eds.), *The International System: Theoretical Assays*, Princeton, NJ: Princeton University Press, 1961, p.16,转引自[美]詹姆斯·多尔蒂、小罗伯特·普法尔茨格拉夫:《争论中的国际关系理论(第五版)》,第 41 页。

③ [美]詹姆斯·多尔蒂、小罗伯特·普法尔茨格拉夫:《争论中的国际关系理论(第五版)》,第 41 页。

喜欢求助于古典哲学家的洞察力,喜欢运用各种文献并通过历史回溯和案例分析获得经验主义的知识积累。

　　传统主义与行为主义之间的分歧,在 20 世纪 70 年代和 80 年代构成了国际关系学科在方法论领域的主要争论。进入 90 年代,这场争论就趋于平息了,因为伴随着学科的发展,争论的双方都意识到谁都不可能垄断这个领域的知识。在这种情况下,有人称国际关系研究进入了"后行为"时代("postbehavioral" era)。① 使用这样的说法,一方面是因为行为主义与传统主义的分歧已不再是争论的主题,另一方面是因为行为主义所坚持的实证主义也发生了重要演变,即出现了所谓的后行为主义。

　　观察行为主义学派的发展,可以看到,在 20 世纪 70 年代中期以前,他们所坚持的是归纳主义的研究取向,即通过对"迄今为止的所有事实"进行不受理论约束的观察,然后力图从观察到的事实中归纳出反映规律性的一般原理。后来,一些坚持经验论的学者认识到,研究要想进行下去,对相关事实的观察就必须得到明确的理论预期的指引。汉普尔(Hempel)指出,狭隘的归纳主义研究,永远也不能有所进展,甚至它的第一阶段(收集事实)也不可能完成。他的形象说法是,要收集到所有事实,只有等到世界末日。由于事实是无穷无尽的,因此把所有事实都收集齐是绝对不可能的。他提出诘问:难道我们要把所有沙漠和所有海滩上的沙粒都检查个遍?难道我们要一一记录下它们的形状、重量、化学成分和它们相互间的距离吗?毕竟,这都属于"迄今为止的所有事实"。②

　　行为主义者从研究实践中认识到,对"迄今为止的所有事实"进行经验观察不仅是做不到的,而且这样做还容易导致一种不可取的倾向,即强调易于度量的事物而忽视难以度量但却具有重要

　　① Frederic S. Pearson and J. Martin Rochester, *International Relations*, New York: The McGraw-Hill Companies, Inc., 1998, pp.26—27.
　　② 〔英〕大卫·桑德斯:《行为主义》,载〔英〕大卫·马什、格里·斯托克:《政治科学的理论与方法》,第 48 页。

理论意义的事物。例如,自从行为主义兴起以来,研究者把很大的精力用在了对投票(容易度量的要素)的分析上,而对诸如"利益"(难以度量的要素)那样的概念却不予关注,因为直接对个体、组织或国家的"利益"进行观察极其困难。结果,行为主义者回避了这一领域,而把它留给了其他具有非经验研究倾向的学者。①

再者,早期行为主义者所坚持的"价值无涉"——通过不偏不倚的观察来发现"事实",并且为解释这些事实提供政治中立的理论——也遇到了困难。由于研究者不可能观察所有事实,因此在决定观察什么事实之前,对研究先有某种最初的理解就是必要的。显然,一旦作出了选择,就不可能价值无涉。事实上,现代的行为主义者在这一点上已有了重大改变,不再接受理论与观察相互独立的观念,甚至接受了这样的观点,即被观察到的事物在某种程度上乃是研究者预先采用某种理论立场的结果。

尽管行为主义者的研究观念有了转变,但他们坚持理论最终要经受经验证据检验的立场并没有改变。他们知道不同的理论立场会导致不同的观察,但认为对特定理论进行系统检验,还是必须进行相应的观察。虽然批评意见认为行为主义者只关注表面性事物,而未能提出有关重大社会或政治变迁的理论,但行为主义者还是坚持认为,如果这样的理论可信,那它们就不能在如此高的抽象层次上被含糊地表达出来,以致不能在经验上接受检验。对行为主义者来说,社会与政治理论原本就应该用来描述和解释那些可以观察的事物。②

3.3　实证主义与后实证主义

传统主义者与行为主义者的争论之所以到 20 世纪 90 年代渐

---

① ［英］大卫·桑德斯:《行为主义》,载［英］大卫·马什、格里·斯托克:《政治科学的理论与方法》,第 48—50 页。

② 同上书,第 51 页。

趋平息,按照詹姆斯·多尔蒂和小罗伯特·普法尔茨格拉夫的说法:"也许是因为他们在对后实证主义者的批评中走到了一起。"①不管这种说法是否准确,冷战结束后在国际关系学界确实凸显了后实证主义与实证主义的争论。

3.3.1 国际关系学科的实证主义

国际关系研究中的**实证主义**(positivism)与前述的科学哲学传统是一脉相承的,包括经验观察、科学实证、知识积累等要素,以及定量研究和形式模型等方法。作为一种"范式",实证主义有四个基本假定:第一,科学是一个整体,无论自然科学领域还是非自然科学领域,都应适用相同的方法;第二,事实与价值是有区别的,在理论之间,事实是中性的;第三,社会领域像自然界一样也有规律,运用与寻找自然规律大体相同的方法,就能够"发现"这些规律。第四,确定陈述是真的方式,依赖于用事实的检验。实证主义的方法,体现了经验主义的认识论。②

实证主义在国际关系学科的发展,尽管人们有不同的评述,但基本上都认同是滥觞于 20 世纪的 50 年代至 60 年代。

较早对国际关系学科发展进行分期的代表人物卡尔·多伊奇,在 20 世纪 60 年代提出国际关系研究经历了四次浪潮:第一次涉及国际法;第二次涉及外交史和国际组织;第三次始于 20 世纪 50 年代,主要表现为从较年轻的行为科学家那里接受新方法,包括对心理学、人类学、社会学等学科的借鉴;第四次浪潮始于 20 世纪 60 年代,特点是引入了分析、量化的研究概念,一些学者开始运用模型方法,趋向于进行量化数据的比较,并开始探索运用计算机

① [美]詹姆斯·多尔蒂、小罗伯特·普法尔茨格拉夫:《争论中的国际关系理论(第五版)》,第 39 页。
② 可参见 John Baylis and Steve Smith(eds.), *The Globalization of World Politics*, Second Edition, Oxford: Oxford University Press, 2001, p.227。

的可能性。①

　　在 20 世纪 90 年代,加里·金(Gary King)把国际关系研究与政治学研究相联系,提出了方法运用的演进过程。第一阶段是基于直接的经验观察。从 20 世纪 60 年代中期开始,由于有大量成套的数据可以利用,因此发生了行为主义革命,导致了经验-定量分析的急剧增长。自 20 世纪 70 年代末起,政治学家从其他学科特别是经济学那里,借鉴了定量和形式方法。最后,自 20 世纪 80 年代以来,政治学方法论学者改进了现有的方法,并且发展了特别适合于回答政治学问题的新工具。②

　　不论怎样分期,人们对于实证方法在国际关系学界占据日益重要的地位是没有异议的。按照史蒂夫·史密斯(Steve Smith)在 1996 年一篇文章中的说法,在此前的 40 年,国际关系学科一直处于实证主义的支配之下。实证方法坚持统一的科学观,坚持用自然科学方法解释社会世界。③在很多研究者中间,特别是在处于主导地位的美国国际关系学界,人们逐渐形成了一种比较普遍的认识,即只有科学实证方法是方法,使用其他非实证方法,诸如运用"描述-历史"方法(descriptive-historical approach),会被认为方法论意识薄弱,甚至被认为没有方法。④

　　对于实证方法在国际关系研究中到底有怎样的地位的问题,

---

　　①　转引自 Harvey Starr, "Cumulation, Synthesis, and Research Design for the Post-Fourth Wave", in Frank P. Harvey and Michael Brecher(eds.), *Evaluating Methodology in International Studies*, Ann Arbor: The University of Michigan Press, 2002, p.45。

　　②　G. King, "On Political Methodology", in J. A. Stimson(ed.), *Political Analysis: An Annual Publication of the Methodology Section of the American Political Science Association*, Ann Arbor: University of Michigan Press, 1991.

　　③　Steve Smith, "Positivism and Beyond", in Steve Smith, Ken Booth and Marysia Zalewski(eds.), *International Theory: Positivism and Beyond*, Cambridge; New York: Cambridge University Press, 1996, p.11.

　　④　可参见 Detlef F. Sprinz and Yael Wolinsky-Nahmias, "Introduction: Methodology in International Relations Research", in Detlef F. Sprinz and Yael Wolinsky-Nahmias(eds.), *Models, Numbers, and Cases: Methods for Studying International Relations*, pp.6—7。

一些研究提供了定量分析。这里所说的实证方法,具体而言,主要指案例研究法、定量研究法与形式模型法等。

德特勒夫·斯普林茨(Detlef F. Sprinz)和耶尔·沃林斯基-纳米阿斯(Yael Wolinsky-Nahmias)所作的研究针对的是 1975 年至 2000 年的情况。该研究以六种杂志为对象:《美国政治学评论》(*American Political Science Review*, vols. 69—94)、《国际组织》(*International Organization*, vols. 29—54)、《国际安全》(*International Security*, vols. 1—25)、《国际研究季刊》(*International Studies Quarterly*, vols. 19—44)、《冲突解决杂志》(*Journal of Conflict Resolution*, vols. 19—44)和《世界政治》(*World Politics*, vols. 27—52)。作者按照五种研究方法,即描述分析(descriptive analysis)、案例研究(case studies)、定量(统计)分析[quantitative (statistical) analysis]、形式模型(formal modeling)和交叉方法研究(cross-methods studies),对这些杂志上的文章进行了统计分析。他们的发现是:

(1) 在 20 世纪 70 年代末,大约有一半的文章没有任何方法论的构成。到 20 世纪 90 年代末,属于这类情况的文章已小于三分之一。这体现了国际关系学研究的发展,即比以前有了更明确的方法论意识。例如,在 20 世纪 70 年代末,《世界政治》中有 70％的文章运用的是描述或历史方法,而到 20 世纪 90 年代末,这类文章的比例已低于 30％。

(2) 运用案例研究法的文章比例一直比较稳定。在过去的 20 多年间,这类文章一直保持在 13％左右。

(3) 运用定量方法和形式模式的比例,在 20 世纪 70 年代末是 26％,到了 20 世纪 90 年代是 43％。其中,运用形式模型的文章比例,在 20 世纪 70 年代末低于 9％,到 20 世纪 90 年代末达到了 14％。就《国际组织》《国际研究季刊》和《世界政治》而言,尽管与 20 年前相比,发表了更多运用形式方法的文章,但增长率最高的还是那些在传统上倾向于发表定量研究作品的杂志,特别是《冲突解决杂志》和《美国政治学评论》。

（4）在国际政治的研究中,尽管运用形式模型的文章在国际关系出版物中所占比例还相对较低,但博弈论(game theory)方法正变得更有影响。值得注意的是,这一时期这六种杂志所发表的全部文章中,近一半使用了定量研究的方法。这种趋势反映出国际关系学者日益重视对政治进程和世界事件进行系统分析。①

美国威廉与玛丽学院(College of William and Mary)的一批学者所进行的名为"教学、研究与国际政治"(Teaching, Research and International Politics, TRIP)的课题,以广泛的问卷调查为基础,对学者的研究兴趣、方法论偏好和对学科的评价等做了多方面的统计。②这里就该课题组 2005 年和 2007 年发布的两个研究报告,即《美国大学的国际关系学系的教学研究实践、对学科的看法和政策态度》(Teaching and Research Practices, Views on the Discipline, and Policy Attitudes of International Relations Faculty at U.S. Colleges and Universities)③和《从象牙塔进行观察:对美国和加拿大的国际关系学系的 TRIP 调查》(The View from the Ivory Tower: TRIP Survey of International Relations Faculty in the United States and Canada)④,进行一些数据分析。

---

① 可参见 Detlef F. Sprinz and Yael Wolinsky-Nahmias, "Introduction: Methodology in International Relations Research", in Detlef F. Sprinz and Yael Wolinsky-Nahmias(eds.), *Models, Numbers, and Cases: Methods for Studying International Relations*, pp.5—7。

② 可参见 TRIP 项目的网站,其中包括 2004 年、2006 年、2008 年、2011 年、2014 年和 2017 年的调查数据,见 https://trip.wm.edu/research/faculty-surveys,访问时间:2023 年 12 月 20 日。

③ Susan Peterson, Michael J. Tierney and Daniel Maliniak, Teaching and Research Practices, Views on the Discipline, and Policy Attitudes of International Relations Faculty at U.S. Colleges and Universities, August 2005, http://www.researchgate.net/publication/237230799_Teaching_and_Research_Practices_Views_on_the_Discipline_and_Policy_Attitudes_of_International_Relations_Faculty_at_US_Colleges_and_Universities,访问时间:2023 年 12 月 20 日。

④ Daniel Maliniak, Amy Oakes, Susan Peterson and Michael J. Tierney, *The View from the Ivory Tower: TRIP Survey of International Relations Faculty in the United States and Canada*, College of William and Mary, Williamsburg VA, February 2007, https://www.wm.edu/offices/global-research/_documents/trip/ivory_tower_view_2007.pdf,访问时间:2023 年 12 月 20 日。

在 2005 年的报告中,课题组的数据来自美国国内 1 084 位国际关系学者的回应。在 2007 年的报告中,有关数据来自 1 112 位学者的回应。这两个报告所涉及的调查内容,既包括对国际关系学科 25 年来发展变化的认识,也包括对美国、加拿大两国学界有关情况的对比。其中的一些内容涉及方法论的选择。对这些数据进行比较,可以得到一些重要认识。

在 2007 年的报告中,涉及方法论的问题有三个,所得统计数字如下:

表 3.1　问题:在过去 5 年中,你讲授过下列课程吗?

讲授课程	2004 年美国的情况	2006 年美国的情况	2006 年加拿大的情况
定性方法	8%	7%	8%
定量方法	10%	11%	3%
形式模型	6%	5%	0

表 3.2　问题:一般来说,你怎样用认识论术语描述你的工作的总体特征?

	2004 年美国的情况	2006 年美国的情况	2006 年加拿大的情况
实证主义	65%	70%	48%
非实证主义	23%	16%	23%
后实证主义	14%	14%	28%

表 3.3　问题:在你的研究中,你主要使用什么方法?

	2006 年美国的情况	2006 年加拿大的情况
定量方法	22%	6%
定性方法	69%	90%
形式模型方法	2%	0
实验方法	1%	0
反事实分析方法	1%	0
纯理论方法	2%	0
法律-伦理分析方法	4%	5%

从这些统计数字中,可以看到:

(1) 在美国和加拿大的国际关系学系的教学中,对科学实证的三种主要方法的讲授比例都不高。对两国进行比较,加拿大对定性方法的讲授与美国差不多,但对于"更加科学"的定量分析与形式模型的重视程度,则与美国有明显的不同。美国对定量分析的讲授比例要高于对定性分析的讲授,而加拿大则正相反。在加拿大,完全没有人讲授形式模型方法。

(2) 从对第二个问题的回答来看,尽管加拿大有近一半的学者认为自己的工作从总体上来讲是实证主义的,但远低于美国70%的比例。相反,加拿大作出非实证主义与后实证主义评价的学者比例,则远高于美国。这种情况也反映出了实证主义在美国和加拿大的不同地位。

(3) 从第三个问题来看,尽管美国学者使用定性方法的比例(69%)低于加拿大学者(90%),但这个比例却并不低,远高于定量方法(22%)的使用。就形式模型方法而言,美国学界的使用比例之低,似乎与学者在话语中所表现出的推崇态度不一致。所以,尽管形式模型方法在名义上与定量研究法、案例研究法三足鼎立,但实际运用的却比较少。究其原因,也许是因为这种方法的使用难度较高,而且能适用这种方法的问题也比较有限。

(4) 在排列对自己的研究和思考有最深刻影响的学者时,美国国际关系学界 2004 年和 2006 年列第一位的都是罗伯特·基欧汉(Robert O. Keohane),分别占 14% 和 11%,而加拿大列第一位的则是罗伯特·考克斯(Robert Cox),占 19%。[①]基欧汉是自由制度主义者,所用方法属于实证主义,而考克斯作为批判理论的代表人物,所用方法则是后实证主义。这种情况表明,科学实证方法在加拿大的地位远低于美国,甚至不能说是占主导地位。只有在美国,科学实证方法才具有支配地位。不过,这种支配主要是理念上

---

① Daniel Maliniak, Amy Oakes, Susan Peterson and Michael J. Tierney, *The View from the Ivory Tower: TRIP Survey of International Relations Faculty in the United States and Canada*.

的。学者们在教学与研究实践中,未必都以科学方法为手段。有关的统计数字表明,实证方法在学者心目中的地位与它的实际运用情况可能并不一致。

3.3.2　后实证主义

自 20 世纪 80 年代以来,特别是冷战结束之后,国际关系学界有几种新颖激进的理论得到了迅速发展,包括后现代主义、批判理论、女性主义、规范理论、历史社会学等。这些理论在方法论上的主要特点是反对实证主义,否认社会世界的客观性,强调国际关系中观念与话语的作用,强调结构与行为体的相互建构,并且强调权力的非物质性和真理的相对性等。①不过,这些理论虽然有共同点,但也有很大差异,实际上是方式完全不同的**后实证主义**(post-positivism)。正如史蒂夫·史密斯所说,它们联合起来,是基于它们共同拒绝的东西,而不是它们共同接受的东西。②

理解后实证主义理论,从方法论的角度讲,可以与自然科学理论相对照。在自然科学领域,一切理论都是解释性的,因为自然界是确实的存在,是外在的和客观的。自然科学研究所要做的就是不受主观因素影响而做出客观解释。然而,在社会科学领域情况却完全不同。按照后实证主义的看法,一切理论都是建构的,因为理论研究的现实世界都是由这种理论所推动的实践打造的。也许研究者认为自己的研究是完全客观的,但实际上其研究乃是对现实的建构,因为理论会促使人们按照理论去建构世界。所以,理论不仅是对现实的认知反映,而且是世界建构过程的一部分。正是基于这样的认识,后实证主义认为科学不可能是完全客观的,不可

① ［美］亚历山大·温特:《国际政治的社会理论》,秦亚青译,上海:上海人民出版社 2000 年版,参阅译者前言,第 15 页。

② Steve Smith, "New Approaches to International Theory", in John Baylis and Steve Smith(eds.), *The Globalization of World Politics*, Oxford: Oxford University Press, 1997, p.172.

能避免政治实践的污染,科学方法绝不意味着仅仅是假设、验证和经验事实的简单罗列,也不是与研究者及其环境无关的外在知识的积累。总之,理论离不开现实,而现实也离不开理论。①

在后实证主义理论中,比较有代表性的是批判理论与后现代主义。

批判理论来源于 20 世纪 20 年代兴起的法兰克福学派(Frankfurt School)。在法兰克福学派中,最早对批判理论进行系统阐述的是马克斯·霍克海默(Max Horkheimer)。按照霍克海默的观点,批判理论与传统理论是两种完全不同的理论。传统理论认为理论是中性的,理论的唯一功能是在独立的外部世界揭示那些业已存在但还未被发现的事实或规律。理论家与分析对象必须保持距离,在进行理论化的时候,主体与客体必须严格分开,必须把一切影响探究的意识形态信念、价值观等撇在一边,这样才能避免偏见。与此相反,批判理论认为,以改造社会为目标的社会科学理论是不可能像自然科学理论那样发展的。社会科学家不可能像自然科学家那样独立于他们的研究对象,社会科学家就是他们所研究的那个社会的组成部分,理论与社会和政治生活是分不开的。

就国际关系领域的批判理论而言,20 世纪 80 年代以来的主要代表人物考克斯在批评新现实主义的过程中进行了解决问题理论(problem-solving theory)与批判理论的比较。考克斯认为,新现实主义所代表的“解决问题理论”,是把世界连同组织在其中的社会、权力关系以及制度都视为该理论所发现的东西,视为人们在其中进行活动的既定框架。这种理论的总目标,就是通过有效地处理麻烦根源而使这些权力关系和制度顺利地运作。②与解决问题理论相反,批判理论关注的是理论产生的过程,力图探究理论产

---

① 可参见[法]达里奥·巴蒂斯特拉:《国际关系理论》,潘格平译,北京:社会科学文献出版社 2010 年版,第 179—185 页。

② Robert Cox and T. Sincliar, *Approaches to World Politics*, Cambridge: Cambridge University Press, 1996, p.88.

生过程与理论源头之间的关系。批判理论认为理论总是处于特定的时间、空间之中,总是服务于一定的人和一定的目的。批判理论为自己确定的任务就是揭示理论所受到的社会的、文化的和意识形态影响的制约,因此批判理论特别关注知识与价值的联系。

为了对国家与世界秩序进行阐释,批判理论强调了人的观念的重要角色。考克斯认为,社会结构是主体间的(intersubjective),通过相关人群的观念建构,它们就变成了客观世界的一部分。尽管这种主体间的存在同物质上的存在,比如桌子、椅子不同,但它们确实有真实而具体的影响。正是从这样的本体论出发,批判理论试图了解现有的秩序,即传统理论视为"既定的东西",是怎样被历史社会力量造就出来的,并且特别关注世界秩序变革的可能性。①

与批判理论相比,后现代主义进入国际关系领域较晚,大约在20世纪80年代中期。到了20世纪90年代后期,才出现了真正的后现代主义的国际关系理论。后现代主义作为"思潮""理论"或"学派",在很多人看来是难解的东西。什么是后现代主义?它的确切含义是什么?人们是有很大异议的。这种异议不但存在于后现代主义的倡导者与批评者之间,而且存在于它的倡导者之间。②让-弗朗索瓦·利奥塔(Jean-Francois Lyotard,1924—1998年)的界定是:"简化到极点,后现代主义就是不相信元叙述(metanarrative)。"③在这里,"元叙述"是指说明社会生活普遍属性的叙述或高层次理论,它宣称高于局部的叙述或理论。在国际关系领域,各

---

① 关于批判理论的综述,主要参见 Scott Burchill, Andrew Linklater, Richard Devetak, Jack Donnelly, Matthew Paterson, Christian Reus-Smit and Jacqui True, *Theories of International Relations*, New York: Palgrave, 2005, pp.113—160; Steve Smith, "New Approaches to International Theory", in John Baylis and Steve Smith (eds.), *The Globalization of World Politics*, Oxford: Oxford University Press, 1997, pp.175—178。

② Scott Burchill, Andrew Linklater, Richard Devetak, Jack Donnelly, Matthew Paterson, Christian Reus-Smit and Jacqui True, *Theories of International Relations*, p.137.

③ Francois Lyotard, *The Post-modern Condition: A Report on Knowledge*, Manchester: Manchester University Press, 1984, p.xxiv.

种范式或大理论大概都属于元叙述。对后现代主义来说,宣称已达到"真理"的有关人类生活的任何说明都是不可信的。

后现代主义所关注的议题中,权力与知识的关系是一个重要方面。在这个问题上,实证科学传统认为知识不应受权力影响,研究者在追求客观知识时,应该把价值、利益和权力关系搁置在一边。但后现代主义却对这一点提出质疑。按照后现代主义的代表人物米歇尔·福柯(Michel Foucault)的观点,权力与知识是相互支持的,所有的权力都需要知识,而所有的知识都依赖于并且增强现存的权力关系。在权力之外,不存在"真理"这样的东西。真理不是外在于社会结构的东西,而是其中的组成部分。从这个基本点出发,后现代主义关注"真理"与知识实践所支持的是什么权力关系。后现代国际关系理论检查国际关系理论的"真理",就是看支配这一学科的概念和知识论断,在多大程度上是依特定的权力关系状况而定的。①

从总体倾向讲,后实证主义理论都反对国际关系研究的客观性,不承认人的认识和理论可以与价值和社会影响相分离,并且强调理论对现实的建构。由于这些理论学派提出并阐述了与主流理论所强调的实证主义相对立的研究途径,因此形成了一种范式的争论。当然,这种争论是不对称的,因为这些理论与主流理论相比,处于比较边缘的地位,而且,由于这些理论侧重于批判而很少建立自己对于世界的系统阐释,因此还无法与主流理论形成真正对等的讨论。不过,这些理论对人的行为的意义的强调、对观念在国际互动中作用的强调,以及对人的认识的价值负载和社会建构的强调等,都是有重要学术影响的。作为一种大体上属于诠释方法的研究途径,后实证主义也构成了国际关系学科发展的重要组成部分。

---

① Scott Burchill, Richard Devetak, Andrew Linklater, Matthew Paterson, Christian Reus-Smit and Jacqui True, *Theories of International Relations*, New York: Palgrave, 2001, p.182.

3.4 理性主义与建构主义

与实证主义和后实证主义之争的影响相比,20世纪80年代的新现实主义与新自由主义之争实际上具有更重要的地位。不过,由于这两"新"都属于理性主义,因此它们的争论并不具有多少认识论与方法论的意义。进入20世纪90年代之后,伴随着建构主义影响的上升,学术界的讨论焦点也发生了变化,在理性主义与建构主义之间,出现了新的论战和范式之争。①

3.4.1 理性主义

国际关系研究中的**理性主义**(rationalism),简而言之,就是正式或非正式地把理性选择(rational choice)理论应用于国际关系问题,比如基于微观经济学理论或博弈论进行研究。②作为一种研究方法,理性选择强调的是行为体怎样试图使其利益最大化,以及怎样选择最有效的手段来实现这些利益。按照经济学的假设,所有行为在本质上都是理性的,人们在采取行动之前会计算可能的代价和收益。基于这一假设,人们可以建立一种有关人类行为的模型。这样的研究方法就是理性选择模式。

在国际关系研究中,通过分析行为体的目标寻求(goal-seeking)行为来解释其对外政策的任何一种实证方法,都可归入这一类别。例如,现实主义认为国家是以权力与利益作为行为的出发点,自由制度主义认为国家基于共同利益会选择合作,虽然思

---

① 可参见[美]彼得·卡赞斯坦、罗伯特·基欧汉、斯蒂芬·克拉斯纳:《〈国际组织〉杂志与世界政治研究》,载[美]彼得·卡赞斯坦、罗伯特·基欧汉、斯蒂芬·克拉斯纳编:《世界政治理论的探索与争鸣》,秦亚青等译,上海:上海人民出版社2006年版,第3—47页。

② Walter Carlsnaes, Thomas Risse and Beth A. Simmons(eds.), *Handbook of International Relations*, London: Sage, 2002, p.54.

路不同,但都是基于理性选择的推论。从得益的角度来看,现实主义比较关注相对得益,而自由制度主义则比较关注绝对得益。这两种理论,都被认为是理性主义。

关于理性主义在国际关系学科中的发展,有人认为与 20 世纪50 年代和 60 年代美国政治科学中的行为主义革命分不开,但这两者其实并不是一回事。行为主义运用的主要是社会学或心理学方法,而理性选择分析运用的却是经济学方法。对于这种经济学方法的由来,人们认为可以追溯到 19 世纪的亚当·斯密和约翰·洛克等古典经济学家的著作。[①]对这种方法进行借鉴,推动政治学和国际政治学出现了新途径。

在政治学研究中,安东尼·唐斯(Anthony Downs)是运用理性选择理论的一位先驱。他运用该理论分析了选举行为及政党的竞争。[②]此后,理性选择方法在很多领域得到了运用。例如,曼瑟·奥尔森(Mancur Olson)用这种方法证明了自利的个体并非总会参与促进共同目标的集体行动。[③]

在当代,理性主义所表达的基本观点就是人类行为会受到理性的支配。在认识论的含义上,理性主义是指"诉诸理性作为知识和判断来源的任何观点"[④]。在方法论的意义上,它认为真理的准则并不依赖于感觉而在于智力或推理。[⑤]对于理性,人们的强调是有不同程度的。比较温和的理性主义观点认为,与其他获得知识的方法相比,理性居先;而比较极端的理性主义观点则认为,理性

---

① ［英］休·沃德:《理性选择》,载［英］大卫·马什、格里·斯托克:《政治科学的理论与方法》,第 64 页。

② Anthony Downs, *An Economic Theory of Democracy*, New York: Harper & Raw, 1957.

③ Mancur Olson, *The Logic of Collective Action: Public Goods and the Theory of Groups*, Cambridge, Mass.: Harvard University Press, 1965.

④ A.R. Lacey, *A Dictionary of Philosophy*, 3rd edition, London: Routledge, 1996, p.286,转引自 http://en. wikipedia. org/wiki/Rationalism,访问时间:2023 年 12 月 20 日。

⑤ Vernon J. Bourke, "Rationalism", in Dagobert D.Runes, (ed.), *Dictionary of Philosophy*, Totowa, NJ: Littlefield, Adams, and Company, 1962, p. 263,转引自 http://en.wikipedia.org/wiki/Rationalism,访问时间:2023 年 12 月 20 日。

乃是通往知识的唯一路径。①

进行理性选择,其含义就是:"当面临几种行动方向时,人们通常会做出可能获得最佳总体结果的选择。"②当行为体进行这种选择的时候,总是在一组行为体都力图使其收益最大化的条件之下,因此理性选择分析所要解释的乃是一种集体性结果。③在各方互动的条件下,每一方都拥有选择最佳行事方式的理性能力、时间及情感上的超脱。每个行为都有一个已知结果,行为体能够对结果进行排序。行为体的偏好是长期保持稳定的。在这种情况下,每一方都会对对方的选择做出最佳回应,这样就会达到所谓的均衡状态。在国际关系研究中,博弈论运用的就是这种方法。在对核威慑、军备竞赛、裁军以及经济制裁等问题的研究中,学者应用博弈论设计了各种模型。这种研究的旨趣,就是找到博弈者之间稳定的、可预测的互动行为模式,探讨各方的最优战略反应。

运用理性选择方法,研究者可以清晰地了解那些用自然语言表述可能会模糊不清的假定。在建立理论的过程中,这种方法可以提供有帮助的范畴和可以模仿的典型事例。作为一种简化的模式,它可以使研究者集中注意需要解释的东西。正确运用这种方法,可以确保研究者得出合乎逻辑的结论。这种方法可以说明个体采取行动时自变量与因变量的关系。作为一种抽象的方法,它可以超越社会科学的不同领域,建立一种普遍的解释框架。即使在行为非理性的情况下,它也可以作为一种判断的标准。④

从方法论的角度讲,理性主义采取的是工具理性的假定,以此

---

① Robert Audi(ed.), *The Cambridge Dictionary of Philosophy*, Cambridge, UK:Cambridge University Press, 1999, p.771,转引自 http://en.wikipedia.org/wiki/Rationalism,访问时间:2023 年 12 月 20 日。

② J. Elster, *Nuts and Bolts for the Social Sciences*, Cambridge:Cambridge University Press, 1989, p.22.

③ John Baylis and Steve Smith(eds.), *The Globalization of World Politics*, Third Edition, Oxford:Oxford University Press, 2005, p.267.

④ J. J. Mansbridge(ed.), *Beyond Self-Interest*, Chicago:University of Chicago Press, 1990, p.20,转引自[英]大卫·马什、格里·斯托克:《政治科学的理论与方法》,第 66—67 页。

来确定环境与行为体之间的重要联系。以博弈论的模式为例,要建立一个可供使用的分析框架,就必须假定行为体具有共同的知识,即对于如何博弈有共识,对于获益矩阵、战略选择点、对手类型、不同类型的可能性等有一致的理解。在这些既定的条件下,研究者可以根据行为体的偏好、可能性和选择范围,推导出整个博弈过程和均衡的结果。通常,博弈的均衡结果有多个,而研究者按照理性的原则可以对不同的选择进行排序,并确定哪一个是最佳选择。[①]

在国际关系学科中,由于居主流地位的现实主义与自由制度主义都属于理性主义理论,因此理性主义可以说居于支配性地位。然而,由于这两者对国际关系有完全不同的解释,因此对理性选择的理解也有根本性分歧。现实主义对环境的认知是国际无政府状态,认为这种环境蕴含着冲突,因而行为体的理性选择应当是加强权力与安全。与之不同,自由制度主义对环境的认知却是相互依赖和共同利益的存在,认为行为体的理性选择应是进行合作并建立国际制度。在这里,我们可以看到,尽管新现实主义与自由制度主义都认同理性原则,但对于进行选择的环境却有不同认识,并因而得出了不同的理性行为的结论。从认识论和方法论的角度看待这种差异,人们不得不对理性选择的前提条件提出疑问:行为体进行选择的环境到底是不是既定的客观存在? 如果不是,那么它是怎样产生的? 正是基于对这个问题的讨论,建构主义在国际关系研究中得到了迅速的发展,并且向理性主义发起了有力的挑战。

3.4.2　建构主义

针对理性主义以为是既定的客观事实,**建构主义**(constructivism)从社会学的视角区分了具有物质属性的自然事实和人们的社

---

① 可参见[美]彼得·卡赞斯坦、罗伯特·基欧汉、斯蒂芬·克拉斯纳:《〈国际组织〉杂志与世界政治研究》,载[美]彼得·卡赞斯坦、罗伯特·基欧汉、斯蒂芬·克拉斯纳编:《世界政治理论的探索与争鸣》,第32—44页。

会活动所建构的社会事实。建构主义正是从社会事实的建构出发,批判了理性主义把国际环境视为客观既定因素的观点。

建构主义所界定的社会事实,正如约翰·塞尔(John R.Searle)所说,其存在是由于人们同意它们的存在,而它们的存在也需要人类建立制度加以支撑和维系。①例如,国际组织就是典型的社会事实。冷战时期北约与华约的存在,是人们同意的结果,冷战后华约的解散和北约的东扩,也是人们同意的结果。再比如货币,欧盟各成员国原来的货币的存在是人们同意的结果,后来统一使用欧元,也是人们同意的结果。实际上,国际关系研究者所面对的事实,基本上都是社会事实。无论是冲突,比如俄乌冲突、巴以冲害,还是合作,比如联合国气候谈判大会,都与人们的意愿相关。如果与事实相关的各方不再愿意让这样的事实存在,那么它们就会消失。

对建构主义者来说,社会事实的形成乃是个体事实通过社会互动关系聚合而成的。这种聚合的实现,主要取决于观念的因素。这种观念不是指个人观念,而是指集体观念,即共有的观念。塞尔称之为"集体意向"。因此,这样的事实具有主体间性。约翰·杰拉尔德·鲁杰(John Gerard Ruggie)以主权为例指出,相互承认主权是主权国家构成的体系正常发挥功能的先决条件。主权像货币和财产权一样,只有在一个承认其存在意义的体系中,才能够存在。这种意义取决于集体意向。②

鲁杰认为,集体意向创造了意义。例如,布雷顿森林体系的建立就体现了这样一个过程。该体系的协商机制和国际贸易机制的建立,不仅创造了在货币和贸易领域里的国际行为标准和规则,而且创造了一个共有观念的体系。在这个体系中,人们对于使国际

① John R. Searle, *The Construction of Social Reality*, New York: Free Press, 1995, p.2,转引自 [美]彼得·卡赞斯坦、罗伯特·基欧汉、斯蒂芬·克拉斯纳编:《世界政治理论的探索与争鸣》,第256页。

② [美]约翰·杰拉尔德·鲁杰:《什么因素将世界维系在一起? 新功利主义与社会建构主义的挑战》,载[美]彼得·卡赞斯坦、罗伯特·基欧汉、斯蒂芬·克拉斯纳编:《世界政治理论的探索与争鸣》,第271页。

机制成为必要措施的条件和这些机制希望实现的目标形成了共识，同时也确立了一套规则体系。成员国正是根据这套规则来判断未来的行为是否适当。[①]

由于认为体系成员的集体意向会塑造规则，而规则会改变行为体的行为，因此建构主义强调的是构成性规则（constitutive rules），这不同于理性主义所强调的限制性规则（regulative rules）。对这两者的差别，鲁杰以交通规则和弈棋为例作了说明：交通规则产生于有了开车行动之后。车流量的加大和交通事故的增多，促使人们制定了交通规则，规定车辆靠路的右边（或左边）行驶。这是一种限制性规则，即限制业已存在的行动。这种限制乃是人们的理性行为的产物：要想正常行驶，不出交通事故，驾车人就必须接受规则的限制。同交通规则不同，弈棋规则的产生，不是因为弈棋者担心棋子拥挤，而是因为只有制定了规则，弈棋才成为可能。这样的规则就是构成性规则。这种规则的意义在于指明什么样的实践行为才能构成一种有意识地组织起来的社会活动。建构主义者认为，如果没有共同承认的、以集体意向为基础的构成性规则，就不可能有相互理解的国际关系行为。这样的规则可能构成冲突，也可能构成合作。[②]

建构主义是一种强调观念、集体意向（文化）、行为的意义和社会建构的学派，用温特的话来说，有两个基本观点：第一，人类关系的结构主要是由共有观念（shared ideas）而不是由物质力量决定的；第二，有目的之行为体的认同与利益是由这些共同观念建构而成的，而不是天然固有的。[③]从这样的观点出发，建构主义的研究途径，焦点就在于行为体的共有观念，或者说在于说明行为体共同

① ［美］约翰·杰拉尔德·鲁杰：《什么因素将世界维系在一起？新功利主义与社会建构主义的挑战》，载［美］彼得·卡赞斯坦、罗伯特·基欧汉和斯蒂芬·克拉斯纳编：《世界政治理论的探索与争鸣》，第 271—272 页。

② ［美］约翰·杰拉尔德·鲁杰：《什么因素将世界维系在一起？新功利主义与社会建构主义的挑战》，载［美］彼得·卡赞斯坦、罗伯特·基欧汉和斯蒂芬·克拉斯纳编：《世界政治理论的探索与争鸣》，第 275 页和第 282 页。

③ ［美］亚历山大·温特：《国际政治的社会理论》，第 1 页。

具有的理解与期望。例如,国家间在观念上相互定位为敌人、朋友或伙伴,将决定它们关系结构的属性。对建构主义来说,要阐释国际关系的特征,就要阐释行为体之间存有怎样的信念和期望。

在建构主义的研究中,主体间结构是最重要的因素,因为主体间结构使得物质世界产生了意义。这种主体间结构有着不同的成分,如规范、认同、知识、文化等。这些成分帮助确定利益,而利益则激发行为。从主体间结构的角度观察国家行为,建构主义认为观念决定权力的意义与内容,决定国家实现利益的战略,也决定利益本身。[①]

从研究途径来讲,建构主义的研究更多地具有诠释性的特点。按照鲁杰的说法,建构主义的首要目的在于诠释行为体赋予它们所处环境的含义和意义。进行这样的研究,建构主义不希望采取假设-演绎的方法,因为建构主义的研究不属于因果解释范畴。即使进行因果性解释,建构主义也是坚持叙述性解释原则,而不采用自然主义一元论所推崇的法则-演绎方式。鲁杰认为,法则-演绎方式将有待解释的现象置于无所不包的规律或普遍的理论框架之中,而在国际体系的层面,能达到这样标准的有效解释是极少的。叙述性因果理论是通过对解释变量和被解释变量的一系列质疑性推理确立起来的。至少从这个角度讲,建构主义的认识论是非实证的,或者说是后实证的。[②]

通过对比理性主义与建构主义,可以看到,这两种研究纲领的差异是显而易见的。如果说理性主义研究的核心问题是在偏好、信息和共有知识作为约定条件时行为体会做出怎样的战略选择,那么建构主义研究的核心问题则是在不同的时间、空间里行为体为什么会有不同的偏好、不同的选择机会以及不同的共有观念。从这个角度来看,它们的差异实际上并不是零和的,而是互补的。

---

① [美]亚历山大·温特:《国际政治的社会理论》,第383页。
② [美]约翰·杰拉尔德·鲁杰:《什么因素将世界维系在一起? 新功利主义与社会建构主义的挑战》,载[美]彼得·卡赞斯坦、罗伯特·基欧汉、斯蒂芬·克拉斯纳编:《世界政治理论的探索与争鸣》,第282—283页。

前者是研究既定条件下行为体的选择,而后者研究的则是所谓既定条件是如何形成和变化的。对于这一点,彼得·卡赞斯坦、罗伯特·基欧汉和斯蒂芬·克拉斯纳经过论证之后得出的结论是:两种理论,缺一不可。①

以上内容介绍了国际关系研究中不同途径与范式的由来及演进。由于这些体现了认识论和方法论含义的争论在很大程度上标志着国际关系研究的发展,因此了解这些学术思想史知识,不但有助于把握国际关系学研究方法,而且有助于适当定位当代国际关系研究中的不同理论学派。对于这些持续存在的争论,不论是就方法论而言还是就理论学派而言,都存在适当看待的问题。也许,我们可以引证彼得·卡赞斯坦、罗伯特·基欧汉和斯蒂芬·克拉斯纳的观点作为启示,即任何一种理论,任何一种研究者自己偏爱的理论,都不足以解释现实。如果坚持认为自己的理论是唯一正确的理论,学术就会变成贫瘠的荒原。知识和理解只有通过不同的理论思想和研究纲领之间的论争才能得到发展。我们永远不能忘记,要判断一般性理论和具体的研究纲领是否有用,标准只有一个,那就是看它能否提出既可以从学理上加以分析,又具有重大实际意义的问题。对于不同的"范式",这三位学者主张放开眼界、兼收并蓄、相互包容。②这也许就是理解国际关系研究途径演进的要义所在。

学习要点与思考题

一、 研究途径的历史演进

要了解学术思想从前科学阶段到科学阶段的演进,知道经验论与唯理论所代表的归纳传统与演绎传统是怎样形成的。要侧重认识实证主义的产生与发展,以及证伪主义提出了怎样的质疑。

---

① [美]彼得·卡赞斯坦、罗伯特·基欧汉、斯蒂芬·克拉斯纳编:《世界政治理论的探索与争鸣》,第44页。

② 同上书,第44—47页。

思考题:

● 怎样理解国际关系研究中的范式?

● 怎样认识归纳逻辑与演绎逻辑对国际关系研究的意义?

● 怎样看待"经验证实"与"经验证伪"的争论?

二、 当代国际关系学科涉及研究途径的大争论

要知道传统主义与行为主义、实证主义与后实证主义、理性主义与建构主义有哪些根本的分歧与争论。要侧重理解各种研究途径对事实的认知特点,明确其功能与应用范围。

思考题:

● 怎样适宜地看待涉及方法论的大争论? 它们在国际关系研究中能起互补作用吗?

● 怎样对研究途径进行评价?

参考文献

[澳]艾伦·查尔斯:《科学究竟是什么》,邱仁宗译,石家庄:河北科学技术出版社 2002 年版。

陈波:《休谟问题和金岳霖的回答——兼论归纳的实践必然性和归纳逻辑的重建》,《中国社会科学》2001 年第 3 期,第 35—46 页。

[英]大卫·马什、格里·斯托克:《政治科学的理论与方法》,景跃进等译,北京:中国人民大学出版社 2013 年版。

罗慧生:《西方科学哲学史纲》,天津:天津人民出版社 1988 年版。

[美]托马斯·库恩:《科学革命的结构》,金吾伦、胡新和译,北京:北京大学出版社 2003 年版。

Daniel Maliniak, Amy Oakes, Susan Peterson and Michael J. Tierney, "International Relations in the US Academy", *International Studies Quarterly*, Vol.55, No.2, June 2011, pp.437—464.

Daniel Maliniak, Amy Oakes, Susan Peterson, Michael J. Tierney, *The View from the Ivory Tower*: *TRIP Survey of*

International Relations Faculty in the United States and Canada, College of William and Mary, Williamsburg VA, February 2007. https://www.wm.edu/offices/global-research/_documents/trip/ivory_tower_view_2007.pdf.

Frank P. Harvey and Michael Brecher (eds.), *Evaluating Methodology in International Studies*, Ann Arbor: The University of Michigan Press, 2002.

Robert Cox and T. Sincliar, *Approaches to World Politics*, Cambridge: Cambridge University Press, 1996.

Scott Burchill, Andrew Linklater, Richard Devetak, Jack Donnelly, Matthew Paterson, Christian Reus-Smit and Jacqui True, *Theories of International Relations*, New York: Palgrave, 2005.

Steve Smith, Ken Booth, Marysia Zalewski (eds.), *International Theory: Positivism and Beyond*, Cambridge; New York: Cambridge University Press, 1996.

Walter Carlsnaes, Thomas Risse and Beth A. Simmons (eds.), *Handbook of International Relations*, London: Sage, 2002.

第 **4** 章
案例研究法

在国际关系研究中,案例研究法是运用最普遍的方法之一。对于某些重要的研究任务,它不但是必要的,而且是充分的研究途径。①由于这种方法使用广泛,人们往往以为它"简单易行"。实际上,正如研究案例法的代表人物罗伯特·K. 殷(Robert K. Yin)所指出的,案例研究是最难实施的研究方法之一,迄今并未形成常规作业流程。正因为如此,这种方法也备受争议。长期以来,持批评意见的人认为案例法是社会科学研究中最不科学和最不可靠的方法,主要理由是这种研究的成果缺少精确性(相对定量分析而言)、客观性和严谨性。②鉴于这种有争议的方法在国际关系研究中有重要地位,对其基本含义、操作要点、主要功能与局限性作深入探讨是非常必要的。

4.1　什么是案例研究?

案例研究,顾名思义,就是以个案(一个或多个)为对象的研究。这种方法尽管在科研中被广泛使用,但它最早是出现在教学当中。

在 19 世纪 80 年代,哈佛法学院院长克里斯托弗·兰代尔(Christopher Langdell)首创了让法学专业的学生接触司法案例的

---

① Bent Flyvbjerg, "Five Misunderstandings About Case Study Research", *Qualitative Inquiry*, Vol.12, No.2, April 2006, p.241.

② 〔美〕罗伯特·K. 殷:《案例研究设计方法(第 3 版)》,周海涛等译,重庆:重庆大学出版社 2004 年版,《英文版前言》第 11 页,正文第 64 页。

学习方式。他认为,相比单纯阅读法律文本,学生通过学习现实的法庭审判可以得到更多的知识。到了 20 世纪早期,几乎所有的美国法学院都接受了这种做法。此后,这种方法又被医学教育所采用。在 20 世纪 60 年代,很多医学院校都引进了案例教学以补充课堂的学习。①案例法在法学和医学教育中最早得到发展,大概与这两个领域的研究对象的特点直接相关。司法案例与医学病例的存在,构成了案例法发展的适宜土壤。时至今日,案例法在这些领域的教学中仍居重要地位。在其他领域,比如管理领域,案例法也成为一种重要的教学手段。

在学术研究中,人们认为案例法的最早使用是在欧洲,特别是法国。在美国,这种方法的使用开始于 20 世纪初,突出代表是芝加哥大学社会学系所做的研究。②在政治学领域,有考证认为最早的案例研究是 1948 年在哈佛大学出现的,其标志是成立了一个在政治学领域指导案例法运用的委员会。③其后,这种方法在政治学领域的各个学科,包括在国际关系研究中,都得到了广泛运用。

然而,尽管这种方法在社会科学研究中得到普遍认可,但学界对这种方法的含义与运用却始终存在不同认识。有学者曾编辑了一本题为"什么是案例?"的书,但却不能给出清晰的答案。④在国际关系领域,正如杰克·利维(Jack S. Levy)所指出的,尽管案例法得到了广泛运用,但学者们对于如何界定案例或案例研究却没有一致意见。⑤

---

① http://www.nwlink.com/~donclark/hrd/history/case.html,访问时间:2023 年 12 月 20 日。

② Winston Tellis, "Introduction to Case Study", *The Qualitative Report*, Vol.3, No.2, July 1997, http://www.nova.edu/ssss/QR/QR3-2/tellis1.html,访问时间:2023 年 12 月 20 日。

③ David E. McNabb, *Research Methods for Political Sciences*, New York: M.E. Sharpe, 2004, p.357.

④ Charles C. Ragin and Howard S. Becker, *What is a Case?: Exploring the Foundations of Social Inquiry*, Cambridge [England]; New York, NY, USA: Cambridge University Press, 1992.

⑤ Jack S. Levy, "Qualitative Methods in International Relations", in Frank P. Harvey and Michael Brecher(eds.), *Evaluating Methodology in International Studies*, Ann Arbor: The University of Michigan Press, 2002, p.133.

显然,对于这种方法的含义,还有做进一步讨论的必要。

在探讨"案例研究"之前,首先需要搞清楚什么是**案例**(case)。按照《韦氏新大学词典(第9版)》的解释,"案例"有几种主要释义:(1)一组情况;(2)需要调查的情形;(3)调查或者考虑的目标;(4)实际存在或发生的事实等。[①]从学术研究的角度理解,尽管实际存在或发生的事实都可以成为"案例",但研究者眼中的案例只是特定的事实,指需要调查或考虑的事实,这样的事实可以构成案例研究的目标。把这样的理解应用于国际关系研究,可以把"案例"界定为作为研究者观察、描述、分析和解释的目标的特定事实。具体来说,各种不同的行为体,行为体的互动所造成的特定的事态、过程和结果等,都可以成为研究者因感兴趣而选择的对象。按照安德鲁·本内特(Andrew Bennett)提出的界定:案例是研究者感兴趣的一类事件(a class of events)中的一个实例(an instance)。[②]

研究者对特定的实例感兴趣,不是因为它们具有共性,而是因为它们具有个性。作为观察、描述和解释的对象,事实之所以被选为案例研究中的"案例",是因为具有一些人们认为是新的或与众不同的东西,例如不能为现有理论所解释,或者与现有理论的解释相悖。对于研究者来说,把没有特性的事实拿来做案例研究,不可能有创新的意义。

国际关系研究者把特定事实作为案例进行研究,需要经历挑选的过程。在这里,我们需要在概念上区分"案例"与统计分析中的"样本"(sample)。虽然有一种观点认为案例研究的对象就是样本,即"有待详细检查的一类现象中的单个样本"[③],但实际上这两

---

① Merriam-Webster, *Webster's Ninth New Collegiate Dictionary*, Springfield, MA: Merriam-Webster Inc., 1983, p.211.

② Andrew Bennett, "Case Study Methods: Design, Use, and Comparative Advantages", in Detlef F. Sprinz and Yael Wolinsky-Nahmias(eds.), *Models, Numbers, and Cases: Methods for Studying International Relations*, Ann Arbor: The University of Michigan Press, 2003, pp.20—21.

③ Nicholas Abercrombie, Stephen Hill and Bryan S. Turner, *Dictionary of Sociology*, Harmondsworth: Penguin, 1984, p.34.

者从方法论的角度讲是不同的。

在统计调查中,当研究者面对一个无法做全面调查的对象时,往往采用抽样的方法,即从作为对象的总体(population)中选择一定的实例作为样本进行分析。这种样本是随机产生的,目的是使之能代表总体的特征。例如,进行人口调查或农业产量评估时,选取样本就是为了得出有关总体的判断。尽管在进行这种研究项目时,研究者都是有目的和有理论指导的,但确定调查范围之后,在选取样本时却需要尽可能遵循客观性原则,进行随机抽取。研究者清楚,如果按照主观偏好选取样本,调查结果就会失真。

在案例研究中,"案例"的选择却不是随机抽取的结果,而是基于主观意图特意挑选出来的。之所以做这样的挑选,是因为研究者要研究的是特定结果发生的条件以及结果在这些条件下发生的机制,而不是这些条件和它们的结果出现的频度。[①]为此,研究者必须对案例本身及其前后联系作深入分析。基于这样的研究宗旨,把统计分析中所采用的随机抽取样本的做法应用于案例研究是不适当的,是达不到预定目的的。[②]

由于案例的选择与主观意图有关,因此研究者对案例的观察往往被认为负载了理论。研究者的理论观点将决定他们在无数构成历史插曲的事件中如何进行选择与研究。从这个角度来看,案例的出现是有理论外衣的,它们的存在不能独立于特定问题的分析框架。作为一种分析性的建成物(construction),它们是被造出来的,而不是被发现的。[③]

举例来说,人们对伊拉克战争进行观察,可以有不同的目的与

---

① Andrew Bennett, "Case Study Methods: Design, Use and Comparative Advantages", in Detlef F. Sprinz and Yael Wolinsky-Nahmias(eds.), *Models, Numbers, and Cases: Methods for Studying International Relations*, p.43.

② Gary King, Robert Keohane and Sidney Verba, *Designing Social Inquiry: Scientific Inference in Qualitative Research*, Princeton: Princeton University Press, 1994, pp.124—127.

③ Jack S. Levy, "Qualitative Methods in International Relations", in Frank P. Harvey and Michael Brecher(eds.), *Evaluating Methodology in International Studies*, pp.133—134.

方式。尽管对整场战争进行研究也可称为"案例"研究,但更适当的做法是以这场战争的某些方面为案例进行问题研究,例如研究不对称冲突的特点、研究美国军力的变化、研究美国与伊斯兰世界的关系,或是研究美国的中东政策等。对研究者来说,无论作何种研究,都需要对案例进行适当的界定和加工。按照本内特的看法,案例并不是历史事件本身,而是观察者选定进行分析的历史事件的一个得到很好界定的方面。①这就如同裁缝做衣服所用的布是经过裁剪的一样。进行这样的界定,出发点是研究者的目的。

　　由于案例研究是对研究对象的特定方面或因素进行研究,因此对案例的观察也与对样本的观察不同。对统计研究者来说,观察样本是不需要考虑其生成和存在环境的,因为只有把这类因素忽略掉,大样本的统计才能进行。在统计研究者的眼中,样本相对其研究假定,是大体同质的东西。他们所关注的只是它们就某个变量或假设而言的数量变化。相反,案例研究者对特定事实的观察却不能脱离其生成和存在的环境。因为他们所要研究的就是案例本身,而要解释案例的属性、现状、过程与机制,不搞清楚与其相关的方方面面,就不可能得出相应的结论。正如罗伯特·K.殷所强调的,由于案例研究者相信事件的前后联系与研究对象之间存在高度关联,因此特意把事件的前后联系纳入研究范围。②比较这两者可以看出,探讨共性的统计分析需要忽略事实的个性,而聚焦个性的案例研究则需要结合其场景探讨其特定的方面或因素。这一点体现了案例研究与统计分析在质上的不同。

　　对案例和样本的研究宗旨的不同,决定两者在量的规定性上也有明显区别。统计分析作为对研究对象总体的研究,需要做尽可能大的样本分析,在某些情况下甚至要对总体作全面观察,这样

① Jack S. Levy, "Qualitative Methods in International Relations", in Frank P. Harvey and Michael Brecher(eds.), *Evaluating Methodology in International Studies*, p.134.

② Andrew Bennett, "Case Study Methods: Design, Use and Comparative Advantages", in Detlef F. Sprinz and Yael Wolinsky-Nahmias(eds.), *Models, Numbers, and Cases: Methods for Studying International Relations*, p.43.

才能确立比较有说服力的推论基础。与之相反,案例研究所针对的则是少量事实,甚至单一事实。尽管一些案例研究者反对只选用单个案例,强调运用多个案例更有说服力,但案例研究的设计无论多么复杂,都不会以追求案例的广泛性和大样本为宗旨。研究者选择少量事实,目的是进行更精细、更深入的分析,这样才能清楚地理解该实例的特殊性在哪里,知道它为什么会在现实中发生,并且理解在未来的研究中进行更广泛观察时需要特别关注的重要因素与方面。①

　　总之,案例研究在整体上是一种质的分析,而不是量的分析。进行案例研究,直接目的就是联系环境说明事实或事实某一方面得以发生的机理。从这一视角看待案例研究可以提出这样的界定:案例研究是研究者基于特定目的,针对少数甚至单一事例或事例的某些方面,联系其发生条件与环境而对其构成因素与机理进行的深入分析与解释。

4.2　案例研究的不同目的与做法

　　人们对挑选的事例进行研究,有不同的目的与做法。对案例研究进行分类,阿伦·利普哈特(Arend Lijphart)在 20 世纪 70 年代提出的观点至今仍然屡被引用。他的分类是基于研究的功能或目的,包括与理论无关的(atheoretical)、诠释的(interpretive)、产生假设的(hypothesis-generating)、理论确证的(theory-confirming)和反常的(deviant)案例研究等类别。②其中,前两类大体上属于非理论性研究,而后三类则属于理论性研究。

　　人们进行非理论性案例研究,一个主要目的是对特定事件进

---

①　Bent Flyvbjerg, "Five Misunderstandings about Case Study Research", *Qualitative Inquiry*, Vol.12, No.2, 2006, pp.219—245.

②　Arend Lijphart, "Comparative Politics and the Comparative Method", *American Political Science Review*, Vol.65, No.3, September 1971, p.691.

行历史性解释。这种解释是要说明产生特定历史结果的事件的影响。[1]按照利维的说明,与理论无关的案例研究是指传统的单一案例研究。这种研究的目标是理解和诠释,而不是广义的理论概括。这种分析的通常做法是描述一个历史插曲的整体画面和所有联系。由于这种研究对于问题具有整体取向,类似于历史研究,因此不符合某些人对案例的这样一种理解,即案例是代表较宽泛的一类现象的事例。[2]

在这里需要注意的是,非理论性案例研究不以建立或探索理论为宗旨,但并非不涉及理论。这种研究作为对单一事例的解释(诠释),肯定会涉及理论。即使研究者没有阐释明确的或成体系的理论,也会以自己的某种研究成见作为对事件解释的指导。按照本内特的解释,诠释性案例研究(interpretive case studies)是指用理论变量提供有关特定案例的历史性诠释。这种研究的旨趣是要表明,在该案例的特定情况下,结果正是已有理论所期待的。[3]

进行理论性案例研究,人们的基本宗旨可以说有两个,一是检验理论,二是发展理论。对现存理论进行检验,是为了说明现存理论能够解释历史进程与结果,遵循的是确认的逻辑(logic of confirmation);对理论进行发展,目的是发现现存理论不能解释的方面并提出新的假设,遵循的是发现的逻辑(logic of discovery)。[4]就这两个方面来讲,案例研究既可以检验(确认)已有的假设,也可以提出新假设。

用案例法对理论进行检验,可以进行证实,也可以进行证伪。由于案例研究所选用的事例通常不具有代表总体的一般性,因此

---

[1][4] Andrew Bennett, "Case Study Methods: Design, Use and Comparative Advantages", in Detlef F. Sprinz and Yael Wolinsky-Nahmias(eds.), *Models*, *Numbers*, *and Cases: Methods for Studying International Relations*, p.21.

[2] Jack S. Levy, "Qualitative Methods in International Relations", in Frank P. Harvey and Michael Brecher(eds.), *Evaluating Methodology in International Studies*, pp.135, 154.

[3] Andrew Bennett, "Case Study Methods: Design, Use and Comparative Advantages", in Detlef F. Sprinz and Yael Wolinsky-Nahmias(eds.), *Models*, *Numbers*, *and Cases: Methods for Studying International Relations*, p.22.

用少数甚至一个案例证实解释一般性规律的理论往往被认为没有说服力。在这种情况下,有学者特别强调了案例研究在波普尔称之为"证伪"(falsification)的检验模式中的重要作用,即案例可以作为检验推论的"黑天鹅"。①进行证伪时,研究者不需要进行大样本分析,有时只需要一个反例就行了。研究者可以用案例研究表明,某变量不是一个结果的必要或充分条件,或者一个理论不适合它看起来最适合解释的案例。②

用案例法对理论进行发展,涉及不同的说法。本内特所讲的启发性案例研究(heuristic case study)和反常案例研究(deviant case study)都属于这一类。前者是指通过提出新假设来发展现存理论,后者是指在结果不符合预料,或者现存理论不能提供较好解释的情况下,通过确定新的或漏掉的变量来发展理论。③对于这一类研究,罗伯特·K. 殷称之为"探索性案例研究"。④

进行探索性案例研究,研究者通常是在现有理论解释力不够,或是没有适当理论可以作出解释的情况下进行的。由于这种研究旨在为新理论的形成作铺垫,因此往往需要确立新的视角,提出新的假设和观点。这种研究如果取得成功,就能够修正已有理论,或是发展出新的理论。在进行实证研究的过程中,有时研究者会面对难以确定变量的挑战,在这种情况下,也可以通过案例研究,试探性地确定变量并提出研究假设。例如,研究者研究经济制裁对制止冲突的影响、联合国维和成功的原因、行为体参与国际合作的激励因素等,都可以首先进行案例研究。这种研究有先导的性质,研究者需要先找到此前研究未予关注的因素,确定其作用机制,并据以提出自己的研究假设。通常,这类研究具有较强的开拓性与

---

① Bent Flyvbjerg, "Five Misunderstandings about Case Study Research", *Qualitative Inquiry*, Vol.12, No.2, 2006, p.221.

② Andrew Bennett, "Case Study Methods: Design, Use and Comparative Advantages", in Detlef F. Sprinz and Yael Wolinsky-Nahmias(eds.), *Models, Numbers, and Cases: Methods for Studying International Relations*, pp.19—20.

③ Ibid., p.22.

④ [美]罗伯特·K. 殷:《案例研究方法的应用》,第 14 页。

创新性,但要取得成功也具有较大的难度与挑战性。

　　研究者进行案例研究,从涉及案例的数量来讲,可以分为单一案例研究和多案例研究。在做法上,进行**单一案例研究**主要是进行案例内分析;进行**多案例研究**,则包括比较的含义。实际上,即使是进行单一案例研究,研究者也有可能与其他案例进行含蓄的比较。①

　　进行单一案例研究,罗伯特·K.殷认为有这样几种情况:(1)对一种被广泛接受的理论进行批驳或检验,判断其是否正确,是否存在更恰当的理论;(2)对某一极端案例或独一无二的案例进行分析;(3)研究有代表性的和典型的案例;(4)研究启示性案例;(5)研究纵向性案例,即对处于不同时间点的同一案例进行研究,揭示该案例如何随着时间的变化而变化。②

　　对于单一案例进行内部分析,研究者通常会采取三种途径,即**过程追踪**(process tracing)、**相合性检验**(congruence testing)和**反事实分析**(counterfactual analysis)。

　　进行过程追踪时,研究者的主要关注点是:在假设的原因与观察到的结果之间,因果机制是否按照理论的预测在起作用。在这种研究中,人们需要观察的是假设的因果机制的可观察的含义在一个事例中的运作,就像侦探在一个犯罪行为中寻找嫌疑犯和与之相联系的线索一样。这种研究的目标,是确定哪一种可能的解释与这个从假设的原因到观察的后果之间的证据链条相一致。这种研究要求对一个案例做连续和完全的解释。如果在观察的过程中,发现有一个重要步骤与预测不合,那么就需要对假设进行调整。

　　进行相合性检验时,研究者的旨趣是基于对案例自变量值的

---

　　① Andrew Bennett, "Case Study: Method and Analysis", in Neil J. Smelser and Paul B. Baltes(eds.), *International Encyclopedia of the Social and Behavioral Sciences*, New York: Pergamon, 2004, 转引自 Frank P. Harvey and Michael Brecher (eds.), *Evaluating Methodology in International Studies*, p.133。

　　② [美]罗伯特·K.殷:《案例研究方法的应用》,第44—47页。

考量,检验所推测的因变量值与案例的实际结果是否相合。

反事实分析的做法是颠倒标准的推论模式。例如,人们可以对这样的断言进行经验性检验,即"在一个特定案例中,X 对 Y 是必不可少的"。这一断言可以导致一个逻辑对等的反事实,即"如果在该案例中没有 X,那么 Y 就不会发生"①。如果这个反事实成立,则原有论断就得到了检验。

对于两个或两个以上案例进行研究,基于探求变量间关系的目的,可以采用约翰·斯图尔特·穆勒(John Stuart Mill)所提出的**求同法**(method of agreement)与**求异法**(method of difference)。运用求同法对比表 4.1 中的案例 1 和案例 2,可以发现,两个案例的因变量(结果)相同,都为 Y,自变量(原因)各列有不同的因素,但有一个共同的因素 A,在这种情况下就可以推论 A 是 Y 的原因。运用求异法对比案例 3 与案例 4,可以发现,两个案例在其他自变量因素相同的情况下,A 变成~A,因变量 Y 就变成了~Y。从这种对应的变化中,也可以推断出 A 就是 Y 的原因。在这里,运用求异法类似于进行变量控制的实验,即让其他条件都相同,只考察一个变化的条件,由此推论其结果变化的原因。②

表 4.1　求同法与求异法

求同法			求异法		
	自变量	因变量		自变量	因变量
案例1	A B C D E	Y	案例3	A B C D E	Y
案例2	A　　FGHI	Y	案例4	~A B C D E	~Y

运用求同法与求异法进行推理,从形式上来看是合乎逻辑的。不过,正如有学者所指出的,这些方法的运用有三个条件:(1)因果关系所涉及的条件,相对特定结果而言,要么是必要条件,要么是

① Andrew Bennett, "Case Study Methods: Design, Use and Comparative Advantages", in Detlef F. Sprinz and Yael Wolinsky-Nahmias(eds.), *Models, Numbers, and Cases: Methods for Studying International Relations*, pp.22—26.

② Ibid., pp.30—31.

充分条件;(2)所有对因果关系做出贡献的变量都必须得到确认并包括在分析之中;(3)案例所展现的全部具有逻辑的和社会可能性的路径都可以进行研究。①从国际关系研究的现实情况来看,要满足所有这些条件是不容易的。至少,人们要穷尽所有变量就是一件困难的事。如果研究者只能就部分变量做这样的分析,那显然是没有意义的。

对于多案例研究,罗伯特·K.殷提出可以借鉴多元实验法中的复制法则(replication logic)。在这种多元实验中,学者取得某项重大发现之后,会重复第二次、第三次乃至更多的相同实验以进行检证。有些实验可能一模一样地重复前一次的所有条件,另一些实验可能改变某些关键性的条件,以考察是否能得到相同的结果。只有通过这种复制性实验(检验),原有的实验结果才被认为是真实的且有继续研究的价值。进行多案例研究,原理与此相同。研究者仔细挑选每一个案例,目的要么是通过不改变条件的**逐项复制**(literal replication),得到相同的预期结果;要么是通过改变某些条件的**差别复制**(theoretical replication),得到与前一次不同的预期结果。

殷认为,研究者从事多案例研究时可以进行合理的配置,运用一些案例进行逐项复制,运用另一些案例进行差别复制。如果所有得到的结果都与事前提出的理论假设相符,那么这种多案例研究就能较有说服力地证明最初提出的理论假设。如果在案例之间出现矛盾的结果,那么就应对最初的理论假设进行修改,然后再用几个案例对修改后的假设进行检验。在整个复制过程中,最重要的是要有合适的理论框架,以指明在哪些条件下某一特定现象可能出现(逐项复制),或者在哪些条件下某一特定现象不可能出现(差别复制)。如果该理论框架取得成功,那么它就能成为推广研

---

① Andrew Bennett, "Case Study Methods: Design, Use and Comparative Advantages", in Detlef F. Sprinz and Yael Wolinsky-Nahmias(eds.), *Models, Numbers, and Cases: Methods for Studying International Relations*, p.32.

究成果的载体。①

案例研究存在不同的做法与类别,表明这种方法具有多元的形式与功能,适用于不同的研究目的与任务。研究者在操作中需要根据不同的情况做适当的判断与选择。

4.3　案例研究的设计与应用

进行案例研究,需要进行研究的设计。在这里,我们既需要掌握有关的操作步骤,也需要通过了解案例研究的"案例",学习具体的做法。

4.3.1　案例研究的设计

进行案例研究的设计,前提是知道自己有必要并且有可能运用案例法。在国际关系研究方法中,案例法只是其中之一。研究者要根据研究问题和可以得到的资料来确定是否需要运用案例法。在国际关系学界,案例法的使用是比较广泛的,但使用不规范的情况也比较常见。虽然人们并没有形成得到一致认可的操作规程,但以下三个方面是需要注意的。

1. 明确研究宗旨与拟解决的问题

进行案例研究不是讲故事,不是进行单纯的叙述,而是要以案例分析为工具,达到一定的论证目的。这种研究本质上是一个发现与论证的过程。对研究者来说,选择案例研究法,首先要明确自己的研究宗旨,即要发现什么,或者说要论证什么。例如,在实证研究中发现新的变量关系,提出新假设;选择一个或多个案例对所提出的假设进行检验(证实或证伪);在非实证研究中用案例解释拟论证的观点。在这里,关键是想清楚拟用这种方法解决什么问

---

① ［美］罗伯特・K. 殷:《案例研究设计与方法(第 3 版)》,第 52—53 页。

题。如果没有明确的问题,就不可能对案例有适宜的选择,也不可能对相关事实有适宜的描述与分析,自然也不可能得出有意义的结论。

2. 恰当选择案例

确定研究宗旨之后,研究者就需要进行案例选择与信息收集。

研究者选择案例,不能信手拈来,也不能如前所述运用抽样方法,而要根据研究问题进行挑选。研究者进行个案解释,所选择的应该是包含值得注意的因果机制或是与现有理论解释不符的事例。这样的事例可以做单一案例研究,也可以用来提出假设。研究者要对理论命题或研究假设进行验证,所选择的应该是典型的且与研究问题密切相关的事例,即要么是与假设相合的事例(予以证实),要么是与之不合的事例(予以证伪)。在这里,案例中是否有特别的变量关系是需要考虑的重要因素。对研究者来说,罗列一堆事例未必有研究意义,而找到一个"关键事例"则可能使问题迎刃而解。[1]

选定案例之后,研究者还需要解决数据与信息收集问题。在一个案例中,总是有多种信息或数据。特别是一些较大案例,往往包含纵向的多个阶段和横向的多个方面,包括定性的资料,也包括定量的资料。对研究者来说,进行信息和数据收集是不应刻意限定范围的。正如罗伯特·K. 殷所指出的,案例研究可以基于定性材料,也可以基于定量材料,或者同时采用定性材料与定量材料。[2]

研究者选择案例和收集资料,通常需要根据自己的研究目的与问题进行加工。这里所说的"加工",不应是"篡改",而应是"节选"和确定重点。由于研究者需要确定事实的某些方面作为研究对象,因此对资料的收集也需要根据研究问题选择最具价值与意义的部分。

这里还需要强调的是,尽管选择案例与收集信息是以研究问

---

[1] 可参见王崇德编著:《社会科学研究方法要论》,上海:学林出版社1990年版,第91—92页。

[2] [美]罗伯特·K. 殷:《案例研究设计与方法(第3版)》,第17页。

题为根据,但在实际操作过程中,研究者往往需要根据分析出的结论对最初的问题进行调整。由于提出问题是在研究之前,因此在研究中有可能发现最初提出的问题并非完全恰当。在这种情况下,研究者可能需要在研究中对问题的表述进行修正,这样才能使研究框架更为合理。

3. 对案例进行分析

对案例进行分析,首先需要进行适当的描述。这种描述,一方面需要遵循客观性原则,再现事实的本来面目;另一方面需要根据研究目的与问题,突出特定的方面或要素。在这样的过程中,研究者需要用分析的方法,观察与解释各个构成要素。进行分析的目的是有所发现。有了发现,找到了他人没有看到的变量间关系,或是作出了他人没做过的新解释,研究才有新意和价值。

在对案例进行分析时,研究者可以运用不同的具体方法;例如可以进行定性分析和定量分析,也可以进行文本分析。事实上,只有在研究中恰当地选择并结合不同的方法,才能更好地达到论证的目的。

为了更好地学习案例法的不同运用,我们可以参考下述的实际研究的“案例”。

4.3.2 案例研究的实例

1. 费丽莫对国际组织建构国家利益的研究

玛莎·费丽莫(Martha Finnemore)在《国际社会中的国家利益》(*National Interests in International Society*)一书中,运用案例法阐释了国际组织对国家利益的建构,揭示了规范对国家行为的影响。

按照传统的主流理论,如新现实主义和新自由主义的理论,国家的既定利益是权力、安全与财富。费丽莫提出,国家未必知道它们的需求,它们是通过与其他国家和其他国家的人进行社会互动来感知利益。它们接受一定的偏好,可能是被国际组织社会化的结果。费丽莫选择了三个案例来证明她的核心观点,即国家利益是由国际共享的规范与价值所塑造的。

案例 1:联合国教科文组织与国家科学科层组织的创立

进行该案例分析的目的,是要说明规范对国家机构设置的影响。对于各国建立协调科学研究的国家科层组织,传统的需求驱动解释认为有三个相关因素:(1)国内科学共同体的壮大;(2)经济发展(如人均国内生产总值)的推动;(3)军事消费活动的推动。

费丽莫的研究发现,在国家建立科学科层组织时,相关数据并不能支持需求驱动解释:(1)有的国家的研发部门只有 9 名科学家(刚果),而有的国家则多达 50 万名(美国和苏联);(2)研发费用占国内生产总值比例从 0.01%(孟加拉国)到 1.5%(法国)不等;(3)人均国内生产总值从 118 美元到 9 000 美元不等;(4)国防费用占国民生产总值比例从 0.7%(斯里兰卡)到 10%(法国、伊拉克、苏联等)不等。这些事实表明,传统的国内需求的三个方面都与科学科层组织的建立无关。

费丽莫通过观察各国科学科层组织的建立过程,提出了供给驱动的解释,即这些国家接受了联合国教科文组织所倡导的规范,从而建立了相关机构。书中用大量事实说明了教科文组织为推动各国接受相关规范而进行的说服工作。其中对黎巴嫩的情况写得很详细,构成了案例中的案例。

案例 2:红十字国际委员会对国家战争行为的影响

该案例所针对的事实是:虽然国家享有在其疆域内合法使用暴力的排他权,但却能接受《日内瓦公约》限制使用暴力的人道主义原则。为什么国家会同意限制自己的战争行为?传统的基于国家视角的解释认为:(1)国家希望互惠,即给予敌国的伤兵和医护人员人道主义待遇,是希望得到同样的待遇;(2)出于纯军事原因,即希望士兵能够回来参战;(3)可能是受到了国内民主化的影响。

费丽莫通过观察事实,发现上述原因不成立:(1)《日内瓦公约》的早期适用是单方面的,互惠说不成立;(2)19 世纪 60 年代的医疗技术不可能使伤员很快参加战斗,功利说也不成立;(3)最早支持公约的是欧洲最不民主的普鲁士,而最民主的英国反而不愿意受约束。

通过观察各国接受人道主义原则的过程,费丽莫用案例分析证明:是个人而不是国家建立了红十字国际委员会,是该委员会起草了《日内瓦公约》,并且说服各国接受和遵守公约。

案例 3:世界银行与缓解贫困的发展规范

在 20 世纪 50 年代至 60 年代,人们理解的发展就是国内生产总值的增长。20 世纪 70 年代之后,贫困问题在国际机构、学术文献和国家发展计划中都受到了广泛关注。是什么导致了这样的变化? 费丽莫的案例分析讨论了三种可能的解释:(1)变化的原因来自国家,欠发达国家对贫困问题有切身体会,而发达国家有财力推动这种变化;(2)动力来自发展专家,他们可以说服政府改变政策;(3)国际组织起了关键作用。

通过考察国家的决策过程,包括变化的同步性、变化的时间以及所有发展计划作为申请贷款的一部分提交世界银行的情形,费丽莫发现,世界银行的新议程乃是国家计划变化的诱因。从 1968 年麦克纳马拉担任世界银行行长开始,世界银行大力推动发展目标转变的过程,确立了新的规范,即缓解贫困乃是发展的中心问题,而这样的规范被各国接受了。在这一案例中,被验证的核心观点就是:世界银行使得反贫困的规范在世界范围制度化了。

通过对上述三个案例的分析,费丽莫用经验事实表明:社会规范会影响国家的行为,使国家对需求的认知得到社会化。三个案例所涉及的规范,即建立国家科学科层组织、接受限制暴力的人道主义原则和在发展中解决贫困问题,与国家原本想要追求的利益并没有关系。正是这些规范创造了国家的一定行为。联合国教科文组织把有关现代国家的必要组成部分的知识传授给了国家,红十字国际委员会把战争的适当行为准则传授给了国家,麦克纳马拉领导下的世界银行为国家重新界定了发展的含义。费丽莫所做的这三个案例的分析,尽管涉及的规范不同,但证明了同一个理论命题,即国际组织能够改变国家对利益的认知,从而改变国家的行为。

在对案例的具体分析中,费丽莫运用了不同的研究方法。例如,对教科文组织的案例使用了定量方法,而对另两个案例则使用了定性方法。另外,作者在提出自己的观点并进行验证之前,先对此前的观点提出质疑也是值得注意的,这样做可以清楚地表明自己的研究具有创新性。①

2. 米尔斯海默对军事封锁的作用的研究

约翰·米尔斯海默(John Mearsheimer)在《大国政治的悲剧》一书中,为论述军事力量对于大国权力的作用,在分析地面力量的首要地位时,特别把海上力量作为一个变量进行研究。他通过回顾历史,挑选了大国在战时试图以封锁胁迫另一大国的 8 个事例:

(1)拿破仑战争期间法国封锁英国。

(2)同一时期英国对法国的封锁。

(3)1870 年法国封锁普鲁士。

(4)第一次世界大战期间德国封锁英国。

(5)同一时期英国和美国封锁德国和奥匈帝国。

(6)第二次世界大战期间,德国封锁英国。

(7)同一时期英国和美国封锁德国和意大利。

(8)第二次世界大战期间美国封锁日本。

通过对这些案例进行考察,米尔斯海默试图回答的问题是:(1)是否有证据证明单独的封锁能够胁迫敌人俯首称臣?(2)封锁能否在地面军队的胜利中起重大作用?

米尔斯海默的研究发现是:

(1)英国经济受到“拿破仑大陆封锁体系”的重创,但英国在战争中坚持了下来,并最终取得了胜利。

(2)英国对拿破仑领导下的法国的封锁,并未造成法国经济的崩溃。任何严肃的学者都不认为英国的封锁在拿破仑帝国的覆灭过程中发挥了关键作用。

① 参见[美]玛莎·费丽莫:《国际社会中的国家利益》,袁正清译,杭州:浙江人民出版社 2001 年版。

（3）1870 年法国的封锁对普鲁士的经济几乎未造成影响，对普鲁士军队的影响就更小了。结果是普鲁士赢得了最后的胜利。

（4）第一次世界大战期间，德国的潜艇对英国的舰船构成了威胁，但这种封锁失败了。在击败德国的过程中，英国的陆军起了关键作用。

（5）在同一场冲突中，英国和美国海军对德国和奥匈帝国的封锁，对两国的平民造成了巨大的灾难，但德国的王牌陆军并没有因此受到严重损害。德国直至西线的陆军溃败后才投降。奥匈帝国也是在战场上被击败的。

（6）在第二次世界大战中，希特勒对英国发起的潜艇战，并没有拖垮英国的经济，也未能一举歼灭英国。

（7）在同一场战争中，英美对纳粹德国的封锁，也没有给德国经济带来重大损害。同样，盟军的封锁也没有对意大利的经济造成太大的损伤。意大利 1943 年的停战决定与封锁没有关系。

（8）第二次世界大战期间，美国对日本的封锁是摧垮其经济并给其军事力量造成严重损害的唯一事例。这是胁迫战的一个成功例子，因为日本在其本土 200 万陆军败于战场之前，就投降了。在这一历史进程中，封锁起了核心作用。

在米尔斯海默的研究中，除了上述的 8 个案例之外，他还附带讨论了一个不属于"大国试图以战时封锁胁迫另一大国"的事例，即美国内战期间（1861—1865 年）联盟军队对联邦军队的封锁。米尔斯海默认为，尽管联邦军队的经济受到了严重损害，但并没有崩溃。战争的最后结局并不是经济封锁决定的。

米尔斯海默所做的这项多案例研究，目的是归纳出具有普遍意义的理论命题。他的结论是：(1)单有封锁不可能迫使敌人投降，即使封锁加上地面力量，也很难产生胁迫结果。所以，在总体上封锁不能达到胁迫的目的。(2)封锁对于削弱敌人陆军很少有重大作用，这种做法充其量只能说有助于地面力量打赢持久战。

在米尔斯海默分析的 9 个案例中，尽管日本的投降被归为唯一的封锁成功的事例,但他认为这个案例也是有争议的。由于导致日本投降的因素有多个,因此对封锁的作用需要予以恰当的评估。至于其他因素,米尔斯海默提到了日本的两线作战所付出的高昂代价,美国空军的长期轰炸,特别是美国对日本使用原子弹和苏联投入对日作战。由于这些因素对日本的投降都起了重要作用,因此成功的封锁只能说对战争的结束有部分的作用。至少,地面力量与封锁具有同等的重要性。

从米尔斯海默的研究中,我们可以看到案例研究的两个特点:第一,在进行变量控制的情况下(即只考虑是否迫使敌陆军投降)进行个案归纳,是可以得出重要结论的。从 8∶1 的数量关系看,其结论是具有可信性的。第二,案例研究能够在考虑背景条件和复杂变量的情况下对事件进程作多方面的深入分析,这种研究不同于只做少量甚至单一变量计量的统计分析。就第二次世界大战中美国封锁日本的案例而言,由于米尔斯海默综合考虑了多方面的因素,因此能够对海上封锁的作用给出恰当评价,即存在"有限的效果"。

最后,米尔斯海默对自己的发现进行了解释,回答了"为什么封锁会失败?"的问题。他认为原因有二:(1)大国有打破封锁的方法。他引用奥尔森的理论,说明了现代资本主义国家特别善于调节和合理配置经济。(2)现代国家的人们能消化很大的痛苦,而不会起而反对他们的政府,而且精英们很少会做出放弃正进行之战争的决定。①

3. 基欧汉和约瑟夫·奈对复合相互依赖理论的验证

罗伯特·基欧汉(Robert O. Keohane)和约瑟夫·奈(Joseph S. Nye Jr.)在《权力与相互依赖》一书中,用案例法对复合相互依赖理论进行了验证。验证针对的是现实主义的传统观点,即(1)作为整体的国家是国际政治的最重要的行为体;(2)使用武力或武力

---

① 参见[美]约翰·米尔斯海默:《大国政治的悲剧》,王义桅、唐小松译,上海:上海人民出版社 2003 年版,第 124—132 页。

威胁是行使权力的最有效的工具;(3)军事安全作为高政治问题主导着经济和社会事务等低政治问题。两位作者提出了复合相互依赖理论的三个假设:(1)各社会之间存在多种渠道的联系,包括国家间联系、跨政府联系和跨国联系;(2)国家间关系的议程包括许多没有明确或固定等级之分的问题;(3)当复合相互依赖普遍存在时,军事力量只起次要作用。

为了检验这三个假设,基欧汉和约瑟夫·奈选择海洋与国际货币两个问题领域作为案例,对相关事实进行了相合性检验,即把案例的具体情况同先前阐述的复合相互依赖的三个命题进行对照,以便探究每一个问题领域的政治进程与复合相互依赖的假设是否相合以及相合的程度。

(1) 关于使用武力问题。

通过对照案例描述与研究假设,作者发现,在海洋问题领域,武力已不再是决定结局的至关重要的因素。与 1945 年前相比,武力在许多冲突中是不可使用的。1967 年以来的海洋问题领域,在武力使用上更接近于复合相互依赖的假设。

对于国际货币问题领域,作者认为,没有任何迹象表明,政府在和平时期曾威胁要通过动武来改变汇率,迫使其他独立国家持有某种货币或确保支持某种货币制度。所以,货币政治更接近于复合相互依赖的推断。

(2) 关于问题的等级之分。

作者认为,在冷战期间,尽管安全问题地位重要,但是许多组织和团体认为一些新问题更加重要,这使得目标的等级结构受到挑战。海军对自由行动的期望,未必优先于开发海洋资源的经济利益或对生态问题的关注。1920—1970 年的国际会议议程表明,海洋资源问题越来越复杂,人们的关注程度在上升。作者引证的1946—1972 年美国国务院公报的数字表明,七大海洋问题(包括体制、捕鱼、航行、污染、科学、石油、矿产)被提及的次数,1967—1972 年比 1946—1966 年增长了 363%。这表明美国政府再也不能维持各种问题间一贯的等级划分了。作者的结论是:在海洋领域的问题划分非常接近于复合相互依赖的假设。

在国际货币问题领域,作者认为,当面临重大决策或危机时,货币问题会成为高政治问题。1925年、1933年和1971年的情况就是如此。当这类问题与其他经济问题争议较少时,军事安全往往会左右外交政策,这时的问题有明确的等级之分。在20世纪70年代,国家对货币问题的关注度有明显上升。作者的结论是:货币领域在问题等级划分方面接近复合相互依赖的程度低,而且未表现出接近复合相互依赖的长期趋势。

(3)联系的多渠道。

作者认为,在20世纪20年代,海洋和货币两个领域的多数关系是双边关系。在此后的50年,经由国际组织的多边联系增多了。海洋领域的国际组织在这段时间内增长了近4倍。这两个领域的非政府组织的交往渠道也有所增加。作者的结论是:两个领域在联系多渠道方面都非常接近于复合相互依赖的假设,而且呈现出长期趋势。

通过对这两个问题领域的案例研究,作者认为,过去半个世纪世界政治的发展趋势表明,复合相互依赖的理想类型正变得越来越切合现实。①

基欧汉与约瑟夫·奈的这项研究,检验的是国际关系演进的趋势,是一种大理论(grand theory)研究。由于他们检验的命题是一个宏观概念,包括广泛领域,而他们实际检验的只有两个领域,因此尽管其研究非常深入细致,但所做的检验并不是完全的证实。他们所得出的"接近"的结论是有局限性和不确定性的。一般来讲,大理论所阐释的宏观趋势,用相符的事实进行"验证",可以增进理论的说服力,但不可能使理论得到严格的证实,因为很容易找到反例。对这种理论进行判断,更应关注它能否对研究起指导作用,以及能否演绎出可用经验事实检验的具体命题。

---

① 参见[美]罗伯特·基欧汉、约瑟夫·奈:《权力与相互依赖(第3版)》,门洪华译,北京:北京大学出版社2002年版,第24、65—171页。

4. 罗斯和墨菲用案例进行证伪

2006 年,马克斯·艾布拉姆斯(Max Abrahms)在文章《为什么恐怖主义不起作用?》(Why Terrorism Does Not Work?)中提出,恐怖主义几乎不能成功地实现其政治目标。为了支持其论点,他检查了 28 个似乎符合其期望的历史事例。然后他作了 3 个案例的分析,这 3 个案例与他的预期特别相合。[①]

针对艾布拉姆斯提出的论点,威廉·罗斯(William Rose)和莱西亚·墨菲(Rysia Murphy)用案例法进行了证伪。他们提出的案例是 2004 年 3 月 11 日的马德里火车爆炸案。在这起事件中,有 10 枚炸弹在 3 列市郊火车上爆炸,造成 191 人死亡、1 500 人受伤。恐怖分子发动这次袭击,目的是迫使西班牙从阿富汗,特别是伊拉克撤军。后来的结果表明,他们取得了部分的成功,因为西班牙确实从伊拉克撤军了。

作者认为,这一案例有助于鉴别一种不寻常的情况,在这种情况下,恐怖主义者至少有可能取得部分的成功。他们认为,这一发现对于反恐政策是有意义的。[②]

了解以上案例研究的实例,有助于学习案例法的实际操作。由于这种方法在学界还不能说已形成得到公认的标准模式,因此在学习过程中除了可以借鉴前人的经验之外,可能还需要对这种方法进行更多的学理性思考与实践探索。

4.4　对案例研究法的评价

案例研究作为一种方法,其长处与局限都是显而易见的。从

---

①　Max Abrahms, "Why Terrorism Does Not Work?", *International Security*, Vol.31, No.2, Fall 2006, pp.42—78.

②　William Rose, Rysia Murphy and Max Abrahms, "Does Terrorism Ever Work? The 2004 Madrid Train Bombings", *International Security*, Vol.32, No.1, Summer 2007, pp.185—192.

长处来讲,案例法可以对个案作出历史性解释,可以通过确定新的变量和提出假设,进行因果机制和相关关系的推论。在特定情况下,它亦能发挥验证假设的作用,进行证实或证伪。从局限性来讲,由于研究所用的少数乃至单一案例不是随机选择的,不是也不可能是宽泛的总体的代表,因此不可能得出具有普遍意义的结论。从这个角度讲,人们在做超出案例本身的推论时,必须小心地指出他们所寻求的只是可能的概括,其意义只能应用于与所研究案例相类似的情况。在对理论进行检验时,也需要意识到,通过少数乃至单个案例检验的理论,可能需要比较罕见的前提条件,而且解释范围也比较有限。①

案例研究法所具有的局限性,导致它常常受到各种批评。最常见的批评,就是案例研究容易导致选择偏见(selection bias),②因而无益于理论研究。有学者把对案例研究的批评演绎成了五个命题:(1)一般的、理论的知识比具体的、实践的知识更有价值;(2)人们不能在个别案例的基础上进行概括,因此案例研究不能对科学发展做出贡献;(3)案例研究对于提出假设最有用,而其他方法更适合用于检验假设和理论建设;(4)案例研究包含对于证实的偏见,即存在一种确认研究者预先想法的倾向;(5)基于特定的案例研究的基础,难以概述和发展一般性的命题和理论。③

从对案例研究的批评来看,争议不在于这种个案解释是否有用,而在于这种个案解释是否具有普遍意义,即是否适用于理论概括。按照批评意见的逻辑,案例研究是属于个别或"点"的研究,而理论概括则需要一般或"面"的研究。针对这种批评,要评价案例研究的学术地位,特别是对理论研究的意义,我们需要从哲学角度

---

① 〔美〕斯蒂芬·范埃弗拉:《政治学研究方法指南》,陈琪译,北京:北京大学出版社2006年版,第51页。

② 例如可参见 Christopher H. Achen and Duncan Snidal, "Rational Deterrence Theory and Comparative Case Studies", *World Politics*, Vol.41, No.2, 1989, pp.143—169.

③ Bent Flyvbjerg, "Five Misunderstandings About Case Study Research", *Qualitative Inquiry*, Vol.12, No.2, April 2006, p.221.

弄清楚国际关系研究中的"点"与"面"或者说个别与一般的关系。

从人的认识来说,对"面"的观察与对"点"的观察总是分不开的。人们往往先认识具体的和个别的事物,然后才能有抽象的和一般的概括。例如,研究者只有有了对某个或某些国家的具体了解,才能在抽象的意义上理解"国家行为体"的概念。从这个角度讲,没有对"点"的认识,就没有对"面"的认识。对"点"的认识构成了对"面"的认识的联结点。

在国际关系研究中,案例研究就起着这样一种联结点的作用。案例研究能够为揭示变量关系和因果机制给人以启示,就是这种作用的体现。斯蒂芬·范埃弗拉(Stephen Van Evera)认为,通过案例研究来推断或检验自变量是如何引起因变量变化的解释,比大样本统计分析要容易得多。[1]对案例研究的这种由"点"到"面"的作用,人们似乎争议不大。一本社会学词典对于案例研究的界定就反映了这种认识:案例研究是对于一类现象的单个样本的详细检查。虽然它不能提供较宽泛类别的可靠信息,但它在调查的初级阶段可能有用,因为它提供的假设可以用较大数量的案例加以系统的检验。[2]也许,我们可以把这一点说得更肯定一些,即案例研究提供了通往理论概括的门径和基点。

按照实证研究的理想情况,基于个案分析得出的假设,必须经由大样本的检验,才能被认为得到了具有普遍意义的证实。然而,经验事实告诉我们,在国际关系研究中进行大样本检验是受限制的。许多重大的国际关系事实数量很少,不能做统计分析。能做统计的较大数量的事实,本身可能存在差异性,即都有特定的意图背景、前后联系和社会环境,都居于纷繁复杂的因果链条之中。这使得研究者难以进行变量控制。由于在很多时候国际关系研究不具备进行大样本研究的条件,因此对于普遍性验证需要持一种相对的态度。如果固执地认为只有通过足够大的样本检验才算科学

---

① [美]斯蒂芬·范埃弗拉:《政治学研究方法指南》,第51—52页。

② Nicholas Abercrombie, Stephen Hill and Bryan S. Turner, *Dictionary of Sociology*, Harmondsworth, UK: Penguin, 1984, p.34.

验证,那国际关系研究就很难做了。

从研究实践来讲,人们判断自己的方法是否合适,要根据自己的研究目的和对象条件。在有条件的时候,做理论研究当然应尽可能寻求更具普遍意义的途径,样本越大越好。但条件受到限制时,运用个案进行检验,特别是采取前述的"复制"途径,也不失为好的方法。有时,即使只用一个案例进行检验,也可以有重要作用,即用一个"最适合的案例"(most-likely case)证明假设不成立,或是用一个"最不适合的案例"(least-likely case)证明假设成立。①

与其他研究方法相比,案例研究可以揭示更多方面的信息。正如利维所指出的,一个案例通常包括对同一个变量的多种观察。实际上,案例研究的主要战略之一,就是在一个既定的案例中,发掘出假设的尽可能多的可检验的含义。②就国际关系研究的复杂对象而言,这一点尤为重要。作为一种侧重关注对象特殊性的探索,案例研究不会像统计分析那样忽略事实的差异性。这对于解释国际互动中的"例外"现象是有益的。在很多情况下,只有拓展思路,在做详细观察的案例中尽可能找出人们此前没有看到或想到的东西,才有可能在进一步的研究中实现创新。

总之,在国际关系研究中,案例法是一种重要的、有效的和运用普遍的方法。尽管这种方法也可以用于检验理论,但必须记住,这种研究本质上解释的是特殊性而不是普遍性。因此,我们不能轻易地把个案研究中得出的结论说成具有普遍意义,必须讲清楚它的适用范围,讲清它的相对性、局限性和场景条件。

鉴于案例法与其他实证方法都有各自的长处与短处,因此在国际关系研究中最好把不同的方法结合起来。在这里,研究方法没有等级高下之分,只要选择适当,都可以达到研究的目的。③就

---

① Jack S. Levy, "Qualitative Methods in International Relations", in Frank P. Harvey and Michael Brecher(eds.), *Evaluating Methodology in International Studies*, pp.143—144.

② Ibid., p.154.

③ [美]罗伯特·K. 殷:《案例研究方法的应用》,第4—5页。

案例研究与大样本统计这两种方法而言,尽管前文在概念上做了特别的区分,但在实际操作中可能无需刻意对立起来。在研究中人们所选择的对象究竟属于"少数案例"还是"多数样本",在量的规定性上可能全在于使用者的界定。由于在国际关系研究中人们选用的实例在很多时候并不很大,可以做全面的统计与分析,因此研究者往往需要对数据既进行个案研究,也进行统计分析。这种综合案例研究与定量研究的方法,也许会成为国际关系实证研究中较具适应性的途径之一。

学习要点与思考题

一、概念

案例研究法是人们基于特定目的,选择单个或少数事例进行深入分析与解释的一种方法,针对的不是随机抽取的样本,而是基于研究意图特意挑选出来的事实。这样的事实,因内含可探索的未知现象或机制而成为研究对象。对这样的事实进行分析,虽然可启发人们探索事实的共性,但它本质上乃是个性研究。研究者的直接目的是探究导致特定结果发生的因素与条件,以及结果在这些条件下发生的机制。

思考题:

● 为什么说案例是基于主观意图特别挑选的?

● 为什么要对作为案例的事实的拟研究的方面或要素进行明确的界定?

二、类别

从目的讲可分为两类。非理论性案例研究,探究的是案例本身,类似历史研究。理论性案例研究,包括两种情形,一是检验理论,即进行证实或证伪;二是发展理论,即提出新假设以供验证。从选择案例数量讲,可分为单一案例研究和多案例研究。前者主要是进行案例内分析;后者则包括比较的含义。选择多个案例,可以进行不改变条件的逐项复制,以得到相同的预期结果;也可以进行改变某些条件的差别复制,以得到与前一次不同的预期结果。

在实际操作中,可以合理配置,用一些案例进行逐项复制,用另一些案例进行差别复制。

思考题:

● 怎样通过案例研究提出假设?

● 在研究中用案例法验证假设,怎样做更有说服力?

三、 操作要点

首先要确定研究目的,说明拟用案例分析解决什么问题。要根据研究问题选择案例与收集信息,并对案例进行"加工"。进行单一案例研究要注意其内部的构成因素与机制的独特性。进行多案例研究,要注意案例选择的搭配。对案例进行观察,最重要的是要有发现。分析案例时可选用不同的方法。

思考题:

● 怎样表明案例研究达到了目的?

四、 认识案例法的价值与局限性

案例研究可以对个案作出历史性解释,可以通过确定新的变量和提出假设,打开通往理论概括的门径。尽管案例分析本身得不出具有普遍意义的结论,但在说明限定条件和意义的情况下,亦可以用于验证假设。

思考题:

● 怎样看待案例法的独特作用?

● 怎样看待案例法与其他方法的关系?

参考文献

[美]罗伯特·K. 殷:《案例研究方法的应用(第 2 版)》,周海涛等译,重庆:重庆大学出版社 2004 年版。

[美]罗伯特·K. 殷:《案例研究:设计与方法(第 5 版)》,周海涛等译,重庆:重庆大学出版社 2017 年版。

[美]罗伯特·基欧汉、约瑟夫·奈:《权力与相互依赖(第四版)》,门洪华译,北京:北京大学出版社 2011 年版。

[美]斯蒂芬·范埃弗拉:《政治学研究方法指南》,陈琪译,北

京：北京大学出版社 2006 年版。

[美]约翰·吉尔林：《案例研究：原理与实践》，黄海涛、刘丰、孙芳露译，重庆：重庆大学出版社 2017 年版。

[美]约翰·米尔斯海默：《大国政治的悲剧（修订版）》，王义桅、唐小松译，上海：上海人民出版社 2021 年版。

Bent Flyvbjerg, "Five Misunderstandings About Case Study Research", *Qualitative Inquiry*, Vol.12, No.2, April 2006, pp.219—245.

Charles C. Ragin and Howard S. Becker, *What is a Case?: Exploring the Foundations of Social Inquiry*, Cambridge [England]; New York, NY, USA: Cambridge University Press, 1992.

David E. McNabb, *Research Methods for Political Sciences*, New York: M. E. Sharpe, 2004.

Detlef F. Sprinz and Yael Wolinsky-Nahmias (eds.), *Models, Numbers, and Cases: Methods for Studying International Relations*, Ann Arbor: The University of Michigan Press, 2003.

Frank P. Harvey and Michael Brecher(eds.), *Evaluating Methodology in International Studies*, Ann Arbor: The University of Michigan Press, 2002.

Gary King, Robert Keohane and Sidney Verba, *Designing Social Inquiry: Scientific Inference in Qualitative Research*, Princeton, NJ: Princeton University Press, 1994.

Max Abrahms, "Why Terrorism Does Not Work?", *International Security*, Vol.31, No.2, Fall 2006, pp.42—78.

第 **5** 章

定量研究法

在国际关系研究中,进行定量分析,就是基于经验观察,对事实的数量特征、数量关系和数量变化进行研究,包括以图表等形式对事实进行描述,对数据的分布状态进行计算,也包括基于部分样本数据,对事实整体的发生概率、变量间的相关关系、因果关系等进行推论。[①]由于这种研究途径具有实证主义的属性和科学方法的严谨特点,被认为最接近经验主义的研究范式,因此在国际关系学科中享有重要地位。

定量研究法在国际关系研究中受到广泛关注是始于 20 世纪 50 年代末的行为主义革命。经历几十年的发展之后,在一些国家,特别是美国,定量研究法已取得了主导地位。坚持这种方法的学者认为,没有恰当的定量分析,就不能对事实进行准确的描述,也不能发现规律并得出具有普遍意义的验证。虽然这种看法并未在国际关系学科得到普遍认同,但这种方法在学科中的影响确实呈上升趋势。鉴于这种方法对于发现规律、检验理论有独特的功能与作用,因此了解并学习这方面的知识是非常必要的。

学习定量研究法,需要学习相关的数学运算,而这对国际关系学者是有一定难度的。在这里,难点就在于理解和掌握相关的数

---

① 关于定量方法的界定,有一种流行观点认为不包括统计描述而只包括统计推论,甚至仅指论证变量间关系的假设检验。按照马利尼亚克等人对方法的分类,统计描述是属于学界早期流行的描述性方法(descriptive approaches),有别于后来发展起来的比较规范的定性方法和定量方法,可参见 Daniel Maliniak, Amy Oakes, Susan Peterson and Michael J. Tierney, "International Relations in the US Academy", *International Studies Quarterly*, Vol.55, No.2, June 2011, pp.437—464。按照我的观点,统计描述作为对事实的量的规定性的研究,也属于定量研究法。不能因这种方法所用数学工具相对简单而否定其在定量研究中的地位。阅读各国际组织的各种年度报告,就可以知道统计描述对于形势研究的重要性。

学公式。然而,由于办公软件(如 excel 等)已可以方便地解决各种计算问题,因此在研究中运用定量研究法并不需要花很多时间专门学习数学公式,只需知道怎样运用办公软件解决问题就可以了。正是基于这个原因,本章对定量研究法的介绍,基本不涉及数学公式,主要讨论的是与方法相关的概念,特别是各种具体操作对于解决国际关系问题的意义。当然,要真正掌握这些方法,阅读适合自己的统计学教科书还是必要的,但学习的重点不是理解各种数学公式的推导,而是搞懂相关概念的意义。至于实际的运算,学习一下相关软件的操作就可以了。

5.1　为什么要进行定量分析?

在国际关系研究中之所以需要进行定量分析,从根本上来说,是因为国际关系事实既有质的规定性,也有量的规定性。在这里,"质"是指某一事物区别于其他事物的属性,"量"是指事物的可以用数量表示的属性。对事物进行量的研究,包括对事物的种类、等级、程度、规模、范围的测量和计算,也包括基于数量所做的推论。[①]

举例来说,人们研究国家间互动的现状与发展趋势,不能不关注国家领土、人口规模、经济量级、军事实力、对外交往水平等要素。如果发现特定互动存在变量间的相关关系或因果关系,则需要通过量的分析探究这种关系是否具有更大的适用范围乃至普遍性。特别是进行理论研究,比如验证"权力转移""霸权稳定""民主和平"等命题,人们为了进行严谨的演绎,在具备条件的情况下常常需要研究与这些概念相关的数据。人们可以进行大样本的描述,也可以进行小样本的推论。进行这样的定量分析,在很多时候

---

① 孙小礼主编:《科学方法中的十大关系》,上海:学林出版社 2004 年版,第114 页。

是可以得到更令人信服的结论的。

以对霸权和平的研究为例。有学者在提出单极世界不和平的问题时,基于数据进行了说明:美国自 1776 年建国至 2011 年,共有 46 年处于战争之中。其中,自冷战结束(从 1989 年算起)至 2011 年的 22 年间,美国有 13 年处于战争之中,进行了 4 场国家间战争:1991 年在科威特,1999 年在科索沃,2001 年起在阿富汗,2003 年至 2010 年在伊拉克。算一下时间比例可以看到,美国在冷战后居于单极地位的 22 年,虽然不到美国历史的 10%,但处于战争的时间却超过了这个国家总体战争时间的 25%。①

运用定量研究法,研究者可以从极多的事例中汇集信息。汇集信息的能力是进行理论化的一个促进因素。②如果研究者进行理论研究而不作定量分析,那面对成千上万的复杂事例就很难发现规律并进行概括。实际上,即使研究者对国际关系事实只作最简单的统计分析,从学术研究的角度讲也是极具价值的。例如,评估国际安全形势的一个重要维度是分析世界范围内流离失所人口的状况。把一定时间段各年份的数据汇总,就能够以图形的方式进行宏观的描述。从图 5.1 中,我们可以清楚地看出全球难民问题的严重性和人数持续上升的趋势。

在国际关系研究中,由于对象作为社会事实具有一定的模糊性,因此研究结论的表述缺乏精确性的情况是常见的。例如前一章提及的罗伯特·基欧汉(Robert O. Keohane)和约瑟夫·奈(Joseph S. Nye Jr.)对"复合相互依赖"的研究,论证所用词语"接近""非常接近""切合"等,就是带有一定模糊性的判断。基于这样的概念进行推演,难免会导致不同的理解。要解决这类问题,在可能的情况下进行数量化操作就是一个选择。

---

① Nuno Monteiro, "Unrest Assured: Why Unipolarity Is Not Peaceful", *International Security*, Vol.36, No.3, Winter 2011/12, p.11.

② Detlef F. Sprinz and Yael Wolinsky-Nahmias(eds.), *Models, Numbers, and Cases: Methods for Studying International Relations*, Ann Arbor: University of Michigan Press, 2004, p.130.

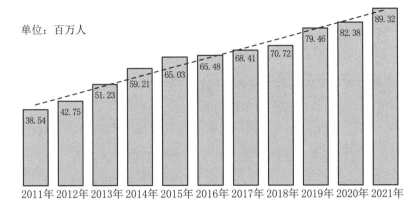

资料来源：数据来自联合国难民署，https://www.unhcr.org/figures-at-a-glance.html，访问时间：2023 年 12 月 20 日。

图 5.1　全世界被迫流离失所人口(forcibly displaced people)的数量

　　我们可以参考布鲁斯·拉西特(Bruce Russett)和约翰·奥尼尔(John Oneal)在《三角和平：民主、相互依赖与国际组织》(*Triangulating Peace：Democracy，Interdependence and International Organizations*)一书中研究"民主和平"的做法。他们为了说明国家的民主程度与争端和平解决的相关性，进行了国家政治制度的数字化，设定了从专制到民主的一条连线：最民主的国家位于一端，得分为 10；最专制的国家位于另一端，得分为－10，中间有相应的不同等级。通过处理对应的军事争端的数据和国家政治制度的数据，他们得到了这样的结论：国家的民主化程度越高，对领导人动用军事力量的制约就越大，同其他国家发生军事冲突的可能性就越小。①

　　在国际关系研究中，运用定量研究法的研究者还可以更好地应对研究对象的不确定性。由于国际关系事件的发生在很大程度上体现的是或然性，有可能发生，也有可能不发生，在不同的条件下发生的概率大为不同，因此人们要谋求确定的解释往往会面对

---

　　①　Bruce Russett and John Oneal，*Triangulating Peace：Democracy，Interdependence and International Organizations*，New York：Norton，2001，pp.91—100，124.

很多困难。对于这种具有或然性的事实,如果所做研究没有定量分析,那么无论是对现实的说明还是对未来的预测,都可能是模糊的,因为人们从中无法知道事件发生的可能性到底有多大。在这里,推算概率无疑是解决这种模糊性的重要方式,因为确切的数学语言可以解决自然语言的不确切问题。

作为一种抽象思维的产物,数学可应用于人们对现实世界的空间形式和数量关系的认识。作为一种抽象思维的产物,它既是一门经验学科,也是一门理性学科,可以是对现实世界的抽象,也可以来自人类思维的演绎。社会学学者哈拉兰博斯·策克里斯(Charalambos Tsekeris)曾指出,只有当社会世界能够用数学语言来表示时,它的各个部分之间的确切关系才能得到证实。只有当资料可以通过可信的计量工具用数量表示时,不同研究者的研究结果才能直接比较。没有量化,社会学就只能停留在印象式的臆想和未经证实的见解的水平上,无法进行重复研究,也不能确立因果关系和提供可证实的通则。①尽管这种讲法过于绝对,但数学确实具有其他工具所不具有的作用。

在国际关系研究中进行定量分析,最基本的途径就是运用统计方法对数据进行测量、描述、分析和推论。根据统计分析的功能,我们可以把这种研究途径大体上分为两类,即统计描述与统计推论。本章的主要内容介绍的就是这两类方法。

5.2 数据的计量尺度

在定量研究中,信息都是用数字来表示的。在对这些数字进行处理、分析时,首先要明确这些信息资料是依据何种尺度测定和加工的。由于国际关系研究的对象具有不同的属性与状态,因此

---

① [英]哈拉兰博斯:《社会学基础》,上海:上海社会科学院出版社 1986 年版,第60—61 页,转引自风笑天:《社会学研究方法》,北京:中国人民大学出版社 2001 年版,第 10 页。

定量化的标准也需要有不同的尺度。在一般的统计分析中,人们所用的主要有定类(nominal)、定序(ordinal)、定距(interval)和定比(ratio)四类尺度。①从精确程度来看,后两种比前两种更精确。由于定比尺度在国际关系研究中用得较少,因此在这里主要介绍前三种尺度。

5.2.1 定类尺度

定类测量是指对研究对象的类别划分。进行这样的分类,有两类分法,也有多类分法。例如,把国际行为体分为"国家行为体"与"非国家行为体",就是两类划分,而按照地理分区即亚洲、欧洲、非洲、美洲和大洋洲对国家进行划分,则是多类分法。进行这样的分类,不涉及任何计算。

进行国际关系事实的分类时,尽管人们可以尽可能地使标准明确化,但由于事实本身具有复杂性,进行分类是一种主观指导的行为,因此有时会发生难以归类的情形。例如,在对发达国家与发展中国家进行分类时,就可能出现模糊的情况。最富有与最贫穷的国家是容易区分的,而处于两者中间的许多国家则不容易定位。

运用定类尺度进行统计分析,是一种最初步的测量。它能解决对研究对象的类别区分,但不能告诉我们这些类别之间的关系如何。②

5.2.2 定序尺度

比定类更进一步的测量是定序,即在鉴别对象类别的基础上

---

① 参见李沛良:《社会研究中的统计应用》,北京:社会科学文献出版社 2002 年版,第 19—22 页;卢淑华编著:《社会统计学》,北京:北京大学出版社 2001 年版,第 18—22 页;风笑天:《社会学研究方法》,第 91—94 页。

② [美]W. 菲利普斯·夏夫利:《政治科学研究方法》,新知译,上海:上海人民出版社 2006 年版,第 73 页。

比较类别大小,排出顺序。因此,这种尺度又称"顺序尺度"。在定序尺度之下,事物之间不但有类别之分,而且有类别之间的排序。前边提到的发达国家和发展中国家的类别划分,从发达程度讲,就包含排序的含义。

在国际关系研究中,运用定序尺度,人们可以为一些重大问题的分析提供比较准确的数据。例如,为了考察世界各国对联合国安理会扩大方案中的"四国集团"①的态度,可以按照非常赞成、基本赞成、无明确倾向、基本反对和非常反对五个类别,建立一种统计顺序,将方案涉及的日本、德国、印度和巴西四国归入第一类,将明确反对各自所在地区的首要竞争者成为常任理事国的韩国、意大利、巴基斯坦和阿根廷等国归入最后一类,然后再将其他国家按照赞同或反对的程度归入中间的相应类别。通过这样的分类排序,我们就能在整体上对"四国方案"的受欢迎程度做出比较准确的判断。

不过,在运用定序尺度时也应当注意,尽管这种尺度比定类尺度要精确一些,但它依然只是一种粗略的测度,并不能表达出类别之间的准确差值。例如,按照大国、中等国家和小国的定序尺度,我们可以说中国是大国,澳大利亚是中等国家,新加坡是小国。这种排序,只是基于三国领土和人口规模的粗略排序。要想作出更加精确的比较,就需要有精确程度更高的尺度。

5.2.3 定距尺度

定距尺度也称"间隔尺度",它是对事物类别或次序之间间距的测度。该尺度通常表现为数值形式。同定类尺度和定序尺度相比,定距尺度不仅能将事物区分为不同类型并进行排序,而且可以准确指出类别之间的差距是多少。

---

① 2005 年,日本、德国、印度和巴西组成"四国集团",谋求获得联合国安理会常任理事国席位。

以联合国开发计划署所使用的人类发展指数(HDI)为例。该指数的计算主要依据的是预期寿命、教育水平和人均国民收入(GNI)等指标。根据这个指数的值,世界各国被分为"极高人类发展水平"(≥0.800)、"高人类发展水平"(0.700—0.799)、"中等人类发展水平"(0.550—0.699)和"低人类发展水平"(<0.550)四类国家。在《2020 年人类发展报告:新前沿——人类发展与人类世》(*2020 Human Development Report:The Next Frontier:Human Development and The Anthropocene*)中,列入排名的有 189 个国家,排列第 1 位的是挪威,数值为 0.957,排列第 189 位的是尼日尔,数值为 0.394。其中美国(0.926)排第 17 位,中国(0.761)排第 85 位。基于这个指标体系,人们不但可以了解一个国家的发展水平在当今世界上处于哪个类别,有怎样的排序,而且还可以根据具体的数据进行精确的定位,可以同任何一个国家进行同年度比较,也可以进行自身的历史数据的比较,看取得了怎样的进步。[1]

由于用定距尺度进行测量,研究对象会得到一种有刻度的排序,因此凡是使用具体数字标准的排序都可归入这个类别。例如,用国际通用货币美元来衡量的各国国内生产总值就可以进行排序。在这种标准之下,世界各国的国内生产总值都可以同其他国家进行精确比较。有时即使只存在很小的差距,也可以进行排序。

当代,在很多涉及国际问题研究的领域中,都存在以定距尺度进行的排序。例如,瑞士洛桑国际管理发展学院(International Institute for Management Development,IMD)自 1989 年起,每年对全球主要经济体的经济竞争力进行评估。其评估内容包括总体经济状况、商业效率、政府效率以及基础设施建设四大类指标,涉及的评估内容有 323 个小项。通过对各个小项得分的综合,洛桑学院可以计算出相关国家和地区的经济竞争力的综合得分,并进行排序。再比如,研究全球腐败问题的透明国际(Transparency

---

① 可参阅联合国开发计划署:《2020 年人类发展报告:新前沿——人类发展与人类世》,2020 年版,第 343—346 页。

International),每年都会发布反映各国腐败程度的"清廉指数"(Corruption Perceptions Index)并进行排名。这些分析结果都是基于定距尺度。需要注意的是,这里所涉及的数据,有很多是人造概念数据化的结果。比如"腐败"就不是可以直接测量的对象,透明国际的资料是来自对企业高管、财经记者和风险分析师的调查,反映了专家和商业精英的看法,是人们进行价值判断的产物。如何认识这种人为数据,在后面会专门讨论。

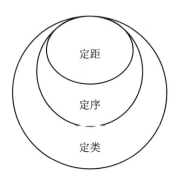

图 5.2 尺度精确度的层次

在国际关系研究中可能使用的这三个主要尺度,实际上有一种包含的关系,即定序尺度是更精确的定类尺度,而定距尺度又是更精确的定序尺度。比较这三种尺度,定类尺度只能标示对象的不同类别,定序尺度除了能标示对象的不同类别,还能标示对象的排序,而定距尺度则不但能标示出对象的不同类别并排序,还能以数值标示出对象之间的具体差距是多少。由于这三种尺度具有向下兼容的特点,高精确度的尺度可以测得低精确度的结果,[1]因此在对社会现象进行测量时,需要遵守的一个重要规则就是应尽可能进行高精确度的测量。

有了测量数据,研究者就可以进行统计分析了。人们通常进行的统计分析主要有两类,即**描述性统计**(descriptive statistics)

---

① 风笑天:《社会学研究方法》,第 94 页;[美]W. 菲利普斯·夏夫利:《政治科学研究方法》,第 74 页。

和**统计推论**（statistical inference）。前者是根据已有资料进行整理、分析与测量的过程，包括测量变量间关系；后者是根据部分资料推论全体，可用来探求变量关系的属性与数学表达，并有助于进行某种程度的预测。

5.3　统计描述方法

进行描述性统计，可以有效地说明相关事实的现状和属性，并发现需要关注的问题和倾向。描述性统计所用方法，包括数据的频数分析、数据的集中趋势分析和离散程度分析等。进行这些分析的目的，是为进一步的研究奠定基础。

5.3.1　频数分析

进行统计分析，研究者首先需要对收集的信息进行加工处理，使之系统化和条理化。在这里，需要用到频数、比例、比率等概念。

频数（frequency）也称"次数"，是指落在各个类别中的数据的个数。把各个类别及相应的频数全部列出，得到的就是**频数分布**（frequency distribution）。表现这种分布的表格就是频数分布表。

在国际关系研究中，人们面对大量的原始资料，在进行多种变量的测量时，首先需要统计一定时期内事件发生的次数。说明频次分布是对原始资料的初步加工，它的主要用途是简明而又直观地说明数据的整体状况。经过这种初步的数据整理，研究者可能会发现有意义的趋势。获得频次分布数据后，研究者可以把它转换为图形等数学表现形式。

以斯德哥尔摩国际和平研究所（Stockholm International Peace Research Institute，SIPRI）提供的 1991—2000 年的全球重大武装

冲突的分地区数据为例,①我们可以得到表 5.1 这样的频数分布表。

表 5.1　全球重大武装冲突的分地区数据(1991—2000 年)

	1991 年	1992 年	1993 年	1994 年	1995 年	1996 年	1997 年	1998 年	1999 年	2000 年
非洲	11	7	7	6	5	3	4	11	11	9
美洲	4	3	3	3	3	3	2	2	2	2
亚洲	11	12	10	10	11	10	9	9	9	9
欧洲	1	3	5	4	3	1	0	2	2	1
中东	6	5	6	6	6	6	4	3	3	4
全球	33	30	31	29	28	23	19	27	27	25

在这个表中,每一个格子中的数字代表的是特定地区在特定年份的冲突发生次数。观察这些频数,可以看到特定年份不同地区发生冲突的具体情形,也可以看到特定地区在 10 年间发生冲突的趋势。通过不同数据的组合,人们不但可以进行不同年份的数据对比,也可以进行不同地区的数据对比。这些频数还可以用图形来表现。

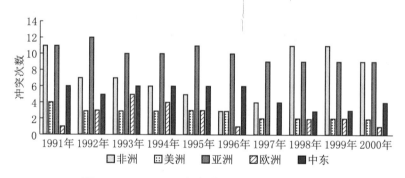

图 5.3　1991—2000 年各地区重大武装冲突频数

再以加里·斯考特(Gary L. Scott)对中国签订对外条约的研究为例。他选取中国 1949 年至 1972 年间所签订的 1 660 个对外条约为对象,进行了分类并统计了落在各类的个数。②

①　https://www.sipri.org/sites/default/files/SIPRIYB0101AB.pdf,访问时间:2023 年 12 月 20 日。

②　可参见 Gary L. Scott, "Treaties of the People's Republic of China: A Quantitative Analysis", *Asian Survey*, Vol.13, No.5, May 1973, pp.496—512。

表 5.2　中国签订的对外条约及联合国登记的国际条约数量(1949—1972 年)

类　别	中国签订的对外条约		联合国登记的国际条约	
	数量	比例(%)	数量	比例(%)
外交、政府关系	74	4	1 219	14
文教卫生	488	29	1 039	12
对外援助	182	11	2 034	23
外贸支付	666	40	1 496	17
运输、通信	181	11	1 039	12
军事、驻军	15	1	1 017	12
国际组织	0	0	484	6
特别事务	54	3	313	4
总　计	1 660	100	8 641	100

在统计分析中,**比例**(proportion)是用以反映总体构成的概念,指各个部分的数值占总数的比重。在斯考特的研究中,我们可以清楚地看到中国签订的各类对外条约占签订条约总数的比例,以及在联合国登记的各类条约占登记条约总数的比例。

比率(ratio)是与比例不同的概念。该概念是指各个不同类别数值之间的比值。例如,在斯考特提供的数值中,外贸类条约与外交类条约的比率,经过计算可得到一个比值,即 9∶1。

5.3.2　集中趋势和离散趋势的度量

把频数列出来只是对原始资料的初步整理和加工。为了考察这些数据在总体上的属性与特点,人们还需要做进一步的研究,即对数据进行简化,找到几个关键值来描述数据集的情况。具体操作就是度量其集中趋势和离散趋势。

集中趋势是指一组数据向某一中心值靠拢的分布。由于数据集从整体看是以平均数为中心上下波动的,因此平均数就构成了数据集的中心值,通常也被认为是反映数据集一般特征的代表值。对数据组进行集中趋势分析,就是要找到这个平均值,用以描述数据总体的特点和属性。

不过,在关注数据的集中趋势的同时,也应该注意到,以平均数为中心的各个数据,只要与中心值不相等,就存在与中心值的距离(离差)。特别是有异常值(极高值或极低值)存在的时候,这种距离会很大。这又体现了数据集的另一种属性,即离散趋势。

离散趋势是指一组数据与中心值偏离的趋势。数据集中的数据离中心值越远,离散程度就越大,集中趋势的测度值对该组数据的代表性就越差。从这个角度讲,集中趋势与离散趋势实际上是同一现象的两个方面,对集中趋势的度量可以找到数据水平的中心值,但中心值对该组数据的代表程度却取决于对该组数据的离散程度的度量。在统计研究中,如果说对数据的集中趋势的度量可以使我们在某种程度上发现研究对象的属性、特点、趋势、规律,那么对离散程度的度量则可以说明我们的发现在多大程度上具有解释力。由于这两种趋势有不可分割的联系,因此通常都需要进行度量。

度量数据的集中趋势就是找到代表数据水平的平均数。在这里需要注意的是,所谓"平均数",有三个最基本的概念,即均值、中位数和众数。

均值(mean)也叫"算术平均数",是全部数据的算术平均。在统计描述中,均值是很常见的统计指标,具有重要地位,是集中趋势的最主要的测度。例如,在《人类发展报告》中,就列出了世界和各地区的人类发展指数的均值。

从表5.3中可以看到,撒哈拉以南非洲、南亚和阿拉伯地区的人类发展指数均值,在各个时间点上都低于世界均值。东亚和太平洋地区的人类发展指数显示了与世界均值差距不断缩小的趋势,至2020年已高于世界平均水平。依据这些均值,人们可以对各地区人类发展水平进行比较,也可以与世界平均水平进行比较。通过分析不同时间段的均值,人们还可以了解各地区和世界范围人类发展水平的变化。

除了用算术平均数度量均值,人们在一些情况下还需要用几何平均数来解决度量平均增长率一类的问题。这种平均数的计算方法是对总体中各个单位的数值进行连乘,之后再进行相应次数

表 5.3　1980—2020 年各地区的人类发展指数(均值)

	1980 年	1990 年	2000 年	2010 年	2020 年
阿拉伯国家	0.492	0.551	0.611	0.675	0.708
东亚和太平洋地区	0.457	0.517	0.595	0.688	0.748
欧洲和中亚	—	0.651	0.665	0.726	0.793
拉丁美洲和加勒比地区	0.579	0.627	0.683	0.734	0.755
南亚	0.382	0.438	0.491	0.573	0.638
撒哈拉以南非洲	0.382	0.399	0.421	0.488	0.549
世界平均值	0.559	0.597	0.639	0.693	0.735

资料来源:1980—2010 年的数据,引自联合国开发计划署:《2014 年人类发展报告:促进人类持续进步——降低脆弱性,增强抗逆力》,2014 年版,第167 页。2020 年数据,引自联合国开发计划署:《2021/2022 年人类发展报告:不确定的时代、不稳定的生活——在瞬息万变的世界中塑造我们的未来》,2022 年版,第280 页。阅读以上报告,可访问 https://hdr.undp.org/。

的开方。例如,中国的军费 2001 年增长 17.7%,2002 年增长 17.6%,2003 年增长 9.6%,[1]计算这三年的年均增长率,就需要把这三年的增长率相乘,然后再开三次方。

中位数(median)是指对一组数据进行排序后,处于中间的那个数值。如果数据的总个数是偶数,则中间那 2 个数的算术平均值就是中位数。中位数作为由位置决定的平均数,不受数列中极大值或极小值的影响,适合于测度顺序数据的集中趋势。

例如,界定人口年龄构成类型,国际上通常是用年龄中位数作为标准。年龄中位数在 20 岁以下为年轻型人口;在 20—30 岁之间为成年型人口;在 30 岁以上为老年型人口。按照联合国提供的数据,2015 年非洲的人口年龄中位数是 19.3 岁,属于年轻型人口,欧洲的人口年龄中位数是 41.4 岁,属于老年型人口。[2]

众数(mode)是一组数据中出现次数最多的数值。在一组数据中,可能出现几个众数,也可能没有众数(每个数据都只出现 1

① 引自中华人民共和国国务院新闻办公室,http://www.scio.gov.cn/zggk/gqbg/2009/Document/426589/426589.htm,访问时间:2023 年 12 月 20 日。

② Population Division of the Department of Economic and Social Affairs of the United Nations, *2019 Revision of World Population Prospects*, https://population.un.org/wpp/,访问时间:2023 年 12 月 20 日。

次)。众数主要用于测度分类数据的集中趋势。

例如,联合国大会对决议投票时,各国的态度可分为三种类型,即赞同、反对和弃权。人们关注投票情况,除了看表决结果之外,还会具体观察持哪种态度的国家最多,这就是众数。众数作为体现集中趋势的数值,反映的是一组样本在哪里最密集。

以上所介绍的三种平均数,都是用于度量数据的集中趋势的。在数据呈对称分布或接近对称分布的情况下,所得出的三个值是相同或接近的。以斯德哥尔摩国际和平研究所提供的 1991 年至 2000 年的全球重大武装冲突的数据为例,计算数据组 33,30,31,29,28,23,19,27,27,25 的平均数,所得到的均值为 27.2,中位数为 27.5,众数为 27。这三个数据比较接近,都可以代表该数列的一般水平。

在三种平均数中,均值的应用是最为普遍的,并且利用了全部数据的信息。不过,由于均值易受极端值的影响,因此对于偏态分布的数据的代表性就比较差。例如,用人均国内生产总值的指标衡量东盟的整体经济发展水平,就会遇到这样的问题。根据世界银行提供的数据,2019 年东盟十国的人均国内生产总值的数据分布如下:

表 5.4　东盟十国的人均 GDP 数据(2019 年,现价美元)

缅甸	柬埔寨	老挝	越南	菲律宾	印度尼西亚	泰国	马来西亚	文莱	新加坡
1 271	1 643	2 636	2 715	3 485	4 135	7 817	11 433	31 086	65 641

资料来源:数据来自世界银行,见 https://databank.worldbank.org/home,访问时间:2023 年 12 月 20 日。

在这组数据中,新加坡这一极高值比缅甸这一极低值高 50 倍。如果我们用十国的国内生产总值的总和除以它们的总人口得到的准确人均值(4 799 美元)作为这一组数据的中心值,那么就会发现其代表性很差,因为多数数据离这个中心值很远。要想知道这种偏差达到什么程度,就需要度量数据集的另一种属性,即离散趋势。

　　对数据的离散程度进行度量,就数值型数据而言,涉及极差、方差和标准差等概念。

　　极差(range)也称"全距",是一组数据的最大值与最小值之差。就 2019 年东盟十国的人均国内生产总值而言,新加坡的 65 641 美元和缅甸的 1 271 美元之差,就是这组数据的极差。极差反映的是数据两端的情况,标示出了数据分布的范围。显然,这个范围越大,表明数据的分布越分散。不过,由于极差的计算只涉及数据组两端的情形,因此还需要有进一步的测度来说明所有数据的分布状况。

　　要度量数据组中全部数据的离散趋势,首先需要计算各个数据与中心点(均值)的距离(离差)。由于数据组中有一半的数据比均值大,另一半比均值小,与均值相减会出现负值,不能加总(和为0)求平均数,因此需要用到方差和标准差这两个工具。

　　方差(variance)是一组数据中各数据与均值的离差的平方的平均数,表示该组数据整体偏离均值的程度。数据分布越分散(即数据在均值附近波动越大),各个数据与均值的差的平方和就越大,方差就越大;反之,方差就越小。不过,虽然方差可以度量数据集的离散情况,但它毕竟标示的不是数据与均值的平均距离,而是离差的平方数的平均值,因此使用并不方便。为解决这个问题,人们更经常用的是标准差。**标准差**(standard deviation)是方差的平方根,它与离差单位相同,能够表示数据与均值的平均距离。人们根据标准差可以直观地分析数据集的离散状况。

　　一般来讲,只要在统计描述中用到了均值,在可能的情况下就应该度量标准差,以便检验数据集围绕均值波动的情况。前面例举的 2019 年东盟十国的人均国内生产总值,以国家为单位计算均值是 13 186 美元,标准差是 19 432 美元。这种情况表明该组数据非常分散,各数据与均值的平均离差极大。

　　再看前面有关重大武装冲突的地区数据。分别计算 10 年的冲突年均值和标准差,所得结果为:非洲的均值7.4场,标准差

2.8 场；亚洲的均值 10 场，标准差 1 场；中东的均值 4.9 场，标准差 1.2 场。在这里，三组数据的计量单位是相同的，均值代表了各地区冲突的一般水平，而标准差则体现了各组数据的(波动)离散程度。运用均值人们可以对三个地区的冲突水平进行比较，但却不能直接用标准差比较它们的离散程度，因为这三组数据的均值是不相同的。在统计分析中，对于不同数据组的离散程度，在计量单位和平均数相同的情况下，是可以直接用标准差进行比较的，但在计量单位和平均数不同时，则不能直接比较，而需要用到离散系数。

离散系数也称"变异系数"，它是一组数据的标准差与其相应的均值的比值，是测度离散程度的相对指标。[①]计算出不同数据组的离散系数，就可以对它们的离散程度进行比较。这种比较的意义在于，离散系数的值越大，说明数据的离散程度越高，用平均值来描述数据的一般水平越不可信。以前述三个地区的冲突数据为例，分别计算其离散系数，从低到高的结果为：亚洲 0.1，中东 0.245，非洲 0.378。由于这三组数据的标准差都与均值的单位相同，因此其标准差是可以直接比较的，在这里计算出离散系数，也可以看出同样的结果：用均值描述各地区的一般水平，亚洲的数据可信度最高，中东次之，非洲的可信度最低。

5.4 统计推论方法

统计推论是根据样本数据推断总体特征的方法。它之所以必要，是因为我们面对任何问题都只能做有限的观察。在这种情况下，要认识事物的总体，就需要基于我们所能得到的数据进行推论，因为这一部分数据作为来自事件总体的样本，能够在一定程度

---

① 贾俊平、何晓群、金勇进编著：《统计学(第二版)》，北京：中国人民大学出版社 2004 年版，第 97 页。

上反映总体的性质。在统计方法中,概率分析、相关分析和回归分析等,都是对总体的数量特征进行推断的途径。

5.4.1　概率分布及其含义

对现象进行观察,人们会发现,有些事件是确定的,有些事件是不确定的。确定的事件是必然发生的事件(必然事件)和一定不发生的事件(不可能事件)。不确定的事件是**随机事件**,即可能发生也可能不发生的事件。进行概率分析,针对的就是随机事件。

随机事件作为在相同条件下可能重复发生的事件,有多少种结果是确定的,但事件发生之前人们不能确定会出现哪一种结果。例如,一个地区的公民投票决定是否成为一块独立的领土就属于随机事件。这样的独立公投在历史上发生过很多次,结果共有两种:通过或不通过。在计票之前,人们不能确定会出现哪一种结果。在这里,成功通过公投谋求独立的可能性到底有多大,就是一个可以用概率计算的问题。①

在国际关系研究中,随机事件是很常见的。例如,结构现实主义认为国家会周而复始地形成均势,进攻现实主义认为大国竞争必然导致战争,自由制度主义认为民主和贸易能够促进和平等,看似表述的是确定性,其实都有不确定性,因为这些推论的结果,在一定时间内都是可能发生也可能不发生的事件。

就更具体的事实而言,也常常存在不确定性。例如,国家签字加入国际制度,按道理应该履行承诺,遵守约定,因此应属于确定的事件,但实际情况却未必如此。在联合国,所有成员国都接受了《联合国宪章》,同意尊重主权原则和人权原则,但现实中违反这两项基本原则的事实却很多。按照联合国的集体安全制

---

①　当然,即使公投通过,一个地区也未必能获得独立。2005 年和 2017 年库尔德斯坦两次公投高票通过,但独立诉求都未得到伊拉克承认。

度,国际社会应该能够制止侵略,维护和平,但是否会有这样的结果实际上并不确定。就国家间关系而言,发生领土争端在一定的时间内会不会演变成武装冲突亦是不确定的,战争有可能发生,也可能不发生。对类似的不确定事件进行预测,就可能需要进行概率的推算。

法国概率学家皮埃尔-西蒙·拉普拉斯(Pierre-Simon La-place,1749—1827 年)有一句名言:生活中最重要的问题,绝大部分其实只是概率问题。在国际关系研究中,只要对国际事件的原因、过程和结果没有确定的认知,就一定会涉及概率问题,只不过有些事件可以用统计方法推论,有些事件则不行。能否对这样的随机事件进行统计研究,关键在于有没有适用的数据。

研究随机事件,就是研究其发生可能性的大小。在统计分析中,**概率**(probability)就是指表示这种可能性大小的数值。对于概率,人们有不同的解释,主要有古典定义、统计定义和主观定义三种。

古典定义是指比较简单的事件,比如掷硬币、骰子一类现象,其结果有限,且各个结果出现的可能性相等(掷硬币有正反两种可能,投骰子有 1—6 点六种可能)。对这类现象,概率是等于某事件所包含的基本事件个数与样本空间所包含的基本事件个数的比值。例如,掷硬币正面朝上的可能性是 1/2,投骰子点数 6 朝上的可能性是 1/6。

在国际互动中,有很多事件的发生其结果是有限的,例如国家领导人见面与不见面,战争爆发与不爆发,进行经济制裁与取消制裁,投票的赞同与反对等。不过,虽然这些事件的结果都有两种可能,但我们并不知道它们的可能性是否相等。如果在一定的历史时期内,一种结果比另一种结果出现的次数更多,那我们就不能简单地说每一种结果的可能性都是 1/2。这时我们就需要用到另一种定义,即统计定义。

统计定义是指在相同条件下,随机试验的次数越多,某事件发生的频率就越稳定,而这个频率值就是该事件的概率。以前面提到的全球重大武装冲突的数字为例,1991 年至 2000 年全球累计存在重大冲突 272 场,各地区有不同冲突数量和占比,其中亚洲有 100 场,占全球冲突总数的 37%。这个体现频率的数字也可以视为冲突存在的概率。按照这个概率,人们不能确定未来冲突会发生在哪里,但可以说有 37% 的可能发生在亚洲。这种对可能性的计算就是基于统计数字得出的。

在国际关系研究中,百分比是经常被使用的数字。在很多时候,百分比是可以转换成概率的。以联合国安理会否决权的使用为例。自 1946 年 2 月 6 日苏联第一次使用"一票否决"之后,截至 2023 年 12 月 8 日,五个常任理事国一共行使了 278 次否决权,其中苏联(俄罗斯)124 次,美国 84 次,英国 32 次,法国和中国各 19 次。[1]将它们转换成百分比,结果分别为 44.6%、30.2%、11.5%、6.8% 和 6.8%。这些占比就是这五个国家使用否决权的概率,可以用来表示每个国家再次使用否决权的可能性有多大。使用类似的算法,如果我们知道一定时间内投票表决的总数,知道否决权使用的总数,那么亦可以知道未来决议被否决的可能性有多大。当然,这种用数字表示的可能性,是指一种较长时间内的趋势。至于下一次投票会发生什么情况,仍然是不确定的。

基于统计数据进行概率的计算是一种很便利的方法,但在国际关系研究中,人们通过经验观察发现,有很多事件虽然有相似性,可以进行统计(比如战争),但严格来说其发生并不是在同等的条件下,因为存在差异。如果把它们视为重复发生的随机事件,那就不得不放宽条件,忽略事件的异质性。显然,这样得出的概率尽管有参考价值,但解释力可能是有限的。这种情形表明,在国际关系研究中运用概率分析是有局限性的。

值得注意的是,在国际关系中有大量事件,特别是一些重大事件,发生次数很少,不可能基于统计数据推论概率,但人们又非常

---

① 数据来自联合国网站,见 Security Council-Veto List, https://research.un.org/en/docs/sc/quick,访问时间:2023 年 12 月 20 日。

关心它是否会再次发生,比如核武器的使用和超级大国间的冷战。对于类似的问题,人们也会有对可能性的判断,这样就有了对概率的主观定义,指在无法重复试验的条件下,根据以往的经验人为确定的概率。①在对事实的预测中,没有任何定量分析而使用"大概率"或"小概率"概念指涉很可能发生或基本不会发生的事件,就属于这种情况。当然,进行这样的可能性评估,实际上已不属统计研究的范畴了,在这里不做进一步的讨论。

在学术意义上对随机事件的可能性进行研究,需要把它量化,即用数量标识来表示。这样我们就得到了随机变量。由于随机事件的发生都有一定的可能性,因此都有对应的概率。按照统计学的定义,确定发生的事件,其概率为 1;不可能发生的事件,其概率为 0。随机事件是指取值在 0 和 1 之间的事件。这种事件取值越大,发生的可能性就越高;反之,发生的可能性就越低。随机变量作为建立在随机事件基础上的一个概念,是概率论和数理统计研究的主要对象。

对随机变量进行分析,探求其规律,需要了解变量不同取值所构成的**概率分布**。如果用图像来表示,那么这种分布就是统计图中表示随机变量取值所对应之概率的图像形状。通常,统计图中的横轴表示变量的取值,纵轴表示变量值对应的概率。这些概率表现出的形状,可以反映随机变量取值所对应概率的规律。了解这些规律,应用概率分布的已有模型,可以方便地解决相应的实际问题。就国际关系研究而言,目前这方面的应用还很有限。尽管国际互动中有很多不确定的现象,但能不能应用概率进行研究,怎样进行研究,还是有待探索的问题。

讨论概率分布,要区分随机变量的两种不同的情形:如果所有的变量值都可以逐个列出来,那么就属于**离散型随机变量**;如果变量值可以取数轴上某一区间的任意一点,则属于**连续型随机变量**。

---

① 可参见贾俊平、何晓群、金勇进编著:《统计学(第二版)》,第 109—110 页。

　　以国际危机为例,其演进结果大致包括三种情形:和平谈判解决争端,形成持续的僵局,或升级为武装冲突。由于危机作为一个随机变量,其结果可以一一列出来(即使细分为更多种情形,仍然可以列出来),因此属于离散型随机变量。从另一个角度讲,危机的持续时间也是一个随机变量。由于时间的取值可以有无限多种可能,不可能一一列出,因此这样的变量就是连续型随机变量。

　　无论是离散型随机变量还是连续型随机变量,其分布都有一些常见的模型,体现了某种规律性。在离散型随机变量的概率分布中,最常见的是**二项分布**和**泊松分布**。连续型随机变量的概率分布中,最常见的是**正态分布**。

　　在国际关系中,有许多事件具有掷硬币的特点,即只有两种结果。比如外交行动的成功与失败,加入条约与不加入,介入冲突与保持中立等。对研究者来说,只要观察到若干相同的事件,试验只有两种可能的结果,每次试验的概率都相同,那么它就服从二项分布。

　　我们可以设想这样的事例:某国外长初次访问某地区的十国(关系都一般,不好也不坏),以是否实现访问目标为衡量标准,访问每一国的可能结果都是两个,即成功或失败,出现每一种结果的概率都是 1/2。分别计算他成功访问一国至十国的概率。计算的结果如表 5.5 所示。从计算结果中可以看到,可能性最小的情况是成功 0 次和 10 次,概率均为 0.001。可能性最大的情况是成功 5 次,概率为 0.246 1。

表 5.5　外交出访成功概率的二项分布

成功次数	0	1	2	3	4	5	6	7	8	9	10
概　率	0.001 0	0.009 8	0.043 9	0.117 2	0.205 1	0.246 1	0.205 1	0.117 2	0.043 9	0.009 8	0.001 0

　　泊松分布是描述一定时间(空间)内随机事件发生次数的一种分布。如果遇到独立的事件(事件的发生互不影响),已知给定时间区间内(如一年、一月或一天)事件平均发生的次数,那么就可以

运用泊松分布计算某一个特定时间区间该事件发生的可能性。[1]

让我们看一个在论文和教科书中经常被引用的有关战争发生符合泊松分布的事例。研究者刘易斯·弗赖伊·理查森(Lewis Fry Richardson，1881—1953年)是英国数学家、物理学家和气象学家，也是战争与和平研究的先驱。他的研究发现，1500年至1931年的432年间全球总计发生了299场战争，平均每年爆发0.69场。其中有223年没有爆发战争(已经爆发，正在继续的不算)，一年中爆发1场、2场、3场和4场战争的年数分别为142年、48年、15年和4年。他通过计算，认为战争的爆发符合泊松分布。[2]按照他提供的数据，可作两项演算：第一，计算发生不同场次战争的年份的频率(占比)；第二，把平均数0.69代入泊松分布计算公式，计算一年发生不同场次战争的概率。结果见表5.6。

表5.6　全球年度爆发战争次数的泊松分布(1500—1931年)

一年内发生战争的次数	年　数	频率(占比)	泊松分布的概率
0	223	0.516	0.501 6
1	142	0.329	0.346 1
2	48	0.111	0.119 4
3	15	0.012	0.027 5
4	4	0.009	0.004 7

这里的计算得出了两组概率：一组是频率转换的概率，即把432年按年度发生战争的场次分为5组，分别算出频率(占比)；另一组是用 $\lambda = 0.69$ 的泊松分布算出来的概率。对比这两组概率，可以看到，它们是相当一致和接近的。这种对比可以相互验证。就数据而言，一年内不发生战争的可能性最大，然后依次为发生1场、2场、3场和4场的情形。发生3场的可能性低于5%，发生4场的可能性低于1%，依不同标准都属于小概率事件。小概率事

────────

① 可参见[美]Dawn Griffiths：《深入浅出统计学》，李芳译，北京：电子工业出版社2012年版，第319页。

② Lewis Fry Richardson, "The Distribution of Wars in Time", *Journal of the Royal Statistical Society*, Vol.107, No.3/4, 1944, pp.242—250.

件是指发生的可能性非常小的事件。

　　再举一个例子。根据欧盟的相关报告,德国在 2018 年、2019 年、2020 年分别发生恐怖主义袭击事件 2 起、3 起和 6 起,[①]年均发生 3.7 起。用泊松分布的公式计算,可得出一年区间分别发生 0 次至 11 次恐怖袭击事件的概率。

表 5.7　用泊松分布计算德国一年内发生恐怖袭击次数的概率

次数	0	1	2	3	4	5	6	7	8	9	10	11
概率	0.024 7	0.091 5	0.169 2	0.208 7	0.193 1	0.142 9	0.088 1	0.046 6	0.021 5	0.008 9	0.003 3	0.001 1

　　分析这些数据可以发现,发生 3 次恐怖袭击的概率最高,之后依次是 4 次、2 次和 5 次。如果以 5% 作为小概率事件的标准,那么大于 5% 的概率区间为 1—6 次。需要注意的是,这里算出来的只是随机事件发生的可能性。实际上,它们可能不发生,也可能发生更多。

　　就连续型随机变量来讲,由于取值可以是数轴上某一区间的任意一点,无法穷举各种可能事件,因此具有不同于离散型随机变量的概率分布特点。认识这类随机变量,需要重点了解正态分布。

　　正态分布(normal distribution),按照"正态"(normal)一词的含义,是指常态分布或典型分布。其图形表现为钟型曲线,左右对称,中间高,两头低,均值、中位数和众数都位于中央。通常,人们认为很多变量的常态分布就是这个样子,或者说应该是这个样子。教科书常举的事例,比如男女身高、寿命、血压、测量误差等,多数变量值发生的概率是集中于均值两旁的区域,离均值越远,其发生的概率就越低,极高或极低的异常值,其概率处于曲线的两端。为什么会有这样的现象?按照中心极限定理的解释,如果某一随机现象受到许多作用大体相当的独立因素的影响,那么不管每个因素本身是什么分布,随着统计量个数的增加,它们加总后的平均值

　　① 可参见相关年份的报告,参见 https://www.europol.europa.eu/publications-events/main-reports/eu-terrorism-situation-and-trend-report,访问时间:2023 年 12 月 20 日。

都会越来越符合正态分布。在自然界中,这样的现象比较普遍。

关于正态曲线的特性,见图5.4。该图所示是经过标准化处理的正态曲线。图中曲线本身表示正态分布的函数,而曲线覆盖的面积则表示数据变量的概率。横轴的刻度表示的是变量与均值(中心线)的距离(即标准差)。均值两侧,分别标出了正负3个标准差。与之相对应,曲线覆盖的面积也被分成了左右各4个区域。每个区域所标出的百分比,就是与标准差对应的事件发生的概率总和。这几个区域,越靠近对称轴,相应的面积就越大,事件发生的概率就越大。按照正态分布曲线的特性,左右两侧距离中心线一个标准差的范围内,事件发生的概率总和为68.3%;两个标准差的范围内,事件发生的概率总和为95.4%;三个标准差的范围内,事件发生的概率总和为99.7%。这样的分布特点,使得人们可以区分大概率事件和小概率事件。

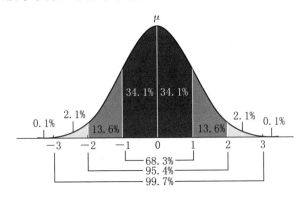

图5.4 正态分布曲线的结构特征

就国际关系事实而言,各种统计数据作为变量也存在正态分布的情况。例如,经济与和平研究所(Institute for Economics and Peace)发布的"全球和平指数"(Global Peace Index)就是一个很好的事例。[①]该课题组对163个独立国家和地区的和平程度进行了

---

① 经济与和平研究所是总部位于悉尼的独立智库,致力于对全球和平进行度量。本书数据引自 Institute for Economics and Peace, "Global Peace Index 2022: Measuring Peace in a Complex World," Sydney, June 2022, http://visionofhumanity. org/re-sources,访问时间:2023 年 12 月 20 日。

测量和排名,所用的"和平指数"概念,涉及社会安全和保障水平、持续的国内和国际冲突程度以及军事化程度三大领域,包括 23 个定性和定量指标。根据 2022 年该指数报告提供的 163 个数据,可得到图 5.5。

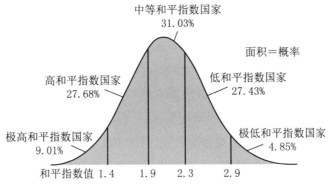

图 5.5　全球和平指数的分布

从图 5.5 中可以看到,曲线两侧大体上对称,越靠近中心,概率的密度越高(这里的概率大小以面积的大小来体现)。按照该指标体系的分类,得分 1.107—1.44 为极高和平指数国家,1.462—1.903 为高和平指数国家,1.908—2.342 为中等和平指数国家,2.35—2.806 为低和平指数国家,2.911—3.554 为极低和平指数国家。图中的区域划分对数字做了简化处理。

"全球和平指数"项目的研究,属于统计描述。所涉及的指标,大部分没有原始数据,而是研究者对所用概念进行数据化的结果。有了数据,研究者就可以用数学语言描述形势的细微变化。例如,《2022 年全球和平指数》报告,认为全球和平状况的平均水平恶化了 0.3%,是过去 14 年来和平状况的第 11 次恶化。由于该报告提供的数据组,作为变量受到了众多相对独立的因素的影响,163 个数据作为样本也足够大,因而符合正态分布。通过正态分布的概率计算,可得出原报告所划分的五类不同国家出现的概率。分析这些概率,一方面可以对现状进行评估,判断总体国际形势究竟如何。另一方面,则可以对局势的演进进行预判。比如,如果把极高和平指数、高和平指数和中等和平指数三类国家视为和平的构成部分,那么其发生概率之和 67.72%,表明的就是出现这种局面的可能性。这构成了形势的一个基本盘。从另一方面来讲,低和平指数和极低和平指数的国家则构成了世界不稳定的根源,这两组国家发生的概率之和为 32.28%,表明的就是世界出现威胁的可能性。其中,最危险的情况来源于极低和平指数国家,这类国家有 4.85% 的可能造成国际关系的不安全局面。

上述事例表明,国际关系中的变量,即使是基于人为概念编码形成的数据,随着样本数据的增大,其常态也可能接近于正态分布。用这样的框架思考国家间关系,可以提出一种有待检验的假想:以冲突与合作的连线作为数轴,对国家间不同的对外政策行为所造成的不同状态赋值,所得到的连续型变量可能会呈现近似正态曲线的分布,即大多数国家间关系从一个较长时段看是处于一种以均值为中心的状态。靠近中心的情形,是普遍存在的正常外交关系,但也会不时发生可以通过谈判解决的矛盾。离均值远一点,典型的合作行为是形成伙伴关系或缔结军事同盟,冲突行为是

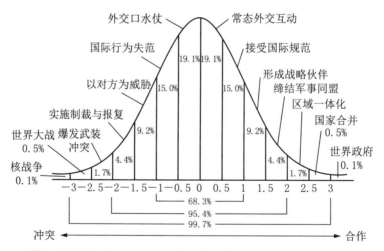

说明:该图的设计,用到了正态曲线的结构特点,即与标准差对应的概率值。可参考图 5.6 及后面的文字解释。本图以 0.5 个标准差作为单位,并算出了相应的概率值。各种互动状态的排列,是主观判断的产物,有待检验。

图 5.6　国际互动状态的正态分布假想

以对方为威胁和实施报复与制裁。再远一些的情形,如实现区域一体化或爆发国际战争,都是少见的。最极端的情况(两端),如建立世界政府或是爆发核大战,则几乎不可能发生。这一假想的概率分布见图 5.6。

讲到国际关系研究中对概率的运用,其实最常见的并不是用各种分布直接解决问题,而是在论证问题时用概率作为工具对假设进行检验。虽然检验有不同的做法,但比较重要且常见的要求是样本需要服从正态分布。这种检验的原理是建立在正态曲线的特性之上,即把 95.4% 或 99.7% 的区域与大概率事件相对应,而把两端剩下的总计 4.6% 或 0.3% 的部分与小概率事件相对应。为了操作的方便,人们常用 95% 和 5% 或 99% 和 1% 作为划分标准,与图中所列数值略有出入。

用区分大概率事件和小概率事件的方法进行假设检验是基于这样的认识,即概率为 95% 甚至 99% 的事件,是几乎肯定会发生的常态事件,而概率为 5% 甚至 1% 的事件,在只进行一次实验的情况下则几乎不会发生。这样就确立了作为检验标准的小概率值,也叫**显著性水平**(significance level)。进行假设检验,主要是看假设所断言之事件的发生是属于大概率事件还是小概率事件,方法是用概率检验值(P 值)与显著性水平进行比较:P 值小于或等于显著性水平,意味着几乎不会发生的小概率事件实际发生了,这种违反常理的情形使人们有理由怀疑假设的真实性,因此应该拒绝该假设。相反,P 值大于显著性水平,则说明事件的发生属于常态事件,是几乎肯定会发生的事件,因此没有理由拒绝该假设,或者说应该接受该假设。就正态曲线的图来讲,这两种情况对应的就是图中的两个区域:与小概率事件对应的是拒绝域(rejection region),与大概率事件对应的是接受域(acceptance region)。检验的结论是根据 P 值落在哪个区域来定。

在操作上,显著性水平(常用的是 5% 或 1%)需要在计算检验值之前确定。作为检验对象的假设,按惯例须提出两个,一个是原假设(H_0),另一个是备择假设(H_1),两者是相反的,如"是"与"不是","等于"与"不等于"。之所以要这样做,是因为检验过程本质上是证伪而不是证实。人们进行检验不是为了证明原假设应该接受,而是为了证明原假设应拒绝而接受相反的备择假设。为什么不直接证明拟接受的假设而要绕一个弯子呢?原因在于要证实一个假设,就必须不出错地检验所有的事件,而这是做不到的。用部分数据推论总体的特点属性,不可避免地会受到样本的局限和检测误差的不确定性的影响,几乎不可能得出完全确定的结论。在这种情况下,通过证伪原假设而使命题相反的备择假设被接受就容易多了。

为了理解以上介绍的假设检验逻辑,我们可以看一个实例。

1994年5月16日,《新闻周刊》(Newsweek)报道了一项美国公众舆论的民意调查结果。民意调查问题是:"从你对比尔·克林顿的全部了解来看,他作为总统具有你所希望的诚实和正直吗?"民意调查共访问了518名成年人,其中45％的人回答"是"。针对这一结果提出的研究问题是:克林顿政府的对手能从这个民意调查中得出"在美国认为克林顿诚实正直的人少于一半"的结论吗?对这个问题进行检验,第一步是提出假设。原假设:在这个问题上没有明显占上风的意见,回答"是"或"否"的人各占一半。备择假设:在这个问题上少于一半的人回答"是",多数人不认为克林顿作为总统是诚实正直的。第二步是根据民调数据进行统计检验。如果原假设为真,那么民调数字就会在50％左右波动,45％应该是常态事件。相反,如果原假设为假,那么出现45％的比例就是很偶然的情况,属小概率事件。根据正态分布进行计算,45％出现的概率为0.011 6,小于显著性水平0.05,落入了拒绝域。原假设被拒绝。最后的研究结论是:1994年那部分相信克林顿作为总统拥有他们希望的诚实和正直的美国成年人,显著地少于人口中的大多数。①

---

① 该事例引自杜克大学的网上教学 PPT,见 https://www2.stat.duke.edu/courses/Fall11/sta10/STA10lecture21.pdf,访问时间:2023 年 12 月 20 日。

当然,用小概率原理检验假设,尽管是一种有益的科学方法,但也是有争议的。首先是逻辑上的问题,即否定一个假设,未必就应接受与之相反的另一个假设。这就如同拒绝"大爪印来源于熊"的假设,并不能直接证明大脚怪的存在一样。实际上,与原假设陈述相反的命题可能不止一个。因此,被接受的假设,也许还需要接受另外的检验。其次是技术上的问题,即这样的检验存在"弃真"和"取伪"的风险。由于小概率事件并非绝对不发生,而且用部分样本推断总体可能会发生误差,因此假设检验有可能接受一个错误的原假设,或拒绝一个正确的原假设。最后是有关在国际关系研究中运用假设检验的问题。如前所述,国际关系研究中所用数据,除了来自一些可直接统计的事实之外,有很多是对相关概念数据化的结果,例如涉及安全、国家政治制度等方面的数据就大多是人为赋值的。这样的数值不能免于人的主观因素的影响,有可能不客观。流行的一些数据库就可能存在这方面的问题。这导致检验可能存在偏差。米尔斯海默和沃尔特在批评学界过度追求假设检验而忽视基础理论研究的现象时就说过:"国际关系中许多数据的质量很差,使得这些努力不太可能产生累积的知识。"[1]对于这些问题,在了解假设检验原理的同时是值得思考的。

5.4.2　相关分析和回归分析

对国际关系事实的互动关系进行研究时,相关分析和回归分析是两种密切相关的推论方法。所谓相关分析,是对现象之间相关关系是否存在以及相关方向和相关程度的研究。所谓回归分析,是根据相关关系的具体形态,选择适当数学模型近似地表达变量间的平均变化关系的研究。[2]

---

[1]　John J. Mearsheimer and Stephen M. Walt, "Leaving Theory Behind: Why Simplistic Hypothesis Testing is Bad for International Relations", *European Journal of International Relations*, Volume 19, Issue 3, September 2013, pp.427—457.

[2]　袁卫、庞皓、曾五一主编:《统计学》,北京:高等教育出版社 2000 年版,第 144 页。

1. 相关分析

现象之间在数量上的依存关系,可以大体上分为函数关系和相关关系两种类型。**函数关系**是指变量之间确定的数量对应(因果)关系:当一个或几个变量取一定值时,与其对应的另一个变量的值也随之确定。与这种情况不同,**相关关系**是指变量之间不确定的数量对应关系:当一个或几个变量取一定值时,与其对应的另一个变量的值虽然不确定,但会按某种规律在一定范围内发生变化。

在国际关系中,相关关系是普遍存在的。国际互动的一方或一种因素发生变化,与之相关的另一方或另一种因素通常也会发生相应的某种程度的变化。人们对国际互动的表述,就常常涉及相关性的判断。例如,"伴随国家权力的增长,国家的侵略野心有可能膨胀";"伴随经济相互依存度的增大,国家采取武力解决纠纷的可能性会降低"。这两个命题所陈述的就是相关关系,因为不论是国家侵略野心的膨胀,还是使用武力可能性的降低,其程度都是不确定的,在某些时候可能显著,在某些时候可能不显著。

在统计学的意义上进行相关关系研究,是必须基于数据进行的。正如前边所讨论过的,虽然国际关系领域有很多事实可以直接测量,比如国内生产总值、温室气体排放、军费、战争的场次以及持续的时间等,但也有很多概念需要人为数据化。例如,为研究民主和平论,说明民主国家之间不会动用武力,比专制国家更倾向于和平,就需要对"国家政体"进行编码。被广泛引用的"政体"(Polity)数据库就是研究者对民主政体和专制政体进行编码的产物。开发这个数据库的系统和平中心(Center for Systemic Peace)目前已将数据更新到 Polity 5。在这个数据库中,对国家的赋值是从 −10(世袭君主制)到 +10(巩固的民主)。[①]有了这样的数据,研究者就可以通过操作化处理,对民主和武装冲突两个变量进行

①　https://www.systemicpeace.org/polityproject.html,访问时间:2023 年 12 月 20 日。

相关分析。①

　　要分析两组数据是否具有相关关系,最直观的方法是绘制**散点图**。在坐标系中,以横轴代表变量 x,以纵轴代表变量 y,每组数据 (x_i, y_i) 在坐标中用一个点表示,就可以描述两个变量间的大致关系。这样的关系可以分为以下几类:

　　在图 5.7 的几个图中,散点分布可以近似地表现为一条直线,

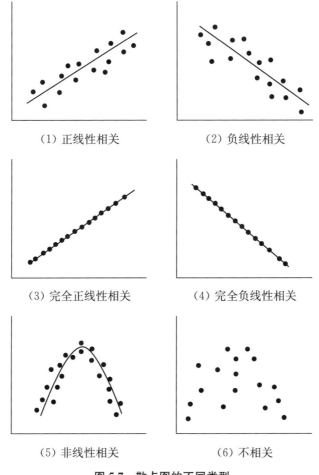

(1) 正线性相关　　　　　　(2) 负线性相关

(3) 完全正线性相关　　　　(4) 完全负线性相关

(5) 非线性相关　　　　　　(6) 不相关

图 5.7　散点图的不同类型

　　①　关于民主和平论的研究很多,可参见 John R. Oneal and Bruce M. Russett,"The Classical Liberals Were Right: Democracy, Interdependence and Conflict, 1950—1985", *International Studies Quarterly*, Vol.41, No.2, Jun.1997, pp.267—294。

即(1)和(2),为线性相关;散点分布可以近似地表现为一条曲线,即(5),为非线性相关;散点完全落在一条直线上,即(3)和(4),为完全线性关系(实际就是函数关系);散点很分散,无任何规律,即(6),为不相关。从方向来讲,如果一个变量的数值增加,另一个变量的数值也随之增加,为正相关,即(1)和(3);反之,为负相关,即(2)和(4)。

在相关关系中,如果只涉及两个变量,这两个变量是一对一发生影响,为单相关(又称"一元相关")。如果相关关系涉及三个以上变量,即影响结果的变量有两个以上,则为复相关(又称"多元相关")。对于复相关关系进行分析,如果进行变量控制,即只分析其中一个变量对结果的影响(假定其他因素不变),则为偏相关。

通过相关分析,可以确定变量间在数据上的关系,但这种关系是否具有内在联系是不一定的,人们还需要分辨真实相关和虚假相关。前者是指变量间确实存在实质性联系,而后者虽然在数据上显示相关,但其实并无内在联系,有可能属于偶然情况,或者两个变量都是另外因素影响的结果。例如,2012 年一位学者通过相关分析发现,一个国家消费的巧克力越多,该国人均诺贝尔奖得主便越多。但该学者没有办法说明这两者的内在联系,只能解释为巧克力可能有助于促进人的认知功能。针对这种数据上的相关,该学者也承认可能是另外的原因影响了这两者。[①]这种"相关关系"在其内在联系得到确认之前,人们只能视之为虚假相关。

进行相关分析的操作,上面介绍的散点图绘制只是其中的一个步骤。作进一步分析,需要计算**相关系数**。相关系数(R)是表示变量之间相关关系密切程度的数值,取值在-1和 1 之间。如果 $0 < R \leqslant 1$,表明两个变量存在正线性相关关系;如果 $-1 \leqslant R < 0$,表明两个变量存在负线性相关关系;如果 $R = 1$ 或 $R = -1$,说明两个变量完全(正或负)线性相关;如果 $R = 0$,说明两个变量完

---

① 参见 Franz H. Messerli, "Chocolate Consumption, Cognitive Function and Nobel Laureates", *New England Journal of Medicine*, Vol. 367, No. 16, Oct. 18, 2002, http://www.nejm.org/toc/nejm/367/16/,访问时间:2023 年 12 月 20 日。

全不相关。就相关的程度而言,$|R| \geqslant 0.8$,可视为高度相关;$0.5 \leqslant$ $|R| < 0.8$,可视为中度相关;$0.3 \leqslant |R| < 0.5$,可视为低度相关;$|R| < 0.3$,说明两个变量间的相关程度极弱,可视为不相关。

相关分析得出相关系数后,还需要进行显著性检验。由于相关分析得出的结果有可能是一种偶然的情况,或者是抽样误差造成的,因此要通过显著性检验判断相关性是否确实存在。这种检验所针对的原假设就是 $R = 0$,即两变量不相关。如果得出的概率值小于事先确定的显著性水平(比如 0.05),那就应拒绝原假设,接受备择假设 $R \neq 0$,即两者相关。反之,则不能拒绝原假设。在这里,如果说相关系数回答的是变量相关与否、相关方向以及相关程度的问题,那么显著性检验回答的则是能否拒绝两个变量不相关的原假设的问题。

下面看一个相关分析的实例,使用的是二十国集团除欧盟外的 19 国的数据(参见表 5.8)。对五对数据的分析分别得到了相关系数和显著性检验的数据。相关系数可表明两变量是否相关、相关方向与程度的情况。显著性检验是以 0.05 为标准。小于或等于这个值,表明两变量不相关是几乎不可能发生的事,因此应拒绝原假设。大于这个值,则表明两变量不相关是常态事件,因此不能拒绝原假设。在这里,相关系数和显著性检验给出的是两种具有不同的统计学意义的结论。

在国际关系研究中,相关分析是一种非常重要的实证方法。对国际互动作一般性解释,探讨其中的原因、影响因素和结果,在能够找到充分数据的条件下,进行相关分析是一种适当的做法。用数据得出严谨的结论,是有较强说服力的。进行这样的分析可以实现两个目的:第一,验证已有的理论是否正确;第二,为新理论提供实证支撑。例如,为验证“霸权稳定论”的核心假设,秦亚青经过相关分析,认为该理论的核心变量“霸权国实力”和“国际稳定程度”之间并不存在显著的相关关系,因而对该理论提出了质疑。①

———————

① 可参见秦亚青:《霸权体系与国际冲突》,《中国社会科学》1996 年第 4 期,第 114—126 页。

表 5.8　五对数据的相关分析示例

数据对	数据1	数据2	相关系数	概率(显著性水平 0.05)	结　论
1	国内生产总值	军费	0.918 991	0.000	高度正相关。拒绝原假设。
2	国内生产总值	物质足迹指数	−0.869	0.196	高度负相关。不能拒绝原假设。
3	人均国内生产总值	护照指数	0.723 08	0.001	中度正相关。拒绝原假设。
4	人均国内生产总值	军费	0.431 014	0.065	低度正相关。不能拒绝原假设。
5	国内生产总值	人类发展指数	0.118 358	0.629	极低相关。不能拒绝原假设。

说明:表中的数据样本涉及 19 个国家:墨西哥、德国、澳大利亚、英国、加拿大、美国、日本、韩国、法国、意大利、沙特阿拉伯、阿根廷、俄罗斯、土耳其、巴西、中国、印度尼西亚、南非和印度。其中人类发展指数和物质足迹指数引自联合国开发计划署:《2020 年人类发展报告　新前沿:人类发展与人类世》(*2020 Human Development Report:The Next Frontier:Human Development and The Anthropocene*),第 241—244、343—346 页,见 https://hdr.undp.org/system/files/documents/hdr2020cnpdf.pdf,访问时间:2023 年 12 月 20 日。国内生产总值、人均国内生产总值和军费引自世界银行 2021 年数据,见 https://databank.worldbank.org/home.aspx,访问时间:2023 年 12 月 20 日。护照指数引自"亨利护照指数"(The Henley Passport Index),见 https://www.henleyglobal.com/passport-index,访问时间:2023 年 12 月 20 日。

2. 回归分析

所谓**回归分析**,就是通过一定的数学表达式把变量之间的相关关系描述出来,并且确定一个或几个变量的变化对另一个变量的影响程度。这种分析的主要功能包括:从一组样本数据出发,确定变量之间的数学关系式;对这些关系式的可信程度进行各种统计检验,并从影响某一特定变量的诸多变量中找出哪些变量的影响是显著的,哪些是不显著的;利用所求的关系式,根据一个或几个变量的取值来估计或预测另一个特定变量的取值,并给出这种估计或预测的置信度。[1]

---

[1]　贾俊平、何晓群、金勇进编著:《统计学(第二版)》,第 298 页。

在回归分析中,被解释或预测的变量为因变量(y),用来解释或预测因变量的一个或多个变量为自变量(x)。当只涉及一个自变量,且因变量与自变量之间为线性关系时,属于**一元线性回归**。这里所说的"线性",是指散点图中由两个变量所决定的点,分布在一条直线附近,这条直线被称为**"回归直线"**,能代表变量 x 与 y 之间的关系。描述这条直线的方程式被称为**"一元线性回归模型"**,其表达式为:$\hat{y}=a+bx$。

我们可以结合实例说明该方程的含义。利用 excel 进一步分析 19 国的"人均国内生产总值"和"护照指数"两组数据的相关关系,可以生成散点图、回归直线和方程 $y=0.001\,6x+102.39$。见图 5.8。

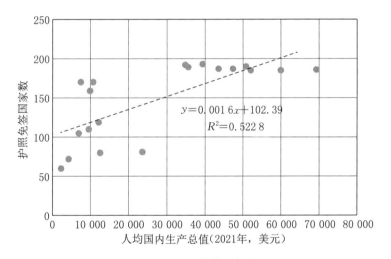

图 5.8　一元线性回归图

在这个方程中,x 代表"人均国内生产总值",y 代表"护照指数"(即免签国家数)。方程中的常数 a 和 b 分别是 102.39 和 0.001 6。x 是自变量,y 随着 x 的变化而变化。图中的回归方程所代表的直线,是 y 的期望值,这个值与实际的观测值是有差距的。方程式中的 0.001 6 为系数项,代表回归直线的斜率,102.39 为常数项,代表 x 为 0 时回归直线在 y 轴上的截距。R^2 是相关系数的平方,反映的是回归直线与数据的拟合度,该值越接近 1

越好。

进行回归分析,在确定了回归方程之后,还需要进行显著性检验,目的是判断回归方程能否显著地代表所观察到的数据。在本例中,检验所得 P 值是 0.000 469,远小于显著性水平 0.05,表明回归模型具有显著的统计学意义,进行预测是有效的。[①]在回归分析的数据中,比较重要的是拟合度(R^2)和显著性检验(P 值)两项数值。

以上所介绍的都是定量分析方法中一些最基本的东西。怎样更好地在国际关系研究中运用这些方法,就学科现状而言,仍是一个有待进一步探索的问题。也许,最值得思考的不是如何运用复杂的数学公式,而是有哪些问题领域适合用这种方法进行研究。对于这种"标准"的实证方法,无论如何我们都应该有更多的了解并推动它的使用。

5.5　应用统计方法进行国际关系研究的实例

5.5.1　统计描述:全球恐怖主义

恐怖主义是威胁国际安全的一种极端暴力形式。要说明这种威胁的现状与走势,运用统计数据制作图表显然比用文字描述更直观、更清楚。现引用"我们的数据世界"(Our World in Data)网站发布的三个有关恐怖主义的统计图作为实例。[②]

该图的数据来自"全球恐怖主义数据库"(Global Terrorism

---

① 需要注意的是,这里所做的只是纯统计学分析。这两者间的相关性是否具有实质意义,是需要有更多解释的。观察现实的国际关系,可能会发现各种不同的情况。一个国家人均国内生产总值的提升,未必会导致其免签国家的增加。

② 统计图来源见 https://ourworldindata.org/terrorism,访问时间:2023 年 12 月20 日。

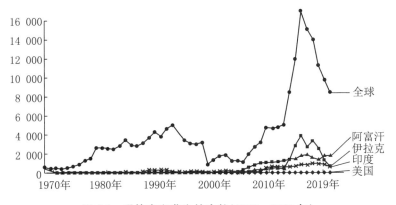

图 5.9　恐怖主义袭击的次数（1970—2019 年）

Database），包括全球的数据，也包括阿富汗、伊拉克等国家的数据。按照该数据源的界定，恐怖主义袭击是"非国家行为体威胁或实际使用非法武力和暴力，通过制造恐惧、胁迫或恐吓以达到政治、经济、宗教或社会目标的行为"。该数据库把这类事件的肇事者限定为次国家行为体，其数据不包括国家恐怖主义行为。从该图中的折线所反映的趋势看，20 世纪 70 年代全球恐怖袭击次数较低，在 80 年代有较大增长，到 90 年代初达到高点，其后明显下降。再次增长是始于 2004 年，至 2014 年达到峰值，此后呈下降趋势。分析这一变化，可以观察图中几个恐怖袭击发生次数较多国家的数据线，其中伊位克发生的恐怖袭击次数最多，其数据变化与全球数据变化具有一定的同步性。

　　图 5.10 描述的是恐怖主义袭击造成的死亡人数。在该图的数据中，1971 年死亡人数最低，为 173 人。数据的大幅度增长是始于 2010 年（7 829 人），峰值亦是 2014 年，达到 44 524 人。此后呈现下降趋势，至 2019 年减少到 20 329 人。分析全球数据的变化，可以观察图 5.11 中几个相关国家的数据线。其中阿富汗、叙利亚和伊拉克三个国家因恐怖袭击而死亡的人数对全球数据有决定性影响。

　　观察以上三个统计图，可以了解到统计描述的特点：这种操作只是对现有数据进行整理，并以图表方式表达出来，使人能够对现

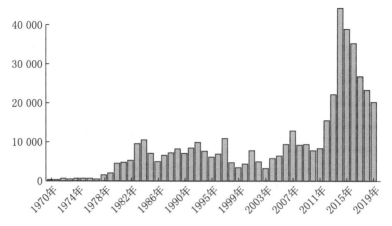

图 5.10　全球恐怖主义袭击造成的死亡人数(1970—2019 年)

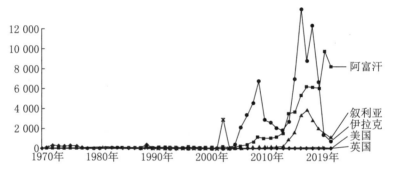

图 5.11　阿富汗等国因恐怖主义袭击而死亡的人数(1970—2019 年)

状和问题一目了然。这个过程没有推论,运用这种方法不能探索
不确定的东西和事物发展的规律。

5.5.2　统计推论:对权力转移理论的检验

权力转移理论是对大国关系的一种重要解释。按照该理论,
崛起国与主导国的权力持平状态(power parity)会导致两者的冲
突。[1]在主导国家迫使别国按自身意愿行事或维护自身利益的能

---

　　① A. F. K. Organski and Jacek Kugler, *The War Ledger*, Chicago and London:
The University of Chicago Press, 1980, pp.19—20.

力下降的情况下,崛起国要求变革现有体系以符合其权力地位和
利益诉求,争端就会出现。这时,争做体系的主导者就会成为武装
冲突的诱因。[①]这一理论出现后,后续的研究不断出现,包括运用
统计工具进行的科学性修正。[②]

2003 年,威廉·莫尔(William Moul)在《冲突解决杂志》发
文,探讨了两个国家权力持平会导致和平还是战争的问题。[③]该作
者是支持权力转移理论的,但认为以往的检验太弱,证据受到扭
曲,需要改进论证方法。针对战争相关项目数据库记录的 1816—
1989 年间的 185 场大国争端,他以争端中的国家对(dyads)的权力
能力的比例为标准,划分出权力持平对和权力不等对。他的标准
是两国权力比小于或等于 1.5 为持平,大于 1.5 为不等。对于争端
的演进结果,他也分为了两类,即引发战争和以和平收场。这样,
就形成了表 5.9。

表 5.9　所有大国与大国的权力对比与争端结果(1816—1989 年)

权力对比	结　果		总　计	比值比
	战　争	和　平		
权力持平	4	55	59	1.8
权力不等	5	121	126	
总　计	9	176	185	

对这些数字进行计算,可以得出这样的结果:就权力持平对而
言,爆发战争的比例为 4/59,以和平收场的比例为 55/59,两者的

①　Robert Gilpin, *War and Change in World Politics*, Beijing: Beijing University Press, 2005, p.33.

②　Jacek Kugler and Douglas Lemke(eds.), *Parity and War: Evaluation of Extensions of the War Ledger*, Ann Arbor: University of Michigan Press, 1996; Woosang Kim and James D. Morrow, "When Do Power Shifts Lead to War?", *American Journal of Political Science*, Vol.36, No.4, Nov.1992, pp.896—922; Woosang Kim, "Power Transitions and Great Power War from Westphalia to Waterloo", *World Politics*, Vol.45, No.1, Oct.1992, pp.153—172.

③　William Moul, "Power Parity, Preponderance, and War between Great Powers, 1816—1989", *The Journal of Conflict Resolution*, Vol.47, No.4, Aug.2003, pp.468—489.

比值是 4/55。就权力不等对而言,爆发战争的比例为 5/126,和平收场的比例为 121/126,两者的比值为 5/121。要判断这两类争端哪一类更可能导致战争,就需要比较这两类争端引发战争的比例,即比较 4/55 和 5/121 的大小。把这两者相除,就得到了两者的比值比(odds ratio):(4/55) : (5/121) = (4×121)/(5×55) = 1.8。这个比值比的含义是,权力持平的国家对在发生争端后进行战争的可能性,是权力不等的国家对的 1.8 倍。这一推论的结果表明,权力持平对于大国战争的爆发是有影响的。

不过,对于这样的统计检验,莫尔是不满意的,他认为现在所用的争端数据存在扭曲的情况,需要对样本施加条件的限制。例如,有核武器国家因具有第二次核打击能力而形成的恐怖的平衡就应该被排除;一些地理不相邻的国家在遥远的地方发生的争端也不应用权力持平或不等衡量;一些国家因国内政治等原因而导致的无力也不应考虑在内;结盟也会扭曲国家间的权力对比。把核能力导致的恐怖平衡的国家对以及地理相隔的国家对去除,并依次考虑距离、政治无能和结盟等因素的影响对权力比加以调整,就形成了以下四种不同的统计处理结果:

表 5.10 限定条件下的统计方法改进

条件 1:排除恐怖平衡的国家对	结 果		总 计	比值比
	战 争	和 平		
权力持平	4	23	27	3.7
权力不等	5	106	111	
总 计	9	129	138	

条件 2:排除恐怖平衡和地理相隔的国家对	结 果		总 计	比值比
	战 争	和 平		
权力持平	4	16	20	4
权力不等	5	80	85	
总 计	9	96	105	

条件 3：排除恐怖平衡和地理相隔国家对，考虑国内政治因素调整权力比	结　果		总　计	比值比
	战　争	和　平		
权力持平	6	4	10	46
权力不等	3	92	95	
总　计	9	96	105	

条件 4：排除恐怖平衡和地理相隔国家对，考虑国内政治因素和联盟因素调整权力比	结　果		总　计	比值比
	战　争	和　平		
权力持平	7	3	10	108.5
权力不等	2	93	95	
总　计	9	96	105	

对研究对象加以限制，并考虑各种影响因素调整权力比，莫尔改进了对大国间权力值对比的判断。在以上的四个表中，可以看到，增加限制条件并调整权力比后，比值比显著上升了，从最初的1.8 增加到了108.5。莫尔的结论是：在 1816—1989 年间，排除恐怖平衡等情况，争端方的权力持平（除少数例外）会促使大国相互开战。

5.6　问题与争论

在国际关系研究中，实证方法是享有重要地位的。在坚持实证主义的学者中，有一种比较流行的认识，即定量方法是最重要的方法，因为这种方法最接近经验主义的研究途径。这种对定量研究的偏好，从国际期刊发表文章的倾向中就可以看出来。美国加利福尼亚大学圣迭戈分校的丹尼尔·马利尼亚克(Daniel Maliniak)

等学者在一篇学科综述中考察了这一问题。①文章考察了 12 个顶级期刊 1980—2007 年刊发的文章,发现支配国际关系学科的方法有一个演变过程。在 1980—1982 年,描述性方法居主导地位,但此后就越来越少见了。自 1983 年起,定性方法的使用比例超越了描述性方法。这种方法的主导地位一直持续到 2002 年,然后被定量方法超越。实际上,自 1993 年起,使用定量方法的文章就在逐年增加。到 2006 年,使用该方法的文章占比达到了 53%。在个别期刊中,这一比例更高。比如《国际研究季刊》,使用定量方法的文章在 2005 年占比是 69%,在 2006 年占比是 67%。期刊发表文章的方法论倾向,可以说进一步塑造了学者的研究行为,引导人们更多地撰写定量分析文章。不过,该文也注意到,期刊发文的倾向与学界总的方法使用情况并不是一回事。正如一些问卷调查所反映的,大多数学者在大多数研究中使用的其实并不是定量方法。②这种情形构成了国际关系研究现状的一大特点。

从学科的发展趋势看,定量方法无疑会保持主流的地位与影响,但不可能支配国际关系研究并替代其他方法。鉴于国际关系事实的复杂性,在学习和运用这种方法的时候,也要注意到其局限性以及可能面对的各种问题。

第一,定量研究是用数据说话。做好定量研究的前提,是要有高质量的数据。然而,研究者通过观察采集数据,不可避免地会受到各种客观条件的限制,因而可能出现偏差甚至错误。在日常生活中,人们会遇到不靠谱的数据甚至假数据,在学术研究中情况也

---

① Daniel Maliniak, Amy Oakes, Susan Peterson and Michael J. Tierney, "International Relations in the US Academy", *International Studies Quarterly*, Vol. 55, No.2, June 2011, pp.437—464.该项研究考察的期刊包括:《欧洲国际关系》(*European Journal of International Relations*)、《国际组织》、《国际安全》、《国际研究季刊》、《冲突解决杂志》、《和平研究杂志》(*Journal of Peace Research*)、《安全研究》(*Security Studies*)、《世界政治》、《美国政治学评论》、《美国政治科学》(*American Journal of Political Science*)、《英国政治科学》(*British Journal of Political Science*)和《政治学杂志》(*Journal of Politics*)。

② Daniel Maliniak, Amy Oakes, Susan Peterson and Michael J. Tierney, "International Relations in the US Academy", *International Studies Quarterly*, Vol. 55, No.2, June 2011, p.453.

是如此。荷兰计量经济学家桑内·布劳(Sanne Blauw)认为,数据的误导作用是普遍存在的,以致我们再也不能忽视对它们的滥用了。①

第二,在国际关系领域采集数据,不同于自然科学研究。正如在前文讨论过的,国际关系事实除了有可以观察的一面,还有不可以观察的一面。以人的意图为体现的主观因素,始终是事实的重要组成部分。从这个意义讲,来自客观观察的数据,即使较准确地反映了事实客观的一面,也不可能反映事实的全部。如果研究者进行定量分析时不能结合相应的定性解释,可能就无法揭示数据间不能观察的内在联系。

第三,对国际关系事实进行数据化,并不是纯客观过程。即使处理可以观察的事实,例如战争,②由于有复杂的成因、规模、过程和结果,亦需要经过主观思维。至于针对那些被创造出来的概论,诸如"和平""清廉""幸福""综合国力"等,进行数字化就基本上是价值判断的过程了。研究者有不同的价值观,就会确立不同的量化标准。评估这样的数据,争论在很大程度上已不在于测量是否存在误差,而在于"造就"这样的数据到底有多大的意义。

由于不能观察的对象也不能进行检验,因此对这类数据也无从判断真伪。这种由概念转化来的数据关系,在本质上只是研究者得出的指标间的关系,而这种关系与概念之间的真实关系未必是相符的。正如菲利普斯·夏夫利(W. Phillips Shively)所指出的,我们对于测量所说的一切,是不是概念间关系的准确论述,取决于我们所不能观察到的概念 A 和对 A 的测量、概念 B 和对 B 的测量之间的关系。我们只能假定它们之间存在这样的关系。像理

---

① 可参见 Sanne Blauw, *The Number Bias*: *How Numbers Lead and Mislead Us*, translated by Suzanne Heukensfeldt Jansen, London: Hodder & Stoughton, 2020。

② 如战争相关项目(Correlates of War Project)数据库,见 http://www.corre-latesofwar.org/,访问时间:2023 年 12 月 20 日。

论本身一样,我们不能观察到它们之间的这种关系。①

第四,国际关系研究中一些基本概念的歧义,也可能导致数据标准化的争论。詹姆斯·多尔蒂(James E. Dougherty)和小罗伯特·普法尔茨格拉夫(Robert L. Pfaltzgraff Jr.)指出,在自然科学研究中,谁也不会去争论液体、蒸汽、磁性、核裂变等词汇的意义,但在对社会进行分析的过程中,人们遇到的诸如民主、侵略、革命、暴力等词汇却没有一个在语义上是完全明确的。因此,在国际关系领域应计算什么或测量什么的问题上,人们达成一致意见的基础不但很窄,而且很不牢固。②

第五,国际关系事实的复杂性也使得统计分析面临着困难。由于国际关系事实几乎都不是单一原因的结果,作为自变量的因素常常是以系统效应的方式作用于因变量,而构成系统效应的要素之间通常不是简单的相加关系,而是存在难以观察的互动结构,因此无论是确定变量间的相关关系,还是在确定相关关系的前提下探求回归模型,都难以把研究真正建立在确定的经验观察的基础上。例如,任何国际关系事实的背后,都有复杂的国家间关系的影响,而这种互动中的很多因素是不能观察的,所产生的系统影响也是不能计量的。完全排除这些因素,很多数据分析结果可能就是无法解释的。

第六,国际关系研究中定量技术的发展有可能会与理论研究脱节。本来,人们进行统计分析,基本目标应是检验和评估解释国际现象的理论。但是,许多研究者在实践中却常常远离这一目标,因为他们在进行检验之前,往往不能具体指明要检验的理论是什么,不能使统计模型与一定的理论相联系。③有学者做了这样的归

---

① 可参见[美]W.菲利普斯·夏夫利:《政治科学研究方法》,第 51 页。

② [美]詹姆斯·多尔蒂、小罗伯特·普法尔茨格拉夫:《争论中的国际关系理论(第五版)》,阎学通、陈寒溪等译,北京:世界知识出版社 2003 年版,第 53 页。

③ Bear F. Braumoeller and Anne E. Sartori, "The Promise and Perils of Statistics in International Relations", in Detlef F. Sprinz, Yael Wolinsky-Nahmias (eds.), *Models*, *Numbers*, *and Cases*: *Methods for Studying International Relations*, pp.144—145.

纳:(1)经验研究者往往花费太多的精力去计算相关性,却几乎不关注理论;(2)由于理论太不精确或者太浅薄,以致理论本身软弱无力或者难以检验;(3)经验研究者常常把统计模型强加于理论,而不是建立一个模型去检验理论。在这些情况下,即使有最复杂的统计技术,也往往于事无补。①

对研究者来说,用好统计方法,最重要的是对数据分析结果作出符合逻辑的理论解释。没有理论解释的统计操作,其价值微乎其微。②夏夫利指出,电脑能在几秒钟内输出上百个回归方程,所以,求出一堆结果是很容易的。关键是研究者一定要明确自己的目标是什么,明白数据统计只是手段而不是目的。只有把注意力集中于需要回答的问题,数据才会告诉我们有价值的东西。③

第七,定量分析尽管有许多长处,但它并不是适用于所有问题的研究方法。作为与定性分析相对的方法,人们不能从价值判断的角度认为它比定性分析更高明。实际上,定性分析和定量分析乃是社会科学研究中无法相互替代的方法。对于有些研究情景和问题,最合适的方式可能是定量研究;但就另一些研究情景和问题而言,则可能只适合采用定性方法。在国际关系研究中,究竟应采用何种方式,虽然与研究者的个人偏好有关,但主要取决于所要解决的问题。④

从目前中国学界的研究现状看,总体讲定量研究还是薄弱环节,其表现是使用较少,用得好的更少。因此,尽管在学习这种方法时要认识到这种方法的条件性与局限性,但首先要做的是搞懂这种方法的原理与应用。对中国的国际关系学者来说,即使不能或不愿运用这种方法,至少也应能阅读运用这种方法的文章。当

---

① Bear F. Braumoeller and Anne E. Sartor, "The Promise and Perils of Statistics in International Relations", in Detlef F. Sprinz and Yael Wolinsky-Nahmias(eds.), *Models*, *Numbers*, *and Cases*: *Methods for Studying International Relations*, Ann Arbor: University of Michigan Press, 2004, p.133.

② Ibid., p.145.

③ 可参见[美]W. 菲利普斯·夏夫利:《政治科学研究方法》,第 165—166 页。

④ 风笑天:《社会学研究方法》,第 13 页。

然,在条件具备的情况下,更多地开展对事实的量的规定性的研究,无疑将有助于中国国际关系学科的发展。

学习要点与思考题

一、定量分析的意义

国际关系事实既有质的规定性,也有量的规定性。在可以获取数据的条件下,只有进行恰当的定量分析,才能对事实做出准确描述,也才能发现客观规律并给出具有学理意义的验证。在国际关系研究中,虽然并非每个问题的探讨都需要定量分析,但就整个学科而言,这种方法是不可缺少的。

思考题:

● 国际关系事实的哪些方面需要用数学语言来表达?

二、数据的计量尺度

要掌握定类、定序和定距三种尺度的用法,在实际研究中尽可能使用高精确度的尺度。

思考题:

● 查看联合国开发计划署的《人类发展报告》中的统计表,思考不同尺度在其中的作用。

三、统计描述方法

运用这种方法是直接对数据的总体(即观察得到的全部数据)进行整理、归纳和分析的过程,目的是描述其现状,发现其特点、属性、趋势或规律。这类研究的内容包括频数分析、数据的集中趋势和离散程度的分析等。学习这种方法,要掌握频数分布的概念,能熟练地制作统计图表,分析数据集的特点,会用 excel 等工具计算平均数、标准差和离散系数等指标。

思考题:

● 根据自己的研究兴趣,采集相关数据制作频数分布表和直方图。

四、统计推论方法

这种方法是针对部分数据,即根据从全部数据中抽取的样本推论总体特征,途径包括概率分析、相关分析和回归分析等。

1. 概率分析,其对象是可能发生也可能不发生的随机事件。表示这种事件发生可能性的数值就是概率。按照古典定义,概率是指事件包含的基本事件个数与样本空间包含的基本事件个数的比值。按照统计定义,事件发生的稳定频率就是概率。探讨事件发生可能性的规律,要理解随机变量不同取值所构成的概率分布,知道离散型随机变量和连续型随机变量的不同含义,以及分别与这两类变量对应的二项分布、泊松分布和正态分布。由于统计检验要用到正态分布的原理,因此要搞懂该曲线的结构特点,理解大概率事件和小概率事件,并且在了解显著性水平、拒绝域和接受域等概念的基础上,掌握假设检验的基本原理。

思考题:

● 针对国际关系中普遍存在的随机事件,思考有哪些现象可以进行概率分析。

2. 相关分析与回归分析。相关分析是对变量间相关关系的研究。这种关系,是指一个或几个变量取一定值时,与其对应的另一个变量的值会在一定范围内发生具有不确定性的变化。以一定的数学表达式把变量间的相关关系描述出来,并且确定一个或几个变量的变化对另一个变量的影响程度,就是回归分析。在这里,要注意相关关系与因果关系的不同含义,以及在现实中的不同指涉。学习相关分析,要掌握散点图的绘制,知道相关关系的不同方向与程度,以及相关系数的计算和检验。对于回归分析,要知道如何求回归直线与回归方程,知道如何看回归分析数据中的拟合度(R^2)和显著性检验(P 值)等数值。

思考题:

● 采集两组数据进行相关分析与回归分析,并就其为什么相关或不相关做出解释。

五、问题与争论

在国际关系研究中,定量分析有重要的地位与影响。但这种方法同样是有局限性的。研究者受观察条件所限和主观偏好的影响,采集数据时有可能存在偏差,甚至错误。在研究中把具有观念属性的事实和学术概念数据化,实质上是价值判断的过程。从这种情况看,虽然使用数学语言对于数量关系的分析是必要的和不可缺少的,是最接近经验主义的研究途径,但并不能完全反映客观现实。用好这种方法,关键是要有适宜的问题领域和高质量的数据,而且要有明确的拟验证和解释的理论。如果没有明确的解释目标,那么再复杂的数学分析,其价值也微乎其微。

思考题:

● 怎样看待国际关系研究中把学术概念数据化的做法?

参考文献

[美]Dawn Griffiths:《深入浅出统计学》,李芳译,北京:电子工业出版社 2012 年版。

[美]W. 菲利普斯·夏夫利:《政治科学研究方法》,新知译,上海:上海人民出版社 2011 年版。

贾俊平、何晓群、金勇进编著:《统计学(第二版)》,北京:中国人民大学出版社 2004 年版。

茆师松、程依明、濮晓龙主编:《概率论与数理统计教程》,北京:高等教育出版社 2004 年版。

肖文博:《统计信息化——Excel 与 SPSS 应用》,北京:北京理工大学出版社 2017 年版。

Bruce Russett and John Oneal, *Triangulating Peace*：*Democracy*，*Interdependence*，*and International Organizations*，New York：Norton, 2001.

David E. McNabb, *Research Methods for Political Sciences*，New York：M. E. Sharpe, 2004.

Detlef F. Sprinz and Yael Wolinsky-Nahmias (eds.), *Models*，*Numbers*，*and Cases*：*Methods for Studying International Relations*，Ann Arbor：The University of Michigan Press，2004.

G. King, *Unifying Political Methodology*, Ann Arbor: University of Michigan Press, 1998.

John J. Mearsheimer and Stephen M. Walt, "Leaving Theory behind: Why simplistic Hypothesis Testing is Bad for International Relations", *European Journal of International Relations*, Volume 19, Issue 3, September 2013, pp.427—457.

第 **6** 章

形式模型与博弈论

    用数学工具进行国际关系研究,在方法上可大致分为定量分析和形式模型两类。这一章介绍的**形式模型**(formal model),作为使用数学公式、图形和符号的方法,[①]与定量分析遵循的是不同的逻辑。就原理而言,定量分析是基于归纳逻辑,无论是描述还是推论,其论证都是从个别到一般,目的都是得出普遍性结论,以便对事实的总体属性进行概括。与之相反,形式模型的运用则是基于演绎逻辑,其论证是从一般到特殊,即从大前提推导出必然的结论。其功效不是要证明前提的对错,而是要基于前提推导出具体的结论。通过对事实的高度简化和严谨界定,运用形式模型可以为研究假设的提出、推导和验证提供精确的演绎结构。

    在国际关系研究中,运用形式模型的两个主要分支是空间理论和博弈论。空间理论涉及对几何图形的应用,而博弈论研究的则是行为体在对抗冲突中的最优对策。从学界的研究看,博弈论是运用较普遍的方法。[②]由于国际关系学科研究的是行为体的互动,而这种互动作为两个以上行为体的战略选择的产物,经常会表现出类似博弈的特征,每一方的决策都取决于其他方怎样做,因此运用博弈模型把某些适宜的国际问题(特别是外交决策问题)形式

---

    ①   Michael Nicholson, "Formal Methods in International Relations", in Frank P. Harvey and Michael Brecher(eds.), *Evaluating Methodology in International Studies*, Ann Arbor: The University of Michigan Press, 2002, p.28.

    ②   可参见周方银:《Formal Models 和国际关系研究》,载中国国际关系学会编:《国际关系理论:前沿与热点》,北京:世界知识出版社 2007 年版,第 73—74 页。该文参考了 Rebecca B. Morton, *Methods and Models*, Cambridge: Cambridge University Press, 1999, p.36;[英]马尔科姆・卢瑟福:《经济学中的制度:老制度主义和新制度主义》,陈建波、郁仲莉译,北京:中国社会科学出版社 1999 年版,第 8 页。

化,是可以得到许多有益启示的。

　　本章将首先对形式模型做一般说明,然后重点介绍博弈论的应用。为了便于阅读,本章将尽量少涉及数学内容,重点是讨论博弈论在国际关系研究中的作用与意义。

6.1　形式模型的基本概念

　　就词义而言,形式模型的"形式"(formal),是指要素的外在形式,如结构、关系或排列等,而"模型"(model)则是指对系统或现象的简化描述或表示。把这两者组合在一起,可以将形式模型解释为对拟研究的要素及其关系的一种简要的和精确的陈述,并且通常以数学符号来表示。由于用形式模型表述对象有确切的定义和简明的关系结构,因此便于进行演绎和复制。

　　对事实进行形式化,是科学研究中的一种常见做法。例如,把地球简化为地图就是一种形式化。在这样做的时候,一个球面的世界变成了一个平面的图形。这种高度简化使人能够对世界一目了然。当然,简化后的地图并不包括地球的全部要素。为了能够给人以简明的地理知识,它必须忽略掉地球的一大部分信息,甚至是从其他研究角度看来非常重要的东西。从这个意义讲,形式模型在本质上只是有关真实世界某一部分的一个简化图示。①

　　模型作为对真实世界的简化,从某种程度讲是粗略的和不准确的,但在很多研究中是不可缺少的。比如,飞机设计师使用的飞机模型,在材料、零件和结构上都与真实飞机相去甚远,但能够促进人们对飞机设计的认识。实际上,衡量一个形式模型,标准不在于它接近真实世界的程度,而在于它是否具有帮助人们理解研究

---

① Duncan Snidal, "Formal Models of International Politics", in Detlef F. Sprinz and Yael Wolinsky-Nahmias(eds.), *Models*, *Numbers*, *and Cases*: *Methods for Studying International Relations*, Ann Arbor: University of Michigan Press, 2004, pp.227—228.

对象的有用性和简洁性。

对于研究者来说,要陈述一个命题,如果能使用数学表达式,那显然要比使用自然语言表达更简洁和精确。我们可以看一个在政治学领域用形式模型研究公民投票行为的事例。

公民在什么情况下会去投票?赖克(W.H.Riker)和奥德舒克(P.C.Ordeshook)用了一个数学表达式来说明:

$$P \times NCD + D \geqslant C$$

在这里,P 是公民个人投票影响选举结果的概率,NCD 是公民个人从候选人的差异中可感知的净收益,D 是公民个人的责任感,C 是与投票行为相关的成本(包括机会成本、驾驶时间、汽油等)。按照两位作者的观点,当且仅当这个表达式成立时,公民个人才会去投票。在这个表达式中,P 和 NCD 是相乘的关系,因为公民个人对投票结果的决定性影响越小,考虑净收益就越没有意义。这时他们就不会再去收集候选人的政治信息。倘若这个概率降为零,则这两项要素就需要从计算中删除了。[①]这个数学表达式告诉人们推动公民参与投票有哪些重要因素,这些因素有怎样的逻辑联系,以及会导致怎样的结果。当然,这样的命题作为一个假设,能否成立还需要用经验数据加以检验。

在国际关系研究中,对一些问题的表述使用形式模型也是必要的。以外交谈判为例,格伦·斯奈德(Glenn H. Snyder)和保罗·迪辛(Paul Diesing)在描述讨价还价过程时就使用了几何空间模型。

在图 6.1 里,纵轴表示 A 方的价值追求,横轴表示 B 方的价值追求。图中的点 C 和点 E 分别表示 A 方的最高要求和最低要求,点 F 和点 D 分别表示 B 方的最高要求与最低要求。A 方与 B 方讨价还价的范围,就是曲线 $CDEF$。其中,A 方的要求范围是曲线 CDE,即如果最终结果是点 C,则实现了最高要求,如果是点 E,则

———————————

① W. H. Riker and P. C. Ordeshook, "A Theory of the Calculus of Voting", *American Political Science Review*,62,1968,pp.25—42.

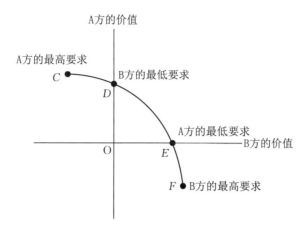

图6.1　讨价还价的数学表达

实现了最低要求（没有得也没有失）。B 方的要求范围是曲线
DEF，即如果最终结果是点 F，则实现了最高要求，如果是点 D，
则实现了最低要求（没有得也没有失）。对双方来说，参与谈判的
底线都是不能有所失，因此 A 方不能接受曲线 EF，B 方不能接受
曲线 CD。把这两段排除，它们可以共同接受的谈判范围就是曲
线 DE。在这个谈判范围内，每一方都力图使达成协议的点离自
己的最高要求尽可能近一点，或者说离自己的最低要求尽可能远
一点。①对于这个讨价还价的互动，当然也可以用自然语言来描
述，但显然不如用形式语言表述更直观、简洁。

　　作为一种研究工具，**形式语言**（formal language）是一种为了
特定应用而人为设计的语言，诸如数学家使用的数字、几何图形和
运算符号，化学家使用的分子式，程序员使用的计算机语言等。由
于这类语言能够以高度抽象化的方式精确地表达对象间的逻辑关
系，因此便于用一定的算法构造句子的句法推导树。

　　迈克尔·尼科尔森（Michael Nicholson）认为，自然语言，诸如
我们所讲的法语、英语、汉语等，适于进行描述，但面对演绎论证的

① Glenn H. Snyder and Paul Diesing, *Conflict Among Nations：Bargaining，Decision Making，and System Structure in International Crisis*，Princeton，N.J.：Princeton University Press，1977，p.69，转引自 Frederic S. Pearson and J. Martin Rochester，*International Relations*，4th edition，New York：McGraw-Hill，1998，p.269。

重要链条时就不适用了。相比较,形式语言,特别是数学语言,按照通常的理解,尽管在精细描述方面相当弱,但在演绎论证时却相当强。[1]邓肯·斯尼德尔(Duncan Snidal)认为,数学模型能提供精确的语言来描述一个问题的关键要素,能提供强有力的工具来增强理论的逻辑力量,并且能提供一个重要手段来扩展我们对世界的理解与解释。[2]

在国际关系研究中应用形式模型,其功能主要在于为问题的描述、演绎和验证提供帮助。[3]

就描述而言,形式模型所具有的高度抽象和简洁的特点,可以让研究者去除冗余的信息,甚至去除大部分事实,从而使问题一清二楚。虽然这种做法有可能被批评为过度简化,但只要这种抽象和简化运用得当,就不会遗漏重要信息,而且可以抓住需要分析的主要事实。从这一点来讲,模型对于理解国际政治是非常必要的。它能够改进我们的理论语言的精确性。

就演绎而言,运用形式模型可以使研究者便利地进行理论推导,甚至可以推导在经验世界无法观察到的景象。例如,在对核威慑进行研究时,人们知道,这种威慑的可信度有赖于报复的决心,威慑方报复的决心越坚决,核威慑的作用就越大。然而,由于核武器在实战中只应用过两次,而美苏之间对峙加剧并导致核危机的情况又非常少见,因此很难用常规的方法进行经验研究。在这种情况下,研究者可以借助形式模型(包括博弈分析和电脑模拟)进行研究,并且可以推导出具有重要意义的结论。

就验证而言,运用形式模型得出的推论,在很多情况下是可以

---

[1]　Michael Nicholson, "Formal Methods in International Relations", in Frank P. Harvey and Michael Brecher(eds.), *Evaluating Methodology in International Studies*, p.24.

[2]　Duncan Snidal, "Formal Models of International Politics", in Detlef F. Sprinz and Yael Wolinsky-Nahmias(eds.), *Models, Numbers, and Cases: Methods for Studying International Relations*, p.227.

[3]　Ibid., pp.227—264.

作为假设用经验事实证实或证伪的。人们对这些推论进行检验，可以实现两个目的：第一，如果推论得到证实，那么就可以把得出该推论的模型推广到更大范围的研究之中；第二，如果被证伪，那么就需要进一步改进原有模型。

在国际关系研究中，人们运用形式模型的一个非常重要的目的是进行预测或前瞻性判断。对这样的判断进行检验，是要看相关的经验事实的发生有多大的可能性。由于国际互动具有很大的不确定性，一般的推论只能说明存在的某种趋势，预测具体事件的发生很难，因此即使检验发现事件发生的概率不高，也不应轻易抛弃该模型，而应探讨是否可以加以调整或修正。通常，形式模型的建立是需要经过一个不断完善的过程的。

6.2　博弈论模型

研究者运用形式方法对国际互动进行研究，很多时候针对的是决策和战略选择领域。在这些领域，**理性选择理论**（rational choice theory）和与之密切相关的**博弈论**（games theory）占有重要地位。

"理性选择"是源于经济学的概念，指个人通过权衡成本和收益，会选择最符合其利益的行动方案。把这个概念用于国际关系研究，有助于解释国际行为体的领导者和其他重要决策者如何做出决策。按照理性选择理论，决策者进行决策，都是从对外政策目标出发，其选择是合理地权衡各种代价与效用的结果，符合其利益，能够从中得到最大的好处，因而是合理的。这样的决策形式，通常被称为"理性行为体模式"（rational actor model）。事实上，正因为人们假定决策者的决策是有目的和明智的，有关对外政策的分析才成为可能的事情。希德尼·维巴（Sidney Verba）指出："如果决策者合乎理性地行事，那么懂得理性法则的观察者就可以在他自己心里预演这个决策过程，倘若他知道决策者的目标，他就能对决策进行预测,并且知道为什么会有这样的特定决策。"①

用博弈论研究决策行为,所做推论就是建立在理性选择的假定之上。由于这两者有密切关联,因此有人以为博弈论就是理性选择模式的数学表达。实际上这是一种误解。运用理性选择理论,研究者可以解释单一行为体的决策,而博弈论则只适用于对交互式决策(interactive decision)中的理性行为进行分析,涉及的是"博弈者之间的斗争或者竞争"②。这样的决策过程是相互依赖的,即每个决策者在制定策略时,都需要考虑其他决策者的可能决定或策略。博弈的解决方案描述了有着相似、对立或混合利益的各决策方的最佳决策,以及这些决策可能产生的结果。③

作为数学的一个分支,博弈模型在社会科学研究中的应用有一个发展过程。最初,数学家们研究的是一些相对简单的模型,后来逐渐延伸到了棋牌类等较为复杂的问题。在 20 世纪 40 年代,数学家约翰·冯·诺伊曼(John von Neumann)与数量经济学家奥斯卡·摩根斯坦(Oskar Morgensten)共同完成了具有重要影响的著作《博弈论与经济行为》(*Theory of Game and Economic Behavior*),使得博弈研究与数学真正融合在了一起。④该书的出版标志着人们开始按照博弈的方法来分析经济竞争和军事冲突等问题。此后,不同学科的学者陆续把人类的各种战略选择转化为博弈问题,使得博弈论研究在 20 世纪 50 年代得到了飞速发展。⑤

---

① Sidney Verba, "Assumptions of Rationality and Non-Rationality in Models of International System", in J. N. Rosenau(eds.), *International Politics and Foreign Policy*, New York: Free Press, 1969, p.225,转引自 Michael Clarke and Brian White (ed.), *Understanding Foreign Policy*, Vermont: Edward Elgar, 1989, p.13。

② James Morrow, *Game Theory for Political Scientist*, Princeton: Princeton University Press, 1994, p.74.

③ 参见《大不列颠百科全书》(*Encyclopedia Britannica*)在线版,见 https://www.britannica.com/science/game-theory,访问时间:2023 年 12 月 20 日。

④ 该书有中文版,可参见[美]冯·诺伊曼、摩根斯顿:《博弈论与经济行为》,王文玉、王宇译,北京:生活·读书·新知三联书店 2004 年版。

⑤ [美]罗杰·A. 麦凯恩:《博弈论:战略分析入门》,原毅军等译,北京:机械工业出版社 2006 年版,第 4—5 页。

6.2.1　什么是博弈?

博弈是指具有竞争或对抗性质的行为。在这类互动中,各参与方为实现各自的利益和目标,都必须考虑对手的各种可能的行动方案,并力图选取对自己最为有利或最为合理的战略。为理解这一点,我们可以先看几个经典事例。

(1) **猎鹿博弈**(stag hunt game)。18 世纪的法国思想家让-雅克·卢梭(Jean-Jacques Rousseau,1712—1778 年)在《论人类不平等的起源和基础》(*Discourse on the Origin and Foundations on Inequality among Mankind*,1755)一书中讲了这样一段话:

> 进行猎鹿,每个人都很清楚必须忠实地留在自己的岗位上。但是,如果一只野兔碰巧从其中一人的身边经过,那我们毫不怀疑他会无所顾忌地去追赶它并抓获自己的猎物。对于他的同伴因此失去他们的猎物,他几乎不会在意。①

卢梭所谈到的情况,构成了被称为"猎鹿博弈"的模型:两个人出外打猎,可以选择合作围猎一头雄鹿,或是单独去追逐一只兔子。每个人都需要在不知道对方选择的情况下做出选择。如果选择猎鹿,他就必须得到另一人的合作,否则就不能成功。如果选择猎兔,则自己就可以完成,但一只兔子的价值远低于一头雄鹿。这个故事被认为是对社会合作的一种类推。由于博弈结局是博弈者共同决定的,因此每一方可能做的两种选择都有风险:选择合作有可能一无所得,选择不合作有可能失去共同利益。

(2) **囚徒困境**(prisoner's dilemma)。1950 年,数学家、博弈论研究的先驱阿尔伯特·威廉·塔克(Albert William Tucker,1905—1995 年)首先对囚徒困境进行了正式论述。塔克是以下述

---

① Jean-Jacques Rousseau, *A Discourse upon the Origin and the Foundation of Inequality among Mankind*, Salt Lake City, UT: Project Gutenber, 2004, p.87.

的小故事为开始:①

> 鲍勃和埃尔两个窃贼被警察抓获,分别关押。每个窃贼必须选择是否认罪并指认同伙。如果二人都不认罪,将被指控非法携带武器,入狱一年。如果二人都认罪并指证同伙,将入狱 10 年。如果一人认罪,一人不认罪,认罪方由于与警方合作将被无罪释放,而其同伙将遭到严惩,被判入狱 20 年。

塔克故事中的两个囚徒,进行理性选择会面对着这样的情况:在对方认罪的情况下,自己不认罪会入狱 20 年,认罪将入狱 10 年,最佳选择是认罪。在对方不认罪的情况下,自己不认罪将入狱 1 年,认罪将获得自由,最佳选择还是认罪。所以,无论对方做何种选择,理性的选择都是认罪。两人都做这种选择,将各被判入狱 10 年。相反,如果两人都做非理性选择,即都不认罪,则每人只会入狱一年。

从这个案例中可以看到,以自我利益为目标的"理性"行为,导致的是相对较劣的收益。这一结果对现代社会科学造成了深远的影响,因为在当今的世界,从道路拥挤、军备竞赛、污染到鱼类的过度捕捞等,存在许多相似的情形。尽管这些现象分属不同领域,但都存在一个共同之处,即个人的理性行为导致了对各方而言较劣的结果。囚徒困境模型之所以具有重要的学理意义,就在于能够说明这一点。②

(3) **胆小鬼博弈**(chicken game)。1959 年,英国哲学家、历史学家、逻辑学家和数学家伯兰特·罗素(Bertrand Russell, 1872—1970 年)在《常识与核战》(*Common Sense and Nuclear Warfare*)一书中用颓废青年所玩的撞车游戏来类比美苏之间的核对抗。他首次使用了"胆小鬼"(chicken)的概念。这一类比大概是把博弈思想应用于国际关系研究的开始。罗素是这样讲的:

---

① A. W. Tucker, *A Two-Person Dilemma*, Mimeo: Stanford University Press, 1950,转引自 Barry O'Neill, *Honor*, *Symbols*, *and War*, The University of Michigan Press, 1999, p.263。

② [美]罗杰·A. 麦凯恩:《博弈论:战略分析入门》,第 8 页。

　　自从核僵局凸显以来,东方和西方政府都采取了杜勒斯先生所谓的"边缘政策"。这种政策来自一种人们告诉我是颓废青年从事的运动。这种运动被称为"胆小鬼"。它的玩法是选择一条长而直的路,中间画一条白线,两辆车从两端出发高速相对而行。每一辆车按照期望都应骑着白线向前开。随着它们相互接近,同归于尽的可能性变得越来越大。如果其中一辆车离开白线,另一方在经过时就会高喊"胆小鬼"。转向的一方因此会成为被耻笑的对象。尽管在这个游戏中只有参与者会冒生命危险,但由于是一些不负责任的男孩在玩,因此该游戏被认为是颓废的和不道德的。如果杰出的政治家们从事这个游戏,那他们就不仅要冒个人生命的危险,而且会冒上亿人生命的危险。在两边,人们都有这样的认识,即站在一边的政治家正展示高超的智慧和勇气,而另一边的政治家该受谴责。这当然是荒谬的。双方都应该为玩这样一种不能相信的危险游戏而受到责备。也许这种游戏有少数几次能免于灾祸,但或迟或早,人们总会感觉到丢脸比核毁灭更可怕。当每一方都不再能面对"胆小鬼"的嘲笑喊声的时候,这个时刻就到来了。当这个时刻到来的时候,两边的政治家都会把世界投入毁灭之中。①

　　从以上三个案例中可以看到,当各方在一定条件下互动时,有可能构成一种博弈局面,每一方都面对着如何进行战略选择的问题。他们需要对不同的选择进行排序,并在考虑对方战略应对的情况下评估自己在不同的战略组合中会有怎样的收益。把这种局面形式化,可以设计出一定的模型,以探讨各方的最优反应。进行这种研究所形成的理论,就是作为研究工具的博弈论。

---

　　① Bertrand Russell, *Common Sense and Nuclear Warfare*, London: Allen and Unwin, 1959, p.30.

6.2.2　博弈模型的基本概念

博弈模型的基本类型,可分为**合作博弈**与**非合作博弈**。这两者的区别在于博弈者之间是否存在具有约束力的协议(比如经济互动中的"合同")。存在具有约束力的协议,意味着博弈者能通过谈判或执行协议被说服采用特定策略,以合作的方式实现共同目标。这样的博弈就是合作博弈。用合作博弈模型研究的主要问题之一,是如何在博弈者之间分配合作的回报。与此不同,如果不存在具有约束力的协议,那么博弈者的决策就是完全自主的行为,其目的是实现自身利益的最大化而不会考虑他者的利益。这样的博弈就是非合作博弈。在这种博弈中,可能存在有利于所有博弈者的更好结果,但博弈者间的不信任和偏离的动机,使得他们最终得到的是较差的结果。通常人们所研究的主要是这类非合作博弈。

从博弈的构成来说,主要包括以下一些概念:[①]

博弈者(参与者、玩家):他们是相互关联、相互影响的利益主体,可以是个人、组织或国家。任何一种博弈,至少要有两方参加。更多方参与的博弈,会形成比较复杂的模型。

战略集:博弈者可选择的所有战略,构成了他的战略集。战略集当中的单一战略被称为**纯战略**(pure strategy);在若干纯战略中进行随机选择,将这些纯战略按一定的概率混合起来搭配使用,则被称为**混合战略**(mixed strategy)。博弈者采用混合战略,会使对手无法预测自己的战略选择。在博弈中,参与者的战略集应当包括其全部选择,并且是可以排序的。

收益(payoff):博弈者在每个选择点采取行动之后,都会使博弈形成一定的状态(结局)。在这种状态下,博弈者可以实现的效用被称为"收益"。由于博弈者可采取的战略有多种,因此不同的

---

① 可参见张维迎:《博弈论与信息经济学》,上海:上海人民出版社 2004 年版,第 124 页;李保明:《效用理论与纳什均衡选择》,北京:经济科学出版社 2003 年版,第 46—47 页。

选择会给博弈者带来不同的收益。

博弈次数和次序：博弈者只做一次战略选择即得出结果，被称为"一次性博弈"；做多次选择得出结果，被称为"多次博弈"。博弈次数可以对博弈结果产生重要影响。在多次博弈中，博弈者会避免采取短视行为，因而会对合作产生促进作用。[1]博弈次序是指博弈者进行战略选择的时间方式，包括静态博弈和动态博弈。静态博弈是指博弈者同时做出选择，或者虽非同时选择，但后行动者并不知道先行动者采取了什么行动；动态博弈是指博弈者的行动有先后顺序，且后行动者能够观察到先行动者所选择的行动。

信息结构：信息指的是博弈参与者的知识，特别是有关其他博弈者的特征和行动的知识。如果每一个博弈者对其他博弈者的特征、战略集和收益都有准确的信息，那么就会形成一种完全信息博弈。[2]如果博弈者不完全了解其他博弈者的特征、战略集和收益的准确信息，或者说博弈者拥有不为其他博弈者掌握的私有信息（private information），[3]那么就会形成一种不完全信息博弈。

6.2.3　博弈模型的表达

进行博弈研究，人们会采取一定的表达方式。常用的两种表述方式是标准表达式和扩展表达式。标准表达式是用表格（矩阵）形式表述的，而扩展表达式则是用树形图表述的。这两种表述方式是可以相互转换的。从分析的便利性角度看，标准表达式比较适合于表述静态博弈，而扩展表达式则比较适合于表述动态

---

[1]　Robert Axelrod and Robert O. Keohane, "Achieving Cooperation under Anarchy: Strategies and Institutions", *World Politics*, Vol. 38, No. 1, Oct. 1985, p. 226—254.

[2]　张维迎：《博弈论与信息经济学》，第 7 页。

[3]　James Morrow, *Game Theory for Political Scientist*, Princeton: Princeton University Press, 1994, p. 69.

博弈。①

1. 标准表达式

用标准表达式对一个博弈问题进行表述,需要包含三个基本的元素:博弈者、战略集和收益情况。图6.2是对囚徒困境、胆小鬼博弈和猎鹿博弈的表达。为方便起见,收益都以1、2、3、4来表示。这些数字只具有按大小排序的意义。

	囚徒困境	
	A 抵赖	坦白
B 抵赖	3, 3 (cc)	1, 4 (cd)
坦白	4, 1 (dc)	2, 2 (dd)

	胆小鬼博弈	
	A 退让	前进
B 退让	3, 3 (cc)	2, 4 (cd)
前进	4, 2 (dc)	1, 1 (dd)

	猎鹿博弈	
	A 雄鹿	兔子
B 雄鹿	4, 4 (cc)	1, 3 (cd)
兔子	3, 1 (dc)	2, 2 (dd)

图 6.2　博弈的标准表达式

在囚徒困境中,两个博弈者各有两种战略,即合作(c)和背叛(d)。这里的"合作"与"背叛"都是相对对方而言的。"合作"是指抵赖,即不出卖对方,而"背叛"则是指坦白。对每一个博弈者来说,最好的情况是己方坦白而对方抵赖。次优的选择是己方抵赖而对方也抵赖。依此类推,我们可以得出每一个博弈者的收益排序:dc(4, 1)>cc(3, 3)>dd(2, 2)>cd(1, 4)。其中,每一方的最大收益,都对应对方的最大损失。

在胆小鬼博弈中,对每一方来说,最好的情形都是己方前进(d)而对方避让(c)。如果双方同时避让,则互不损害对方的声誉,各自获得次优的结果。如果己方避让而对方前进的话,己方的声誉将受到损害,因此获得较差的结果。最糟的情况是双方都不避让而最终撞车。因此,任意一方的收益排序都是 dc(4, 2)>cc(3, 3)>cd(2, 4)>dd(1, 1)。

在猎鹿博弈中,如果双方合作围猎雄鹿(c),那么将实现各自

---

① 张维迎:《博弈论与信息经济学》,第31页。

最大的收益。如果一方背叛,去追捕兔子(d)而放走雄鹿,那么他将获得次优的结果。如果双方都去追捕兔子,那么各自都将得到较差收益。如果一方坚持合作猎鹿,而另一方背叛去捕捉兔子,那么合作方会得到最差结果。在这个博弈中,每一方的收益顺序,都是 cc(4,4)>dc(3,1)>dd(2,2)>cd(1,3)。

从以上三个例子中可以看到,用标准表达式来表述一个博弈问题,可以清晰地描述博弈者的战略空间和收益情况。尤其是在描述静态博弈的时候,这种表达式可以很好地展示博弈的结果和战略的优劣。

2. 扩展表达式

用扩展表达式表述一个博弈问题,需要说明博弈的参与者、每个博弈者面临的决策问题、决策的次序、在什么情况下何种战略被选择以及最终的结果。[1]具体而言,扩展表达式表述的博弈问题包含以下几个方面的因素。

- 博弈树:由节点和枝条构成,每一个节点表示博弈的一个步骤,而每一个枝条表示一种战略选择。
- 选择机会:说明博弈的哪一方在哪一个节点做出选择。
- 博弈结果:每一次战略选择之后形成的博弈状态。
- 收益情况:博弈者在各种博弈状态下能实现的收益。

图 6.3 所示是三个博弈模型的扩展表达式。在这种表达式中,我们既可以理解为 A 先进行选择,B 是在知道 A 的选择后再进行选择;我们也可以把表达式中的两个 B 视为一个节点,理解为

囚徒困境	胆小鬼博弈	猎鹿博弈

图 6.3　博弈的扩展表达式

---

① James Morrow, *Game Theory for Political Scientist*, p.58.

B是在不知道 A 如何选择的情况下进行选择。下面以囚徒困境为例做进一步说明。①

如图所示,博弈者 A 在第一个方框表示的节点处有两种选择:合作(即抵赖,记为 c)和背叛(即坦白,记为 d)。同样,博弈者 B 也有两种选择。在各自完成选择之后,会出现四种博弈结果:cc、cd、dc、dd,而(3,3)(1,4)(4,1)(2,2)则分别是 A 和 B 的不同收益分配。对 B 来说,如果 A 选择 c,他就应选择 d,因为 4>3;如果 A 选择 d,他也应选择 d,因为 2>1。

对于胆小鬼博弈和猎鹿博弈,也可以按照同样的模式进行理解。

6.3　博弈均衡的求解

博弈模型作为一种数学表达,是需要求解的。研究者进行博弈分析,目标是找到博弈者之间稳定的、可预测的互动行为模式。这种被称为**均衡**(equilibrium)的状态就是博弈的解。从词义讲,"均衡"是指在对立的力量或行动之间实现的平衡状态。②处于平衡状态的物体或系统,除非受到外界影响,它本身不会自发变化。这一平衡点在博弈论中被称为"纳什均衡"(Nash equilibrium)。"纳什均衡"是指博弈者的这样一种策略组合:任何一位博弈者在其他博弈者策略不变的情况下单方面改变策略都不会提高自身的收益。

6.3.1　纳什均衡

纳什均衡是美国数学家约翰·纳什(John F. Nash, 1928—2015

---

① 在不同场合,战略式表述运用的符号可能并不统一。本书采用的是詹姆斯·莫罗(James Morrow)一书的格式。在平常的写作过程中,请注意说明各种符号表示的含义,并保持这些符号的前后一致。

② http://www.merriam-webster.com/dictionary/equilibrium,访问时间:2023年12月20日。

年)所定义的均衡点。1950 年,纳什在普林斯顿求学期间发表了论文《讨价还价问题》(The Bargain Problem),①提出了博弈论的一般性假设。此后他扩展了谈判数学模型,在博士论文《非合作博弈》(Non-Cooperative Games)②中奠定了博弈论的数学原理。1994 年,纳什因博弈论在经济学中的应用而获得了诺贝尔经济学奖。

纳什所论证的均衡针对的是非合作博弈。在这种博弈中,当每位博弈者所选战略都是对其他博弈者所选战略的最佳反应时,所形成的战略组合就是纳什均衡。在博弈中可能存在多个纳什均衡,也可能一个也没有。对博弈者来说,达到纳什均衡并不意味着能获得最大收益,而是在应对其他博弈者选择的情况下能得到的最好回报。

以前文分析过的囚徒困境为例。其中的两位博弈者的战略选择都是这样的:无论对方如何选择,自己都应该选择坦白,这样一来,收益组合(2, 2)就是纳什均衡。在这种均衡状态下,任何一方在另一方战略不变的情况下改变战略,即选择抵赖,其收益都会从(2, 2)变成(1, 4),增量为−1。显然,这样的改变是没有理由的。对双方来说,构成纳什均衡的战略选择(坦白),都是对对方战略的最佳应对。在这里,收益量的增减构成了博弈者战略选择的理性标准。

求解纳什均衡,针对博弈者选择纯战略或混合战略的不同情形,需要经由不同的途径。

求解纯战略均衡,首先需要寻找每个博弈者的最优战略,之后看最优战略组合是否存在。这里讲的"最优战略",是指能给博弈者带来最大收益的战略。由于博弈的结果都是博弈者互动的产物,因此每位博弈者的最优战略都是相对对方战略而言的最优反应(best reply)。说得确切些,在其他方战略选择确定不变的情况

① John Nash, "The Bargaining Problem", *Econometrica*, Volume 18, Issue 2, April, 1950, pp.155—162.

② John Nash, "Non-Cooperative Games", *Annals of Mathematics*, Vol. 54, No.2, September, 1951, pp.286—295.

下,使自己的收益最大化的战略就是最优反应。

利用最优反应方法求解博弈的均衡,需要经由两个步骤:第一步,通过控制某个博弈者的战略选择,确定其他博弈者对他的最优反应,由此得到一个战略组合;第二步,考察该战略组合是否亦是前一步骤中的受控博弈者对其他博弈者的最优反应。如果最终得到的战略组合是每个参与者对其他参与者的最优反应,那么该战略组合就是一个纳什均衡。

以胆小鬼博弈为例(见图 6.2),博弈者 A 和 B 都有两种战略选择。当 A 选择退让时,B 选择可以带来更大收益的战略就是前进,因为前进的收益为 4,而退让的收益为 3。当 A 选择前进时,B 的选择则是退让,因为退让的收益为 2,而前进的收益为 1。在这里,战略组合(退让,前进)和(前进,退让)体现了 B 对 A 的最优反应。同理,可以发现战略组合(退让,前进)和(前进,退让)也是 A 对 B 的最优反应。因此,(4,2)和(2,4)是胆小鬼博弈的解。这两个组合都是纳什均衡点。一般来说,在有两个或两个以上纳什均衡点的博弈中,最后结果是难以预测的。

对博弈的参与者来说,采取不同战略所带来的收益通常是不一样的。出于理性考虑,他总是优先选择能带来更大收益的战略。在一些博弈中可能存在这样的情况,即不管其他博弈者如何选择,他都会选择某个战略,就如同因徒困境中的情况一样,每一位博弈者不管对方如何选择,都始终选择能给自己带来更大收益的"坦白"。这样的战略从概念上讲就是**占优战略**(dominant strategy)。[1] 在博弈中,如果某个战略组合分别是各方的占优战略,那么这个组合就构成了**占优战略均衡**(dominant strategy equilibrium)。在存在占优战略均衡的情况下,由于理性的博弈者不会选择占优战略之外的其他战略,因此占优战略均衡是博弈的唯一的解。[2]

需要注意的是,并非所有的博弈参与者都有占优战略。出现这

---

[1] James Morrow, *Game Theory for Political Scientist*, p.77.

[2] 张维迎:《博弈论与信息经济学》,第 34 页。

样的情况,求解均衡就需要经由剔除劣战略的步骤。所谓**劣战略**
(dominated strategy),是相对占优战略而言的。在概念上,如果一种
战略的收益在任何情况下都低于其他战略,那么这种战略就是不会
被选择的劣战略。如果博弈中存在劣战略,将其剔除后就可以构造
一个新博弈。在新的博弈中如果还存在劣战略,就需要重复这个过
程,直到只剩下唯一的战略组合为止。这个剩下的战略组合就是这
个博弈的解——**"重复剔除的占优战略均衡"**(iterated dominance
equilibrium)。进行这项操作的前提条件是博弈中至少就一个博弈
者而言存在一个劣战略。[①]我们可以看图 6.4 的例子。

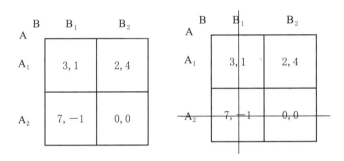

图 6.4　劣战略的剔除

在该例中,A 如果选择 A_1,B 就会选择 B_2,因为 4>1。如果
A 选择 A_2,B 还是会选择 B_2,因为 0>−1。在这里,B_2 就是 B 的
占优战略。相反,A 却没有占优战略,因为如果 B 选择 B_1,A 会选
择 A_2(因为 7>3),如果 B 选择 B_2,A 就会选择 A_1(因为 2>0)。
由于 B 不会选择 B_1,因此在信息完备的前提下,A 就不会再选择
包含 B_1 的战略组合。这样,本例的求解就可以剔除(A_1,B_1)和
(A_2,B_1)两个战略组合,而只考虑(A_1,B_2)和(A_2,B_2)。由于 B_2
是确定的,而 A_1 优于 A_2(2>0),因此再剔除(A_2,B_2)后,(A_1,
B_2)就成了模型的解。

---

① 如果存在多个劣战略,那么对它们剔除顺序的不同,可能会导致不同的均衡结
果。限于篇幅这里不展开论述。进一步的讨论,可参见张维迎:《博弈论与信息经济
学》,第 37—38 页。

　　博弈者进行纯战略博弈,如前所述,并非都存在纳什均衡。不过,如果博弈者选择混合战略博弈,按照纳什的证明,则至少会有一个纳什均衡。我们可以看图 6.5 的例子。[①]该例子不存在纯战略纳什均衡,但可以求解混合战略纳什均衡。

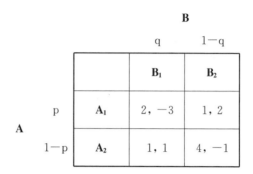

图 6.5　混合战略博弈

　　在该例中,博弈的两名参与者 A 和 B 各有两个战略 A_1、A_2 和 B_1、B_2。设 A 选择 A_1 和 A_2 的概率分别为 p 和 $1-p$,B 选择 B_1 和 B_2 的概率分别为 q 和 $1-q$。当双方随机选择战略的时候,每一方的预期收益都取决于另一方的预期行为。说得确切些,另一方选择该组战略的可能性越大,己方在该组的收益预期就越大。由于每一方随机选择的两项战略构成了一个完备事件组,被采用的概率之和为 1,因此计算每一种战略的预期收益都需要把矩阵中对应的两项收益分别乘以对方行为的相应概率,然后相加。

　　A_1 的预期收益 $=2q+(1-q)$；A_2 的预期收益 $=q+4(1-q)$；

　　B_1 的预期收益 $=-3p+(1-p)$；B_2 的预期收益 $=2p-(1-p)$。

　　在互动中,虽然每一方都想战略占优以得到更大收益,但都可以通过调整己方战略选择的概率使对方没有占优战略,方法是使对方的两项收益相等,即让 $A_1=A_2$,$B_1=B_2$,这样就会达到博弈的均衡点。

　　求解。可以先通过两个等式 $2q+(1-q)=q+4(1-q)$ 和

---

　　①　该例引自 https://iq. opengenus. org/pure-and-mixed-strategy-nash-equilibrium/,访问时间:2023 年 12 月 20 日。

$-3p+(1-p)=2p-(1-p)$，分别求出概率 q＝3/4，p＝2/7。这样得到的战略组合 $\left[\left(\dfrac{2}{7}A_1,\dfrac{5}{7}A_2\right),\left(\dfrac{3}{4}B_1,\dfrac{1}{4}B_2\right)\right]$ 就是本例的混合战略纳什均衡。把两个概率值代入上面的两个等式，可得到 A、B 两方的预期总收益(7/4，−1/7)。

6.4　博弈论与国际关系研究

在国际关系中，行为体间经常会呈现出交互决策的博弈场景。每一方都力图使自己的决策占优，以便谋求更大的利益。不论是进行外交谈判、危机应对、缔结联盟，还是控制军备、实施经济制裁乃至参与战争，都涉及这样的对外政策互动。虽然每个行为体都期望得到更大收益，但最终结果并不是单方面决定的，而是各方博弈的产物。在一些情况下，这种博弈会形成某种各方都乐见的均衡。研究这样的现象，不论是解释已经发生的结果，还是预测行为体在未来可能采取的行动，都具有重要的意义和价值。做这样的研究，需要有相应的工具，而博弈论的运用就适应了这样的要求。

博弈论在国际关系学科中的发展是在 20 世纪 60 年代。早期较有影响的代表人物与代表作有托马斯·谢林（Thomas Schelling）的《冲突的战略》（*Strategy of Conflict*，1960）[①]、阿纳托尔·拉波波特（Anatol Rapoport）的《战斗、博弈与争论》（*Fights, Games, and Debates*，1960）[②]、肯尼思·博尔丁（Kenneth Bould-

---

[①]　可参见中译本：[美]托马斯·谢林：《冲突的战略》，赵华等译，北京：华夏出版社 2006 年版。

[②]　Anatol Rapoport, *Fights, Games, and Debates*, Ann Arbor, Michigan：University of Michigan Press, 1960. 拉波波特对博弈论的其他研究包括：A. Rapoport, *Strategy and Conscience*, New York：Harper and Row, 1964；Anatol Rapoport, "Chicken à la Kahn", *Virginia Quarterly Review* Vol.43, 1965, pp.370—389；A. Rapoport and Albert Chammah, *The Prisoner's Dilemma*, Ann Arbor：University of Michigan Press, 1965；A. Rapoport, Mel Guyer and David Gordon, *The 2-2 Game*, Ann Arbor：University of Michigan Press, 1976。

ing)的《冲突与防卫》(*Conflict and Defense*，1962)①等。这些著作的问世，标志着国际关系研究有了新的方法与途径。运用这种方法，研究者可以对一些国际问题，诸如威慑以及其他冲突现象，进行更精确的推论。

博弈论之所以能够在国际关系学科中发展起来，一个重要原因是国际关系领域同经济学领域一样，存在适合博弈论生长的土壤。首先，作为经济学基础的效用理论，在国际关系研究中可以得到广泛的应用。与经济学家用货币衡量个人的效用水平不同，国际关系研究者以"国家利益"作为衡量标准。其中，战争的人力成本、军事损失和经济资源的耗费等都是需要考量的重要因素。其次，国际关系研究也像经济学一样关注互动的影响。由于国际行为体的对外政策决策总是相对其他行为体而言的，会受到其他行为体决策的影响，因此研究国际关系必须考虑国际互动的大环境，而博弈论则为这种研究提供了有效的模型和工具。最后，国际关系研究中对信息因素的重视也类似经济学研究。在个人和单元层次，人们需要关注领导人或决策层的"知觉与错误知觉"对国际事务的影响；在国际层次，人们需要关注信息分配对谈判、结盟、威慑、战争等互动行为的作用。

詹姆斯·多尔蒂(James E. Dougherty)和小罗伯特·普法尔茨格拉夫(Robert L. Pfaltzgraff Jr.)认为，人们之所以在国际关系研究中需要运用博弈论，是因为国际关系的过程和模式经常会表现出某些类似博弈的特征，诸如外交棋盘上的对弈、虚张声势、增加赌注、使用讨价还价的筹码、多次估算或战胜对手等。针对这些情况，运用博弈论作为分析工具，能提高研究者认识国际关系对象的水平。不过，他们也指出，运用博弈论的分析框架并不能全面理解国际体系的运作，因为这种方法的主要应用范围是外交决策领域。②

---

① Kenneth E. Boulding, *Conflict and Defense*, New York: Harper & Brothers, 1962.

② [美]詹姆斯·多尔蒂、小罗伯特·普法尔茨格拉夫:《争论中的国际关系理论(第五版)》,阎学通、陈寒溪等译,北京:世界知识出版社 2003 年版,第 604、611、612 页。

　　从目前的学科现状看,应该说博弈论研究已得到了较广泛的认可。①在《冲突解决杂志》《世界政治》《国际研究季刊》等主流国际期刊上,经常会见到运用博弈论的文章。②在国内,也出现了一批运用博弈模型分析国际问题的文章。③不过,总体上讲,国际关系领域的博弈论研究更多的是应用性的而不是开创性的。正如巴里·奥尼尔(Barry O'Neill)所指出的:"博弈论在国际关系研究领域的应用大多数是以现实主义为导向的,而且使用着相对古旧的概念体系。"④确实,在文章中常见的仍然是囚徒困境等模型。这种现状表明,国际关系学者面对着创新的使命,需要构想新的模型以适应研究新问题的需求。

　　为了进一步理解博弈论方法在国际关系研究中的应用,我们可以看几个具体的例子。

　　1. 联盟下的安全困境

　　"安全困境"作为国际关系研究中的重要概念,描述了这样一种局面,即一个国家保障安全的努力会降低其他国家的安全感,它们相互采取的安全措施会造成一种紧张的局面。按照现实主义的

　　① B. W. Russell, *Common Sense and Nuclear Warfare*, London: George Allen and Unwin, 1959. 胡宗山、周方银对博弈论在国际关系研究领域的应用作过系统回顾,可参见胡宗山:《博弈论与国际关系研究:历程、成就与限度》,《世界经济与政治》2006年第 6 期;周方银:《Formal Models 和国际关系研究》,载中国国际关系学会编:《国际关系理论:前沿与热点》,第 73—74 页;周方银:《中国的国际关系方法论研究》,载王逸舟主编:《中国国际关系研究(1995—2005)》,北京:北京大学出版社 2006 年版,第 452—454 页。

　　② James Morrow, *Game Theory for Political Scientist*, p.14.

　　③ 以《世界经济与政治》杂志为例,1999—2007 年间刊发的部分运用博弈论文章有:徐进、李鲲:《东北亚地区安全机制的前景》(1999 年第 9 期);唐世平:《中国—印度关系的博弈和中国的南亚战略》(2000 年第 9 期);朱智洛:《对劳工标准之争的博弈分析》(2001 年第 2 期);王磊:《无政府状态下的国际合作——从博弈论角度分析国际关系》(2001 年第 8 期);谢建国:《不完全信息、信念与博弈均衡——伊拉克武器核查危机的一个博弈论解释》(2003 年第 5 期);周方银:《无政府状态下小国的长期存在》(2005年第 2 期);庞珣:《危机中的风险意愿》(2005 年第 1 期);齐志新:《历史认知与中日政经关系:影响测度与博弈分析》(2005 年第 9 期);胡宗山:《博弈论与国际关系研究:历程、成就与限度》(2006 年第 6 期);于宏源:《国际环境合作中的集体行动逻辑》(2007 年第 5 期)。

　　④ Barry O'Neill, *Honor*, *Symbols*, *and War*, Ann Arbor: The University of Michigan Press, 1999, p.255.

逻辑,国家在进行权力互动的时候,建立同盟是一种重要方式。那么,国家建立联盟是否会导致安全困境呢? 格伦·斯奈德的《联盟政治中的安全困境》(Security Dilemma in Alliance Politics)一文就运用博弈模型进行了开拓性的探讨。[①]

斯奈德对联盟博弈中的"安全困境"的思考,主要是以多极体系(如 1945 年之前存在的体系)为场景。他划分了两个阶段:第一阶段发生在联盟形成过程中,第二阶段发生在联盟形成之后。在联盟博弈的第一阶段,每个国家都有两种选择:寻求盟友或放弃联盟。如果所有国家同样强大,只对安全感兴趣,那么在所有国家都放弃结盟的情况下,每个国家相对别国都会有适度的安全,而结盟则需要付出各种代价,诸如减少行动自由,须承诺捍卫他人利益等。然而,有两个原因会导致国家结盟:一是某些国家可能不满足于适度的安全,在其他国家放弃结盟的情况下,它们可能通过结盟增加自身的安全;二是某些国家担心其他国家会结盟,因此会寻求盟友以避免受到孤立或阻止其他国家结盟反对它们。一旦这些国家形成联盟,反联盟必然会随之而来,最终的结果是形成两个相互竞争的联盟。斯奈德认为这种结果比全面放弃结盟更糟糕,因为每个国家都承担了结盟的风险和负担,而其安全性几乎没有得到改善。

对于多国参与的联盟博弈,斯奈德设计的模型是以两方博弈为形式的(见图 6.6)。按照他的解释,相对于博弈者 A,博弈者 B 意味着"所有其他博弈者",反之亦然。矩阵中的收益数字具有按大小排序的意义,从 4(最佳)到 1(最差)。对每个博弈者来说,排序都是这样的:(1)自己结盟而其他国家放弃结盟(4,1);(2)所国家都放弃结盟(3,3);(3)形成两个敌对的联盟(2,2);(4)自己放弃结盟(孤立)而其他国家结盟(1,4)。按照这个模型推论,每一方的占优战略都是结盟,而收益组合则是(2,2)。

---

① Glenn H. Snyder, "Security Dilemma in Alliance Politics", *World Politics*, Vol.36, No.4, July 1984, pp.461—495.

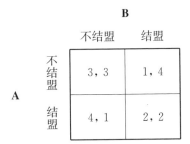

图 6.6　联盟博弈

联盟成立之后,博弈进入第二个阶段。这时,联盟的参加国将同时进行两种博弈:在联盟内部与盟友的博弈(alliance game),以及在联盟外部与对手的博弈(adversary game)。

在联盟内部,国家有两种选择:其中合作(c)意味着在特定的敌对冲突中兑现对盟友的承诺并给予全力支持,而背叛(d)则意味着立场模糊,在与对手的冲突中可能不履行承诺,甚至不予支持。斯奈德认为,在多极体系中,联盟从来不是牢不可破的。国家选择合作,好处是可以提高忠诚的信誉,使盟友打消疑虑,减少自己被抛弃的风险;坏处是增大掉入陷阱的危险,有可能被拖入一场自己不想参与的战争,降低对盟友讨价还价的能力,失去再结盟的选项,并且会巩固对手的联盟。选择背叛,好处是可以限制盟友的冒险行为,减少落入陷阱的危险,保留再结盟的选项,并且可以分化敌对联盟;坏处是使忠诚的信誉下降,增大被抛弃的风险。

在敌对博弈中,国家也有两种选择:强硬(c)和安抚(d)。选择强硬,好处是可以威慑或战胜对手,增强决心的威望,强化盟友对联盟的信心;坏处是会激怒对手,使关系更加紧张,导致不安全的局面螺旋上升。选择安抚,好处是能解决冲突,缓和紧张关系;坏处是鼓励对手强硬,降低解决问题的威望。

斯奈德认为,联盟成员在与对手打交道的同时,相互间也会打交道,因此这两种博弈会发生交互影响。例如,在对敌博弈中强硬,在联盟博弈中往往会让怀疑自己忠诚的盟友放心,并降低盟友背叛或重组联盟的风险,但同时也会增加被盟友拉下水的风险,因为盟友对得到支持有信心而拒绝妥协。相反,在对敌博弈中进行安抚,在联盟博弈中则会使盟友怀疑其忠诚度,从而增大被抛弃的风险。此外,斯奈德的文章还比较了两极格局与多极格局下"安全困境"的不同形态。

斯奈德这篇文章发表后产生了重要影响,成为联盟问题研究中被引用率较高的文献之一。在该项研究中,作者并没有使用复杂的模型,分析起点就是经典的囚徒困境。在这篇文章中,作者用形式模型的方法把问题简化并作出推论,有助于人们更好地理解多方政策互动中不同选择所导致的不同结果。

2. 美日贸易争端的博弈

自 20 世纪 70 年代以来,美日之间屡屡发生贸易争端。在迫使日本开放国内市场的问题上,美国政府应当怎样做,进行经济制裁是不是理性选择,日本政府会对制裁做何种反应,梅斯基塔(Bruce Bueno de Mesquita)运用博弈模型进行了推导。

梅斯基塔认为,关于美国的制裁,日本领导人可能面对三种情况:(1)维持现状(SQ),即没有制裁,日本市场开放度不变;(2)美国通过实施制裁改变现状,日本决定开放其市场(OM);(3)日本对美国的制裁进行报复,对美国产品征以更高的关税(R)。对于这三种情况,日本领导人的偏好取决于他们是否倾向于合作。合作型领导人的偏好顺序是:维持现状、开放市场、提高关税,即 SQ>OM>R。非合作型领导人的偏好顺序是:维持现状、提高关税、开放市场,即 SQ>R>OM。与日本领导人的偏好不同,美国领导人对日本领导人决策的偏好顺序是:开放市场、维持现状、提高关税,即 OM>SQ>R。

美国领导人的偏好排序表明,制裁是高代价的。按照这种偏好,如果制裁不起作用,美国政府宁愿维持现状,即 SQ>R。美国政府的考虑是:美国的消费者可能不得不付出更高的价格去购买日本商品的替代品,或者因报复性关税而不得不付出更高价格去购买日本的其他商品。在这种情况下,美国总统在政治上将失去支持。

我们可以看图 6.7 和图 6.8 的两个扩展表达式。这两个树型图表达了日本政府倾向于合作和倾向于不合作的两种情况。

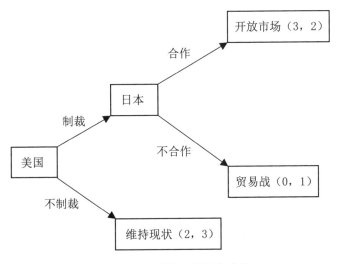

图 6.7　日本政府被认为会合作

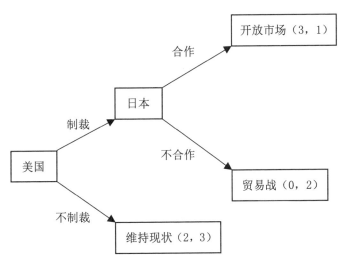

图 6.8　日本政府被认为会不合作

在图 6.7 中,日本政府被假定倾向于合作。美国实施制裁之后, 日本会选择开放市场。从美国方面来讲,维持现状(不予制裁)的收益是 2,日本开放国内市场后的收益是 3,因此理性的选择应是进行制裁。从日本方面来讲,开放市场的收益是 2,不开放市场(即进行贸易战)的收益是 1,因此理性的选择应是开放市场。这一博弈的均衡点是美国实施制裁而日本开放市场。收益组合是(3, 2)。

在图 6.8 中,日本政府被假定倾向于不合作,美国实施制裁后,日本会选择进行贸易战。对美国政府来说,维持现状的收益是2,进行贸易战的收益为 0,因此理性的选择应是维持现状。从日本方面来说,因领导人倾向于不合作,因此对于合作与不合作的收益的看法不同,认为开放市场的收益是 1,而进行贸易战的收益是2,因此理性的选择是进行贸易战。进行贸易战对美国是不利的,而维持现状对双方都是理性选择,因此均衡点是美国不对日本制裁。

梅斯基塔的研究表明了这样一种思路,即美国总统在决定是否对日本实施制裁时,需要考虑日本领导人是否具有合作倾向。对于偏好不同的领导人,美国应该选择不同的战略,否则就会面临不可收拾的困境。[①]

3. 安全困境下的合作问题

在总体上,现实主义对国际合作是持消极态度,认为国家在无政府状态下会彼此猜疑,并且可能互为威胁。不过,在相对温和的现实主义者眼中,国际合作并非没有可能。例如,罗伯特·杰维斯(Robert Jervis)就认为,即便在"安全困境"下,国际合作仍然有可能比冲突更具有吸引力。[②]

通过对囚徒困境的研究,杰维斯指出:"如果博弈只进行一次,那么唯一理性的应对就是选择背叛。"[③]然而,如果变更某些条件,合作就可能出现。杰维斯给出了在"安全困境"下促进合作的三种途径:第一,提高相互合作(cc 战略组合)的收益,降低一方的合作行为因另一方的背叛(cd 战略组合)而付出的成本。第二,降低背叛方利用合作方(dc 战略组合)得到的收益,提高相互背叛(dd 战略组合)的成本。第三,强化各方预期,使它们相信另一方会采取

---

① Bruce Bueno de Mesquita, *Principles of International Politics*, Washington D.C.: CQ Press, 2003, pp.335—342.

② Robert Jervis, "Cooperation Under the Security Dilemma", *World Politics*, Vol.30, No.2, January 1978, pp.167—214.

③ Ibid., p.171.

合作的战略。

如前所述,在囚徒困境中,每一位博弈者的收益排序都是 dc>cc>dd>cd。杰维斯给出的前两种途径就是要改变这种收益排序。一方面,提高合作战略所能带来的收益和降低合作方因另一方背叛而付出的成本,可以提高博弈者选择合作战略的可能。另一方面,降低背叛的收益和提高背叛的代价,可以弱化博弈者采取背叛战略的动机。至于他给出的强化各方合作预期的途径,实际上是试图解决一个近乎悖论的问题:①除非认为对方会合作,否则己方是不会合作的;由于对方采取背叛战略的收益总是大于合作的收益,因此缺乏合作的动机。要改变这样的信息结构,就必须强化各方对对方会合作的预期。

杰维斯所给出的三种途径,都是基于博弈原型推导出来的。这表明,形式模型具有重要的理论推导功能。它不仅能帮助我们以简化的方式描述国际关系现实,而且能为理论推导提供途径。

6.5 对形式模型的争论

运用形式模型特别是博弈论进行国际关系研究,是一件十分有趣而又充满挑战的工作。它有助于把复杂的问题简单化,并且有助于我们提高逻辑思维能力。正如保罗·魏里希(Paul Weirich)所做的评价:"博弈论是思索者的乐园,它规范了理性行动的原则,从而直接对研究实践推理的逻辑分枝产生了贡献。"②把某些适宜的国际关系问题形式化,可以开辟一个研究的新天地。尤其是在外交决策领域,运用这种方法可以得到许多有益的启示。

---

① 国际制度之所以能够促进国际合作,一个重要原因是它能够塑造参与者的预期。可参见 Robert O. Keohane, "International Institutions: Two Approaches", *International Studies Quarterly*, Vol.32, No.4, Dec.1988, p.384。

② [美]保罗·魏里希:《均衡与理性》,黄涛译,北京:经济科学出版社 2000 年版,第 1 页。

不过,运用形式模型进行研究,也始终存在争议。人们常常会听到这样的批评:所有的形式理论不过是重复在复杂理论中很明显的东西,或者是误入数学的怪想之中,这种研究与真实毫不相干。没有数学的干预,国际关系研究也能令人满意地向前发展。沉迷于数学,学者所追求的东西似乎离有道理的应用越来越远。人们很难知道它会走向哪里。①

持批评态度的斯蒂芬·沃尔特(Stephen M. Walt)认为,使用比较复杂的数学,以难以理解的方式提出想法,形式模型正变得越来越"用户不友好"。其议程不是来自现实世界的问题,而更多的是由方法论的时尚所塑造的。学者们经常关注狭隘而琐碎的问题,这反映了当代社会科学中弥漫的"对无关紧要之事的崇拜"。虽然这种方法对于提高理论的精确度,验证和完善其演绎逻辑非常有用,但大多数研究并没有提出新的东西,而是倾向于从其他学者那里获得论点,然后以数学的形式表达出来。由于在检验命题上投入的精力相对较少,因此政策制定者和公众无法知道这些论点是否有效。简而言之,形式模型与其他成熟的研究传统相比,在本质上并非更有价值或更加"科学"。②

与此相反,持支持态度的尼科尔森则认为,尝试把数学方法应用于国际关系研究的一个主要理由,是这种方法在其他学科中取得了卓越的成功。物理学是一个范例。只有极端的后现代主义者才否认其伟大成就。在自然科学中运用数学是没有争议的。在社会科学中,数学同样可以取得巨大成功。③在尼科尔森看来,形式方法在国际关系理论研究中增进了对国际体系运作的理解。这预示它会在未来起更大的作用。例如,这种方法使我们进一步理解了联盟行为和冲突的结构。这种方法可以把问题组织起来,更便

①③　Michael Nicholson, "Formal Methods in International Relations", in Frank P. Harvey and Michael Brecher(eds.), *Evaluating Methodology in International Studies*, pp.31—32.

②　Stephen M. Walt, "Rigor or Rigor Mortis? Rational Choice and Security Studies", *International Security*, Vol.23, No.4, 1999, pp.5—48.

于进行统计检验。这些都证明它是有道理的。从未来的研究看,很难想象人们对演绎模型的需求会减少。由于理论的发展会导致推理变得更加复杂化,因此对形式模型的需求也会更多。①

学界对国际关系研究中运用形式模型存在不同看法,表明对于这种方法还存在一些有待厘清的问题。在这里,进一步讨论和理解其长处和局限性是有必要的。

作为一种演绎推理的工具,形式模型的功能是从一个或多个前提推论出必然的结论。从这个意义上讲,只要国际关系研究需要进行演绎推理,而问题又能够形式化,那么就可能用到形式模型。事实上,对纷繁的国际关系事实进行适当的简化,用数学语言清楚、准确地表达其逻辑结构和各要素间的关系,在一些研究中是很必要的。例如,运用博弈论研究国家间的战略互动就能推论出一些非常有价值的结论。得出这样的必然性结论,一方面可以为进一步的经验研究提供可检验的命题,另一方面则可以对与结论相关的事实进行推测,而未必需要对每一个细节都进行具体的观察。

对于用形式模型推论出的命题,尽管被认为是蕴含在前提之中,但同样可能具有创新意义。在学术研究中,创新是指突破常规,创造新的知识。如果运用形式模型能够推论出人们原本不知道的结论,能够证明已有命题的必然性,并且能够对未发生的事情进行预测,那就是创新。例如,国际关系研究常用的囚徒困境模型,尽管是借鉴来的知识,却使人们对很多重大国际问题有了新认识。

当然,在看到形式模型的长处的同时,也应了解这种方法的局限性。从推理所涉及的前提、推论过程和结论这三个方面讲,都存在一些需要注意的问题。

首先是前提。运用形式模型进行推理,可以得出合乎逻辑的

---

① Michael Nicholson, "Formal Methods in International Relations", in Frank P. Harvey and Michael Brecher(eds.), *Evaluating Methodology in International Studies*, pp.35, 38.

结论,但未必都是可靠的结论,因为如果前提有问题,推导出的结论就会有问题。在任何情况下,运用形式模型进行推理都会受前提的制约,而前提是否有问题并不是形式模型本身能解决的。事实上,一些运用形式模型的研究之所以受到质疑,问题可能不在于推理,而在于起点命题存在谬误。从这个角度讲,要做好形式模型研究,确保前提可靠乃是一个必要条件。对研究者来说,虽然很多新奇想法可能是来自突发的灵感,但要把这样的想法作为推论的前提,是需要有适宜的实证检验的。以随意想出来的东西做推论是不可能令人信服的。

其次是推论过程。对于复杂的研究对象,不简化就不能进行推论,而简化则意味着要忽略许多因素。就国际关系现象而言,通常存在复杂的影响因素和因果链条,有很多结果都是系统效应的产物。进行形式化推论如果简化不当,遗漏了重要因素,忽略了重要的关系,那么就可能出现偏差乃至错误。在这里,人们可能需要把简化的推论和对现实的复杂思考结合起来。一方面,不能过于追求简单化,或者把一些经典模型任意用于推论各种情况,应尽可能使模型与复杂的现实问题相适合。另一方面,也不能过于追求数学模型的复杂化,因为模型毕竟只是工具而不是目的。研究做得好不好,最终的评估还要看推论的结果能否通过实证检验。

最后是结论。演绎推论出的结论是具有必然性的,但这种必然性只是相对前提而言的,不等于与实际相符。即使前提为真,推理过程没有问题,结论也只是对限定条件下的某种机制的合乎逻辑的陈述。由于形式模型是基于简化事实所做的推论,不能也不可能完美地反映现实,因此其结论是具有一定局限性的。对于这样的结论,应有适宜的态度。与其说它是有参考价值的确定论断,不如说它只是有待检验的假设。事实上,不经检验而直接依据这样的结论看待世界和指导一个国家的对外政策行为,是很可能出问题甚至出大问题的。面对远比模型复杂得多的现实世界,进行实际的战略决策是不能简单化的。在操作上,人们不但需要检验推论的结论,而且需要还原被模型忽略掉的因素,考虑到现实的方方面面。在这个过程中,把形式研究与其他研究相互印证、补充,才能真正体现出这种研究方法的价值。

总之,形式模型是一种适合演绎推理的好方法,但在国际关系学科中,并非一切重要的问题都可以用形式模型进行研究,而且用这种方法推论出来的东西也并非都是重要的和符合实际的。应用形式模型,必须针对适宜的问题。如果研究的需求是事实描述、文本诠释、案例比较、理论分析,那么自然语言就是更适合的,并且能够做得很好。在这种情况下,数学语言可能无益,甚至有点添乱。相反,如果需要对复杂的事实进行概括和演绎推理,那么用形式化方法就可能更适合。误用、滥用都是不可取的。

本章所做的介绍,只是有关形式模型的基本概念和博弈论的入门知识。要真正掌握这些方法,必须阅读专门的著作和教科书。即使不想使用这类方法,更多地了解这些知识,对于把握学科的研究前沿也是十分有益的。完全不用建模方法和完全不懂形式模型是两码事。就知识结构而言,多一些这方面的训练,对提高逻辑思维能力也是有益的。

学习要点与思考题

一、 形式方法的概念与意义

形式模型是指使用形式语言,以简化的方式精确地表达和推论对象间的逻辑关系的一种研究方法。这种方法在精细描述方面相当弱,但进行演绎论证却相当强。在国际关系研究中,运用这种方法可以使研究者去除冗余的信息,使问题一目了然;可以推论出有价值的命题,甚至可以推导在经验世界中无法观察到的景象;其结论在很多情况下可以作为假设用经验事实证实或证伪。

思考题:

● 怎样看待自然语言与形式语言的区别?怎样在研究中发挥它们各自的长处?

二、 博弈论模型

博弈是指具有竞争或对抗性质的行为。在博弈中,各方都会针对对手可能的行动方案,权衡收益,做出最优反应。把这种互动形式化的博弈论模型,是分析行为体交互决策的理性行为的工具。

博弈模型可分为"合作博弈"与"非合作博弈"。这两者的区别在于博弈者之间是否存在具有约束力的协议。通常人们所研究的主要是非合作博弈。

在博弈构成中,博弈者至少有两方;所选战略包括单一的纯战略,也包括按一定的概率搭配使用的混合战略。博弈者在每个选择点采取行动实现的效用被称为"收益"。博弈模型包括一次性博弈和多次博弈、静态博弈和动态博弈、完全信息博弈和不完全信息博弈。博弈的常用表达为标准表达式(矩阵)和扩展表达式(树形图)。

思考题:

● 理解博弈论构成的相关概念。

三、 博弈模型的求解

进行博弈分析,目标是找到博弈者之间稳定的、可预测的互动行为模式。这一平衡点在博弈论中被称为"纳什均衡"。在这种状态下,任何一位博弈者在其他博弈者策略不变的情况下单方面改变策略,都不会提高自身的收益。

要了解纯战略均衡和混合战略均衡的不同求解方式,掌握相关概念和大致的路径。

思考题:

● 图 6.9 描述的是一个双人博弈场景。假定参与者 A 和参与者 B 拥有完备的博弈信息,求解该模型中的纳什均衡。

	B_1	B_2
A_1	1, 4	0, 2
A_2	−1, 0	5, 1

图 6.9　双人博弈求解

四、 形式模型的长处与局限性

在国际关系研究中,把某些问题形式化,用数学语言清楚、准确地表达其逻辑结构和各要素间的关系,可以方便地进行推理。不过,这种推理受前提制约。前提未经过检验,推论就未必可靠。在推理中,简化事实有可能导致遗漏重要因素与关系;过度追求数学模型的复杂化容易脱离实际。形式模型的推论,再严谨也不可能完美地反映现实。不经检验而直接依据这样的结论看待世界和指导一个国家的对外政策行为,是很可能出问题甚至出大问题的。在战略决策中,形式模型的简化推论只有与对现实的复杂化思考相结合,才能发挥其重要作用。

思考题:

● 运用形式模型方法,其前提与结论都需要进行实证检验吗?

参考文献

〔美〕冯·诺伊曼、摩根斯顿:《博弈论与经济行为》,王文玉、王宇译,北京:生活·读书·新知三联书店 2004 年版。

〔美〕哈罗德·库恩:《博弈论经典》,韩松等译,北京:中国人民大学出版社 2004 年版。

〔美〕罗杰·A. 麦凯恩:《博弈论:战略分析入门》,原毅军等译,北京:机械工业出版社 2006 年版。

〔美〕诺兰·麦卡蒂、亚当·梅罗威茨:《政治博弈论》,孙经纬、高晓晖译,上海:格致出版社、上海三联书店、上海人民出版社 2009 年版。

〔美〕托马斯·谢林:《冲突的战略》,赵华等译,北京:华夏出版社 2006 年版。

张维迎:《博弈论与信息经济学》,上海:上海人民出版社 2004 年版。

Detlef F. Sprinz, Yael Wolinsky-Nahmias (eds.), *Models, Numbers, and Cases: Methods for Studying International Relations*, Ann Arbor: University of Michigan Press, 2004.

Frank P. Harvey and Michael Brecher (eds.), *Evaluating Methodology in International Studies*, Ann Arbor: The University of Michigan Press，2002.

Glenn H. Snyder，"Security Dilemma in Alliance Politics"，*World Politics*，Vol.36，No.4，July 1984，pp.461—495.

James Morrow，*Game Theory for Political Scientist*，Princeton：Princeton University Press，1994.

Martin Shubik，*Game Theory in the Social Sciences：Concepts and Solutions*，Massachusetts：The MIT Press，1982.

Robert Jervis，"Cooperation under the Security Dilemma"，*World Politics*，Vol.30，No.2，Jan.1978，pp.167—214.

Robert Powell，*Nuclear Deterrence Theory：The Search for Credibility*，Cambridge University Press，1990.

Stephen M. Walt，"Rigor or Rigor Mortis? Rational Choice and Security Studies"，*International Security*，Vol.23，No.4，1999，pp.5—48.

第 **7** 章
诠释学方法

在国际关系研究中,一直存在着两种基本的方法。正如马丁·霍利斯(Martin Hollis)和史蒂夫·史密斯(Steve Smith)所指出的,一种是科学的方法,另一种是诠释的方法。前者是寻求从外部对事件和行为的因果关系和规律进行解释,而后者则寻求从内部对事件和行为的意义进行诠释。①

在前边的章节中,有关的讨论已阐述了这样的基本观点,即国际关系的研究对象既有外在的可以观察的一面,也有内在的不可以观察的一面。正是基于这种属性,国际关系研究既需要基于客观观察的实证研究,也需要基于主观理解的诠释研究。尽管自行为主义革命以来,在国际关系学界实证方法的地位日益上升,但是鉴于国际关系事实具有双重属性,研究事件和行为的不可以观察的一面不可缺少,因此应该把诠释方法置于与实证方法大体同等的地位,并且以恰当的方式运用好这种方法。

7.1　诠释方法的由来

"诠释",意为理解和解释。理解的含义与了解相近,但有区别。"了解"的意思是知道,而理解则意为明白、懂得、领悟。对于事物,了解是对事物的表面的认识,是"知其然",而理解则是经大

---

① 可参见 Martin Hollis and Steve Smith, *Explaining and Understanding International Relations*, Oxford, England: Clarendon Press, 1990, pp.1—7, 4—91, 196—216,转引自[美]詹姆斯·多尔蒂、小罗伯特·普法尔茨格拉夫著:《争论中的国际关系理论(第五版)》,阎学通、陈寒溪等译,北京:世界知识出版社 2003 年版,第 24—25 页。

脑分析后对事物的本质认识,是"知其所以然"。就文本阅读而言,仅仅知道其中写了什么,不懂得其中主要概念的含义和理论的推导逻辑,不能用自己的话把它讲出来,就不能说达到了理解的程度。

对于不能理解的文本,或者说对于文本中不能理解的内容,诠释者就需要作出解释。汉斯-格奥尔格·伽达默尔(Hans-Georg Gadamer,1900—2002 年)认为:"凡是文本的意义不能直接被理解的地方,我们就必须进行解释。"①在这里,解释是指对文本的意义的发现。对诠释者来说,如果文本的意义明明白白,那就不必再解释。需要解释的情形,一是文本的字面含义就令人不解,二是其字面含义虽然看得懂,但诠释者不相信文本字面上直接表达的意思,认为需要揭示被隐蔽的真正意义。

所谓"意义",可大致理解为行为体在沟通过程中所表现出的一切精神内容,包括意向、意志、意图、情感、认识、知识、价值等观念性因素及其作用。这些观念性因素作为人脑的产物,会在信息传递中以外在形式表现出来,而其主要载体则是文本。文本通常指任何由书写固定下来的话语。广义地讲,通过文字、言语、图片、声音、数字、符号等传递的信息皆可被视为文本。无论是思想家撰文、政治家表态,还是画家作画、音乐家演奏,都是以某种形式表达其内在观念,具有意义。

人们在互动中通过表达意义和作出回应,就形成了沟通。沟通的实现,是以人们对意义的理解为条件。不过,由于人们在语言、文字、习俗、认知水平和价值观等方面存在差异,在很多时候信息的接收者未必能正确理解信息传递者的意图,因此就需要有诠释者对文本进行解释,包括说明文本的准确含义、信息传递的语境、内含的思想和意图,以及这些观念因素对现实的影响等。这种诠释,可能指涉个人间的关系,也可能指涉社会关系或国家间关

---

① [德]汉斯-格奥尔格·伽达默尔:《诠释学 I:真理与方法》,洪汉鼎译,北京:商务印书馆 2010 年版,第 476 页。

系;可能涉及政治、军事、外交、经济互动,也可能涉及专门的学术研究。正是这样的沟通所导致的理解与解释活动,催生了有关诠释的学术研究,即诠释学。

"诠释学"(hermeneutics)亦称"解释学",意为解释(interpretation)的艺术。《新牛津英语词典》对"诠释学"的定义是"有关解释的知识分支"①。《韦氏新大学词典(第 9 版)》对"诠释学"的定义是"有关解释的方法论原则的研究"②。作为一门学问,有关诠释学的研究大约出现在 18 世纪的欧洲,但其起源通常被认为可以追溯到古希腊的理解和解释文本的活动。③

在古代和中世纪的欧洲,人们进行诠释的对象主要是各种经典。在古希腊,有对荷马及其他诗人的解释与批评。在中世纪,有神学诠释学和法学诠释学。神学诠释学是以《圣经》为对象,其目的是通过研讨《圣经》的教义,回答人们关于宗教信仰和良心的问题。法学诠释学是以罗马法为对象,其目的是通过研讨法律条文的意义,按法律条文对个别案例进行裁决。这样的诠释活动包含两层意思。第一层意思是理解,即确定词语、语句和文本的精确含义;第二层意思是应用,即找出这些符号中所包含的教导性真理和指示,并把它们应用于实践。④这些对经典的诠释活动,都是以特定文本为对象的学问。

诠释学由解释经典的技艺学发展成一门关于理解与解释的普遍的科学与艺术,即"一般的诠释学",是经由德国宗教哲学家施莱

---

① Judy Pearsall(ed.), *The New Oxford Dictionary of English*, Oxford: Clarendon Press, 1998, p.858.

② Merriam-Webster, *Webster's Ninth New Collegiate Dictionary*, Springfield, MA.: Merriam-Webster Inc., p.566.

③ 诠释学一词被认为与一位神话中的人物赫耳墨斯(Hermes)的名字相关。赫耳墨斯的使命很多,其中之一是作为信使向人世间传递诸神的消息和指示。由于神的语言与人的语言不同,因此这种传达不是简单的重复,还包括翻译和解释。由此而形成的"诠释学"概念,其含义主要是指对文本进行理解、翻译和解释的技艺学。对于"诠释学"在词源上来自赫耳墨斯的说法,也存在不同意见。可参考洪汉鼎主编:《理解与解释——诠释学经典文选》,北京:东方出版社 2001 年版,第 1—2 页,第 475 页。

④ 洪汉鼎:《诠释学——它的历史和当代发展》,北京:人民出版社 2001 年版,第 15—16 页。

尔马赫(F. D. E. Schleiermacher,1768—1834 年)的阐释完成的。他提出,由于文本的作者和读者存在多方面的语境差异,因此在理解过程中,误解乃是一种经常的和普遍的现象。诠释学作为一门"避免误解的艺术",不应该受到特殊文本的局限,而应适用于对一切文本的解释。这种一般意义上的诠释学,其对象包括流传下来的各种文本和精神作品。[①]

作为理解与解释文本的一般方法,诠释学的"诠释"含义在历史进程中是有发展和变化的。这种技艺自产生之后,在相当长的时间里一直是指对文本的词语、语句进行解释的活动。这种解释活动到 18 世纪形成了语文学诠释学。这种诠释学的旨趣就是从语言学和文献学的角度对古典文本进行分析,其中包括语法的解释和历史的解释。进行这样的解释,其前提是认为文本原本就有清楚明了的意义。诠释者所要做的就是准确地理解和解释这样的意义。

伴随着人们诠释实践的进一步发展,一些人感到仅仅理解特定文本的语言学意义已经不够了,还应该进一步解释文本产生的社会和历史环境,因为作为诠释对象的文本,乃是作者的思想、生活和历史的表现。按照这样的理念对文本进行解释,诠释者一方面要理解文本的语言学意义,另一方面也要理解文本作者的主观世界。[②]

从解释文本的词语到解释文本作者的心理,这是诠释理念的一种发展。按照施莱尔马赫的观点,文本的意义就是作者的意图。为了理解作者的意图,应当把理解对象置于它们赖以形成的那个历史环境之中。施莱尔马赫主张重构作者的心理,"设身处地"地体验作者的原意或思想。[③]基于这样一种诠释理念,施莱尔马赫提出,诠释学应包括两个部分,即语法解释和心理解释。语法解

---

① 洪汉鼎:《诠释学——它的历史和当代发展》,第 23—24 页。
② 参见[德]弗里德里希·阿斯特著《诠释学》的节选,载洪汉鼎主编:《理解与解释——诠释学经典文选》,第 14 页。
③ 洪汉鼎:《诠释学——它的历史和当代发展》,第 74—75 页。

释处理的是作者的明确的语言结构,而心理解释则主要研究思想是如何从作者生活的整体环境中产生的。他认为,一个解释者如果有足够的历史知识和语言学知识,就可以比作者本人更好地理解作者。说得确切些,他认为诠释者可以通过创造性地重建作者本人的创造过程而把握作者在创造时所没有意识到的方方面面。①

诠释学在其后进一步的发展中,又出现了解释真理的理念。按照这样的理念,文献的意义不在于作者的意图,而在于文献所阐述的事件本身,即它的真理内容。这种真理内容在不同的时代、就不同的人而言是不同的。因此,文献的真正意义是在对它的不断解释之中。对于诠释者来说,要理解作品的意义,仅仅发现是不够的,还需要发明。对作品意义的理解,永远具有一种不断向未来开放的结构。这种观点的代表人物伽达默尔认为,理解不单是一种复制行为,还始终是一种创造性行为。②

从诠释学理念的发展来看,对于文本"意义"的理解与解释实际上存在两种认识论视角。一种视角是把文本的意义视为某种外在于诠释者的东西,强调必须把诠释者与诠释对象分开。按照这样的理念,在文本中存在着不以理解主体意志为转移的"作者原意",文本的意义就是作者的原意。对文献进行诠释,就是理解并解释作者赋予文本的既定意义。诠释者对文本不断进行解释,就是对作者意图的不断趋近,最终目的是尽可能准确地复制作者的意图。③这是一种客观主义的视角。另一种视角则认为诠释意义的行为乃是诠释主体对于"客观过程"的再造过程,诠释者与诠释对象有着不可分割的关系,文本的意义实际上是诠释者建构出来的。诠释者在解释过程中不是对作者的趋近,而是超越。在这个

---

①　参见刘放桐等编著:《新编现代西方哲学》,北京:人民出版社 2000 年版,第488 页。

②　[德]汉斯-格奥尔格·伽达默尔:《真理与方法:哲学的基本特征(上卷)》,洪汉鼎译,上海:上海译文出版社 1999 年版,第 301—302 页,转引自洪汉鼎:《诠释学——它的历史和当代发展》,第 20—21 页。

③　参见洪汉鼎:《诠释学——它的历史和当代发展》,第 20 页。

过程中,诠释者会不断提出与作者原意不同的新解释。这是一种主观主义的视角。这样两种不同的认识论,使得人们在诠释文本时面对着如何把握意义的客观性与主观性,以及研究路径的实证性与非实证性的问题。那么,我们应怎样认识诠释方法的属性与特点呢?

7.2　诠释研究的属性与特点

从历史背景讲,诠释学形成系统的学说是在科学革命之后。在当时,科学方法已被很多人认为是一切研究领域的最客观、最可靠的方法。这种方法是以实证为根本理念,强调通过观察事实发现并解释规律。实证主义的代表人物孔德认为,社会现象同自然现象一样是服从"不变的规律"的,研究社会现象就是要发现其"不变的规律"。①在科学方法的影响下,哲学、历史、艺术等所谓的精神科学的研究都受到了冲击,也力图实现方法论的革命。科学方法强调的是客观性。所谓客观,就是假定在千变万化的现象背后,隐含着一个不变的本质,进行科学研究的目的,就是要透过现象把握本质。

进行社会科学的研究,或者更具体地说进行文本的意义的诠释,是不是必须遵循以实证为体现的科学方法,这是诠释学在发展中必须解决的一个重大问题。从诠释学的发展轨迹来看,它实际上走出了一条与实证方法不同的研究路径。在这个过程中,德国哲学家威廉·狄尔泰(Wilhelm Dilthey, 1833—1911 年)是一个重要的代表人物,他主张把在历史上一直被用来理解和解释文本的方法,应用于任何形式的有意义的人类行为。对于狄尔泰来说,需要解释的不仅是人所创造的表达其经验的各种东西,而且包括具体的历史世界和作为整体的人类社会的实在。做这样的解释需

① 参见刘放桐等编著:《新编现代西方哲学》,第 10—11 页。

有不同于自然科学的研究路径。①

狄尔泰认为，在自然界中，一切都是机械的运动，而人文世界则是一个自由的和创造的世界，每个人乃至整个人类的发展，都是这种特殊的人类自由的结果，都起源于人类心灵。人类所创造的人文-历史世界是一个"精神"世界，它是由意识到自己目标的人创造的。因此，仅有自然科学的研究方法是不够的，还需要有人文科学的研究方法。他建议用"理解"来代替自然科学的因果解说方法。对于这两者的区别，他解释说，自然没有意识与意志，没有理性与激情，只能用纯机械的因果术语来说明。与之不同，人是有目的的，对于人与其产物，需要"从里面来理解"。人们可以通过移情来重新体验行动者的内在理性。②

所谓移情，是指解释者把自己置于表达的创造者的位置，例如从书或画的原作者的角度，体验引起他们行动的原始感受或想法。这种解释涉及研究人员的同理心（共感）和想象力。由于每个人都有独特的生活经历，都生活于特定的文化和历史背景下，因此都有独特的看待世界的方式。对于解释者来说，其任务就是克服和超越这些文化的和历史的差异，以便理解表达者所意指的原始含义。狄尔泰认为，基于共同的人性意识，做这样的解释是可能的。

狄尔泰对"精神世界"特殊性的强调，为诠释学在人文世界的普遍应用打开了大门。对于人文研究者来说，尽管在探索运用科学方法方面取得了很大成就，但事实表明，在研究人的活动的时候，科学方法是有局限性的，不可能普遍适用。这里面的原因很多，最根本的一条就在于人文科学研究的是社会事实，而社会事实严格说来是不可能重复的。作为人的有目的行为的产物或者说心灵的产物，社会事实在历史进程中不可能像自然事实那样有规律地出现。人的行为会因为此前的经验而不断改变，而整个社会也会因人的行为的改变而改变。就这一点而言，研究社会事实其实就是研究历史。在这种研究中，研究者不可能再现和验证历史，而

①②　参见刘放桐等编著：《新编现代西方哲学》，第 488—489 页。

只能诠释历史。

以施莱尔马赫和狄尔泰为代表的学者的研究,奠定了作为方法论的诠释学的基础。在当代的社会科学研究中,用诠释方法研究社会事实,理解和解释其意义,已成为一种不可缺少的操作。事实表明,诠释方法对于人文科学的各个领域都是有用的,甚至可以说是一种主要的方法。这一点对于国际关系研究来说也不例外。

按照戴维·麦克纳博(David E. McNabb)在《政治学研究方法》(*Research Methods for Political Science*)一书中的说法,诠释研究的主旨是解释诸如文本、工具、物体、艺术著作、文件、他人的声明等社会现象,核心是解释人在社会环境中的行为,途径是按照政治事件和行为的参与者的所见和记录,理解由政治行为和事件所组成的世界。事实上,只有依照政治行为体的本意理解其行为、信念,政治世界才是可以理解的。[①]

用诠释方法理解和解释社会现象属于定性研究。由于定性研究涵盖了较复杂的内容和多种具体的方法,人们有各种不同的解释,因此在学界并没有得到一致认可的界定,对于细节的争论很多。[②]不过,从这些不同的说法中,还是可以归纳出一些比较突出的特点。

第一,定性研究是一种社会科学研究。[③]有些学者认为这种研究就是理解与解释。[④]与既可以针对自然事实亦可以针对社会事实的定量研究不同,定性研究只针对社会事实,因为其宗旨是了解

---

① 参见 David E. McNabb, *Research Methods for Political Science*, Armonk, New York and London: M. E. Sharpe, 2004, p.351。

② 关于定性研究界定的争论,可参见 Patrik Aspers and Ugo Corte, "What is Qualitative in Qualitative Research", *Qualitative Sociology*, published online, 27 Feb., 2019。

③ Ashley Crossman, "An Overview of Qualitative Research Methods", February, 2020, https://www.thoughtco.com/qualitative-research-methods-3026555,访问时间:2023 年 12 月 20 日。

④ Patrik Aspers and Ugo Corte, "What is Qualitative in Qualitative Research", *Qualitative Sociology*, published online, 27 February, 2019, https://www.ncbi.nlm.nih.gov/pmc/articles/PMC6494783/,访问时间:2023 年 12 月 20 日。

人们的信仰、经验、态度、行为和互动,①侧重点是人类赋予其行为的意义,比如他们如何看待事物,以及他们为什么以特定的方式行事。②

第二,定性研究是使用非数字数据(如文本、图片、音频和视频记录)来理解想法、经验、情绪和观点,所用数据强调应保留现实世界中存在的细微差别和复杂性,所用方法包括内容分析、主题分析、文本分析等。定性研究通常使用不太可能具有代表性的小样本,这限制了普遍性。③

第三,定性研究的主要缺点是比较主观。研究者的观点和偏好使得他们在评估相同的真实世界数据时可能产生不同的发现。④

第四,定性研究不单是要说明社会事实"是什么",而且还要解释其"为什么"。⑤通过揭示事物与事物之间以及事物内部的逻辑关系,定性研究要探究的是事物的本质属性。由于人的行为背后都有主观意图,因此要探究事实发生的动因,就要揭示人的内在观念与外在行为的逻辑联系。正是这种联系决定着事实的意义。

从属性来讲,定性研究涵盖了诠释研究的要义。不过,比较人们对这两种方法的阐释,可以看到所强调的重点是有差异的。有关定性研究的阐释所强调的观察事实和收集数据,在诠释学的主要代表人物那里是不怎么被提及的。相反,有关诠释研究的阐释所强调的具有主观属性的解释方法,在定性研究的界定中则涉及较少。实际上,要揭示事实的意义,观察事实和主观解释都是不可缺少的。结合这两个方面理解诠释方法在国际关系研究中的运用,可以发现这种研究的一些重要的属性与特点。

第一,进行诠释研究,尽管宗旨是通过理解与解释文本,探究

———————

①　Vibha Pathak, Bijayini Jena and Sanjay Kalra, "Qualitative Research", *Perspectives in Clinical Research*, vol.4, No.3, 2013, p.1.

②③④　Jim Frost, "Qualitative Research: Goals, Methods & Benefits", https://statisticsbyjim.com/basics/qualitative-research/,访问时间:2023 年 12 月 20 日。

⑤　参见 David E. McNabb, *Research Methods for Political Science*, p.341.

人的主观因素所建构的意义,但这种研究是不能脱离客观现实的。由于国际行为体的内在心理因素会在不同程度上以外在的言行表现出来,因此两者是有不可分割的联系的。研究者要揭示这种联系,只有以可以观察的现象为依据,才能做出合理的推论。在这里,可以观察的现象既包括作为真实的事实,比如行为体的现实言行及其结果,也包括作为文本的事实,比如对于真实事实的描述与解释。虽然诠释的结论不需要也不可能用客观事实进行检验,但没有任何根据的猜测和没有逻辑的凭空想象都是站不住脚的,是不能让人信服的。

第二,诠释方法作为一种依赖于人的意识的研究途径,始终会受到主观因素的影响。由于人们对于研究对象通常会有一定的先验学术知识,会受到价值观、学术偏好等内在因素以及历史传统、社会思潮和意识形态等外在因素的影响,因此对文本的理解并不是从一片空白的"原点"开始,而是建立在已有的知识、想法和观点之上。这些"初始影响"会构成所谓的"前理解"(pre-understanding)。前理解是指进行诠释之前就存在的理解。这种理解能够提供对所调查现象的初步掌握。通过进一步的调查,人们对对象的理解会变得更丰富。这种"新的"和更完整的理解在随后进行进一步调查时会提供新的前理解。正是在这样的循环过程中,人们的知识会得到持续的发展和完善。当然,尽管前理解可用于调动更多的观察、经验和文化参考点,加深和扩大理解的知识基础,但也可能使诠释研究以某种带有成见或偏见的方式进行,从而产生消极影响。①

第三,理解具有历史性,会受到历史的制约。诠释者处在不同的社会历史环境中,有不同的心理和知识背景,对文本就会有不同的理解与解释,从而使文本在不同的历史时期呈现不同的内在意义。历史决定了人们知识的有限性,使得任何理解在历史的影响

---

① Mats Alvesson and Jörgen Sandberg, "Pre-understanding: An Interpretation-Enhancer and Horizon-Expander in Research", *Organization Studies*, Vol.43, No.3, 2022, pp.397—398.

之下都可能带有偏见。正是这种依赖于一定语境的理解与解释活动,在历史进程中会产生多样性的结果。伴随着知识的积累和认知水平的提升,后来者超越前人的认知局限,就有可能对文本的历史意义和现实价值做出更好的解释。实际上,文本的意义是和理解者一起处于不断形成的历史进程中的。人的意识会受到历史的影响,反过来也会影响历史。①

认识诠释研究的这些属性与特点,才能更好地运用这种方法。尽管有些时候人们解读文本很像是一种注释活动,但它本质上应是一种创新活动。所谓"创新",就是要发现前人没有解释过的意义。在这里,意义的发现是始于疑惑和问题。提不出问题,就不可能发现作为答案的意义,也就不可能有创新。没有创新的诠释,确实就成了一种注释活动。对于研究者来说,只有在诠释中创新,才能对知识的积累作出贡献。

7.3　诠释什么和怎样诠释

用诠释方法研究国际关系事实的意义,理解和解释的实际上是行为体的言行所表达的信息。这些信息被传递出来后,不论它们基于何种形式,都可被视为广义的、与国际关系事实相关的文本。第 1 章中有关文本的阐释划分了这样几类事实:(1)作为国际互动结果的正式文本,诸如各方达成的具有契约性质的宪章、公约、协定、议定书以及联合宣言等;(2)国际行为实体发布的文本,诸如国家领导人的讲话、政府部门的政策声明、政府发言人的表态、国际组织的专门报告等;(3)描述和记录经验事实的文本,诸如档案资料、新闻报道、各种公开的统计数据等;(4)各种研究性文本,涉及对策性研究和纯学术研究,后者又可分为现实问题研究、

---

① 此段叙述参考了在线文章《伽达默尔:传统是人类知识的一部分,它必然要在理解中前行》,https://baijiahao.baidu.com/s?id=1658664636525489433,访问时间:2023 年 12 月 20 日。

历史研究和理论研究等。

国际关系研究所用的各类文本,并非都需要诠释。如果文本的意思明明白白,读后可以完全理解其中的意义,那就不需要再做解释。需要做解释的情形,是指文本用语晦涩、叙事含糊,其中蕴含的意图或意义令人不解,或者虽然语言清楚,但记述了人们不能理解的现象,或是有未知的观念影响等。从这个角度讲,诠释文本实际上是一种解疑释惑和寻求问题答案的行为。研究者感受到未知,才需要进行诠释。

对文本进行诠释,第一步需要辨别文本的真伪,辨别文本所记述之事实的真伪,以便能够准确而完整地把握反映真实的信息。如果从文本中得到的信息不真实,或者是零散、片面的,那就不可能有适宜的理解和解释。例如,人们应用新闻报道作为研究的第一手资料,就常常会遇到假新闻或是片面报道的情况。由于国际互动的当事方发布新闻多是为了引导舆论倾向,记者报道新闻不可避免地带有倾向性和选择性,因此要确保信息真实、可靠、准确、完整,就必须对文本中的事实进行核实、纠错和整合。这个环节作为诠释研究的准备是不可缺少的。通常,验证事实的真伪需要进行实证观察,而不能靠主观解释。

有了真实可靠的文本,就能够进入诠释环节了。对于诠释者所要做的事情,傅伟勋从整体上划分出了由浅入深的五个层次:第一个层次探讨原典实际说了什么,目的是为诠释的展开提供较为真实可靠的材料;第二个层次探问原典想要表达的意思到底是什么,目的是通过语义澄清、脉络分析、前后文意的贯通、时代背景的考察等,尽量"客观忠实地"了解并诠释原典和原思想家的意向和意指;第三个层次考究原思想家所说的可能意涵是什么,目的是跳出文本本身而进入所谓历史意识的领域;第四个层次追究原思想家本来应当说些什么,或者诠释者应当为原思想家说出什么,目的是发掘出更为深刻的内涵;第五个层次是探究原思想家现在必须说出什么,或者为解决原思想家未能完成的思想课题,诠释者现在必须践行什么。①这五个层次,概括起来,分别涉及语言学解释、语境解释、历史意识解释、文本内在观念的解释以及诠释者的创新解释。

诠释的第一个层次涉及的是语言学解释,即要正确说明文本的词语和句子所表达的意思。文本中的语句,除了字面意思,原作者还可能通过一些特定的语言用法表达特定的意义。例如,文本中一些词语的多含义用法,就能够为用同一段语言表达不同语义提供空间。通常,文本的语言学解释可能涉及不同语言间的翻译和转换,也可能涉及对多义词语的适当理解。

就国际关系文本而言,国家间交往所用的外交语言有时就需要进行某种语义上的理解,因为其字面意思可能与所要表达的意思并不是一回事。例如,中国外交官会用"坦率交谈"表示"分歧很大",用"严重关切"表示"可能干预",诸如此类。这类约定俗成的用法,因为有确定含义,所以并不会构成理解的问题。值得注意的是一些具有不确定含义的模糊用语。这类用语可以做不同的解释。例如,1972 年的《中美联合公报》对美方在台湾问题上的立场的表述是这样的:"美国认识到,在台湾海峡两边的所有中国人都认为只有一个中国,台湾是中国的一部分。美国政府对这一立场不提出异议。它重申它对由中国人自己和平解决台湾问题的关心。"②在这里,"认识到"对应的英文是"acknowledge",该词可以理解为"承认",也可以理解为"知道"。在这个重大问题上,多年来双方一直有不同的解释。

实际上,在一些外交谈判场合,当各方很难达成一致时,就可能使用某些含糊不清的词语来表达各方都能接受的提法,从而形成协议文本。例如,1918 年美国总统威尔逊提出"十四点计划"作为实现

---

① 参见景海峰:《中国诠释学的几种思路》,《光明日报》2002 年 9 月 26 日,https://www. gmw. cn/01gmrb/2002-09/26/08-D001B40A123A6F4348256C400001BE49. htm,访问时间:2023 年 12 月 20 日。

② 《中美联合公报(摘录)》,http://russiaembassy. fmprc. gov. cn/ziliao_674904/zt_674979/dnzt_674981/qtzt/zmlhgb/202206/t20220606_10699039.shtml,访问时间:2023 年 12 月 20 日。

第一次世界大战后的和平纲领后,就有各种不同的解释。该文件之所以能被接受,是因为很多国家都在文件中看到了想要看到的东西。又如,1945年美国、英国、苏联签订《雅尔塔协定》,亦包含许多模棱两可的提法,这些提法对于弥合三国对于第二次世界大战后全球秩序的立场差异提供了帮助。显然,要恰当地诠释外交文本,有时需要理解其中某些语言的微妙用法,这样才能更好地解释其意义。对于这类语言学问题,采用定义法,即通过给关键的概念下定义,以界定其属性、内涵和外延等因素,是非常必要的。

诠释的第二层次指涉的是文本的语境(context)。语境是指激发语言沟通的外部因素。这些因素包括语言环境、情景环境和文化环境。语言环境是指上下文,即词语、句子、语段等不同的语言单位的不同搭配所形成的语言结构。情景环境是言语沟通发生的时空环境,包括时间、地点、沟通方式、沟通参与者等因素。文化环境涉及文本产生的社会背景,包括人们的价值观、生活习惯、政治制度、宗教背景、历史传统等因素。诠释者诠释文本,通过可以观察的语境能够更好地理解其意义。

在理解文本的语境方面,情景环境和社会环境实际上都是相对文本作者而言的,即作者本人的背景和创作文本时的背景。在这方面所涉及的问题包括:作者有怎样的出身、民族、宗教信仰、价值观、学识、认同,文本是在什么时代写的,有怎样的历史背景与动因等。这些因素与文本的意义是有不可分割的联系的。要解释这些因素,仅仅阅读文本本身是不够的,有时需要参考更多的资料。

就文本的语言环境而言,进行诠释需要把对段落、句子或词语的理解,同对文本整体乃至对作者的其他文本的理解结合起来。由于文本整体的含义取决于其中各个章节或句子的含义,而各个句子或章节的含义亦取决于整个文本的含义,因此诠释是个循环(hermeneutic circle)的过程,即理解是从部分到整体,然后再从整体到部分,循环往复,使理解不断加深,使解释不断发展。[①]人们思

---

① David E. McNabb, *Research Methods for Political Science*, pp.345—346.

考读书的过程可能就会有这样的体会：当读完全书回过头来重读个别章节或句子的时候，往往会对其含义产生新的、更深入的理解，反过来也会对全书有更深的理解。

诠释的第三层次是指历史性解释。文本作者对过去发生之事都有记忆。这种记忆会构成作者的历史意识，并体现为文本意义的一种重要的思想形式。作者在创作文本的时候，无论是描述事实还是解释事实，往往都会受到历史意识的影响，习惯于用已发生的事和对这种事的认识，作为理解与解释现实的根据。例如，"9·11"恐怖袭击事件发生后，有人称之为"21世纪的珍珠港事件"，这就是一种历史类比。这样的类比可以成为连接过去和现在的有力工具，构成讨论和辩论事件的便利起点。

类比法是对不确定或未认知的事物与已知事物进行归类或对比的说理或论证方法，在本质上是人类根据自身经验进行的一种经验主义研究。由于很多事物之间存在相似之处，因此人们可以"由此及彼"，把已知事物看作前提，把未知事物看作结论，实现类比的推理过程。

阅读国际关系史，人们会发现，政治家和外交官常常用历史类比来加强他们的论点以说服公众。例如，1938年英法对希特勒的绥靖政策的失败就构成了西方国家深刻的历史记忆。这一"慕尼黑教训"告诉后来的美国决策者，任何对敌人的软弱都可能冒引发第三次世界大战的风险。正是基于这样的历史意识，在1962年古巴导弹危机发生后，美国认为必须采取果断行动。

文本作为有社会根源的产物，其内在的历史意识，尽管很多时候源于作者的思想，但往往具有更宏观的意义，即体现对国家叙事和民族认同的某种概括。这些具有普遍性的记忆，其中的许多东西随着时间的流逝获得了持久符号的地位，常常被用来描述人们在当代的担忧或是自豪感，从而构成社会意识的重要组成部分，帮助人们象征性地超越时间和空间的限制。

由于历史意识常常构成文本意义的重要来源，因此对文本作历史性诠释是很重要的。这种诠释一方面可以揭示和解释文本作者的世界观和思想倾向,另一方面则可以理解和解释决策者在面对一项或多项困难甚至关键的外交决策时可能采取的行动。虽然我们不应假定某一历史类比会自动地为决策者提供政策参考,但历史经验事实上经常会给他们以指导,推动他们采取类似的行动。

诠释的第四层次涉及的是文本的内在观念因素。对于文本作者来说,在任何情况下创作文本都是其思想和意图的表现。作者赋予文本的观念因素,一方面体现为作者的意图,另一方面则涉及对文本中所记述之事件、人物以及思想流派的解释,比如分析政治人物的话语、行为体的战略构想或是某种社会思潮、理论学派的论述等。以国际互动中的外交文本为例,无论表达的是建议、同意、承诺,还是警告或威胁,都蕴含一定的意图,只有理解和解释这些观念因素,才能揭示行为体行为的动因以及行为所导致的事件的意义。

对研究者来说,揭示文本中所蕴含的观念因素,是会遇到不同的情形的。有一些文本有陈述明确的意义,比如表明一国立场的外交照会,发布的目的就是要让接受方明白文本的意义,因为这种文书被误解是可能造成不良后果的。但是,就多数文本而言,其意义可能具有一定的含糊性,并不能一目了然。在这些文本中,有的是限于篇幅,未能充分表明作者的意图;有的是作者故意不把真实想法完全表达出来,甚至故意提供虚假信息;也有的是因作者思想发生变化,而表达了与此前不同的说法。

以各国政府通过媒体发布的信息为例,这类文本所内含的意义往往需要解释,因为政府公开表达的意思未必是其真实想法。可能有些文本只反映了部分真实想法,有些文本纯粹是舆论宣传,有些文本是打口水仗,也有些文本是故意迷惑对方。比如一个国家要发动战争,但在公开发表的言论中却强调自己的和平意图。

显然,要从文本中判断出政府的真实意图,一方面需要对文本本身作多方面的分析,包括语言、语境的分析,另一方面需要比较来源不同的资料,并且结合相关行为体的历史行为判断其当下言行的意义。在很多时候,研究者需要解读的与其说是文本中所记述的东西,不如说是文本中所没有的东西。在一些时候,文本作者故意省略或"遗漏"的东西,可能恰恰对揭示其意义至关重要。当然,对于这些文本中不存在的东西,诠释者不能无中生有,而是需要通过诠释更多的资料证明其存在。这样的操作应当是诠释文本中观念因素的一个重点。

诠释的第五层次涉及的是诠释者的"创新",即针对文本作者所阐释的问题和思想,把他该讲却没有讲,或者当时根本讲不出来的东西,站在后人的认知和思想高度讲出来,阐发新的意义。这一点可以说体现了诠释研究的要旨,即诠释的最终目的是要有新的理解与解释。梁启超在阐述如何赋予历史事件以新意义时,讲过这样的话:"所谓予以新意义,有几种解释。或者从前的活动本来很有意义,后人没有察觉出来,须得把它复活。所谓'发潜阐幽',就是这个意思。或者从前的活动被后人看错了,须得把它重新更正,此种工作亦极重要。"①梁启超所讲的两个方面,概括了诠释创新要做的事:一是纠正前人对意义的错误诠释,二是阐发前人未曾发现的东西,站在后来者的高度,推陈出新。后来者能够做这两件事,是因为随着时间的推移,认识水平在不断提高,学术研究不断有新发现。当然,要真正实现这样的创新并不是一件容易的事。在这里,研究者不但要有问题意识和发现意识,而且要懂得如何进行规范的论证,使得所做解释能够被接受。

7.4　诠释研究的实例

为了更好地理解和应用诠释方法,我们可以结合实例进行学习与思考。下面列举的两个事例,约瑟夫·奈(Joseph S. Nye Jr.)

---

① 成语"发潜阐幽",意为阐发沉潜深奥的事理。这段话见梁启超:《中国历史研究法》,上海:上海古籍出版社 2006 年版,第 136 页。

对国际冲突的理解,是对真实事实的诠释,李慎之对"文明冲突论"的分析,是对特定文本的诠释。

7.4.1 对真实事实的诠释

冲突是国际关系中真实发生的事情。约瑟夫·奈的《理解国际冲突:历史与理论》(*Understanding International Conflict: An Introduction to Theory and History*)一书,既可以说是对历史"原意"的理解,也可以说是对历史的重新解释。①阅读这本书,可以进一步了解诠释事实的途径与特点,并且了解可以具体关注的一些重要方面。

1. 理解是有理论指导的过程

研究者理解事实,通常要运用一定的理论和专业概念。约瑟夫·奈认为:"理论是我们组织材料不可或缺的工具。"他在书中引用了凯恩斯的观点:"那些讲究实际的人认为自己从不使用理论而只注重实践,但其行为很可能受到一些不知名作者的思想的左右,而这些作者的名字早已被他们忘记了。今天,许多政治家和社论作者尽管不一定知晓修昔底德的名字,但都在运用现实主义理论。"②实际上,掌握专业知识的国际关系研究者在诠释事实的时候,是不可能免于自己的知识背景的影响的。他们可能有不同的理论偏好,在运用理论工具时可能是自觉的,也可能是不自觉的。

2. 可以综合运用不同的理论

约瑟夫·奈理解国际冲突,对各种国际关系理论是持开放态度的。他认为,对于复杂的世界,不可能有一个简单易懂和包罗万象的答案。③要理解当今的世界,必须了解现实主义和自由主义的

---

① [美]小约瑟夫·奈:《理解国际冲突:历史与理论》,张小明译,上海:上海人民出版社2002年版,第30页。
② 同上书,第17—18页。
③ 同上书,第9页。

世界观,并且关注建构主义者所说的社会和文化上的变革。①约瑟夫·奈说在担任美国助理国防部长时,为理解国际政治和帮助制定美国的对外政策,他"从现实主义、自由主义和建构主义这三种思想中都汲取了养分"。②

　　为什么要综合运用不同的理论? 一方面,约瑟夫·奈强调当今的世界是一个由延续性和变迁性所构成的混合体。延续性是指国际政治中的某些东西一直没有发生变化。诸如同盟、均势以及战争和妥协的政策选择等行为,一直存在于国际政治之中。因此,现实主义的分析视角并没有过时。另一方面,国际关系也存在变化的一面。约瑟夫·奈指出,修昔底德不需要担心核武器、臭氧层或者全球气候变暖,而这种变迁性则需要用自由主义来理解。③

　　3. 理解事实需要诠释观念因素

　　约瑟夫·奈在书中的叙事,既涉及可以观察的行为体的行为和历史事件,也涉及行为和事件背后的不可以观察的人的心理活动和社会观念。对于前者,他在梳理史实的过程中通过演绎推理,探求因果关系,说明了事件的来龙去脉;对于后者,他在诠释文本的过程中通过揭示观念因素的作用,理解和解释了事件的意义。由于只有揭示意义才能理解社会事实的动因和后果,因此理解可以观察的事实与诠释不可以观察的意义是密切相关的。

　　例如,对于第一次世界大战的起源,约瑟夫·奈就把对物质因素的分析和对观念因素的理解结合了起来。他注意到,在 19 世纪 90 年代,德国推行的大规模的海军扩充计划使英国海军大臣温斯顿·丘吉尔感到不安,而英国是不能允许一个国家主导欧洲大陆的。④这种情况类似于修昔底德对伯罗奔尼撒战争起源的分析,即"雅典力量的增长及其引起的斯巴达的恐惧,使得战争不可避免"。后来爆发的第一次世界大战符合这个逻辑吗? 这场战争是德国想

　　①　[美]小约瑟夫·奈:《理解国际冲突:历史与理论》,第 340 页。
　　②　同上书,第 12 页。
　　③　同上书,第 2、9 页。
　　④　同上书,第 105 页。

要的吗？约瑟夫·奈在书中引用了曾任德国首相的伯纳德·冯·毕洛夫公爵(Bernhard von Bülow)在战争爆发后不久见到其继任者贝斯曼·霍尔威格(Bethmann Hollweg)的情形：后者眼中所流露出的不可言状的痛苦神情，表明这场战争并不是他想要的。①

　　在书中，约瑟夫·奈比较了两次世界大战的不同情形，认为决策者的判断都错了。第二次世界大战不是人们不愿意看到的冲突不断升级的结果，而是因为希特勒策划的侵略行为没有被威慑住。从这个意义来说，防止第一次世界大战和第二次世界大战的合理政策是截然相反的。安抚德国可能有助于防止第一次世界大战，而遏制德国则可能避免第二次世界大战。然而，实际的政策正好相反。英国领导人为了避免第一次世界大战悲剧的重演而在20世纪30年代推行的政策，促成了第二次世界大战的爆发。与此同时，美国领导人对日本的威慑政策则促成了太平洋战争的爆发。美国对日本的威慑政策遭到失败，是因为日本感觉和平比战败还可怕。②

　　这里的分析给人的启示就是：对观念因素的理解，对于推论事实的动因非常重要。

　　4. 诠释可作不同层次的分析

　　借鉴肯尼思·华尔兹(Kenneth Waltz)的方法，约瑟夫·奈对多个问题进行了层次分析。③他主张先进行体系层次(结构与过程)的解释，然后进行国内社会层次的探讨，最后分析个人层次的原因。④这种分层的研究，也包括对观念因素的诠释。

　　在体系层次，结构的演变实际上乃是人们观念转变的产物。当人们厌恶某种结构的时候，就会寻找替代的选择。为理解第一次世界大战后以集体安全为原则的国际体制的出现，约瑟夫·奈诠释了当时自由主义的主要代表人物美国总统伍德罗·威尔逊的思想。对威尔逊来说，通过战争维持均势是令人不能容忍的。威

---

①　［美］小约瑟夫·奈：《理解国际冲突：历史与理论》，第103—104页。
②　同上书，第159—160页。
③　同上书，第52页。
④　同上书，第104页。

尔逊认为国际政治如同国内政治一样,可以用法律和制度来限制武力的使用,其药方是建立类似国内立法和司法机关的国际制度。当时国际联盟的建立,就是这种观念被付诸实际的产物。①

对于国际结构中的同盟关系,约瑟夫·奈解读了意识形态的作用。他认为这种因素的考虑有时会使一个国家站在强者而非弱者一边。在修昔底德的时代,民主制城邦国家更可能和雅典结盟,而寡头制城邦国家则更可能和斯巴达结盟。在 19 世纪 90 年代英国姑息美国,1945 年后欧洲国家和美国结成民主国家同盟,都与意识形态因素相关。当然,约瑟夫·奈也强调,不能完全根据意识形态因素来预测国家的行为。例如,斯大林和希特勒是意识形态上的死对头,但均势的考虑却促使他们在 1939 年结成了同盟。②

关注体系层次的观念因素,约瑟夫·奈认为道义的作用和世界各国的人心向背也是重要的方面。例如,1991 年海湾战争中伊拉克之所以失败,失道寡助就是一个关键因素。当时萨达姆声称科威特是在殖民主义时代被夺走的,他兼并科威特是收复伊拉克的一个省,但世界上的大多数国家不接受这种说法,认为伊拉克的行为违反了《联合国宪章》。虽然联合国的决议未能阻止萨达姆的侵略行为,但却使得他陷于孤立,并为建立反伊拉克联盟和把侵略者赶出科威特作出了贡献。③

在国家层面,约瑟夫·奈的理解涉及了社会思潮和意识形态因素。例如,诠释第一次世界大战前夕人们的情绪,约瑟夫·奈引用了温斯顿·丘吉尔在《危机中的世界》(*The World Crisis*)一书中的描述:空气中弥漫着一种奇怪的情绪。由于未能从物质繁荣中获得满足感,各国转而热衷于国内或国际争端,民族情绪随着宗教影响的衰落而极度高涨,每一个地方都燃起了熊熊的大火。几乎每个人都认为,这个世界渴望受苦。他们急于冒险并遭到失败,这就是 1914 年的教训。④

---

① [美]小约瑟夫·奈:《理解国际冲突:历史与理论》,第 128 页。
② 同上书,第 98 页。
③ 同上书,第 36—37 页。
④ 同上书,第 122 页。

就国内的观念因素而言,政治文化是一个重要方面。约瑟夫·奈在书中诠释并比较了苏联和美国的政治文化的一些方面。简单讲,苏联渴望有一个强硬的领导人,害怕出现无政府状态,担忧外来入侵,希望甩掉落后的帽子并且崇尚秘密。它以阶级而不是个人权利作为正义的基础。其对外政策过程是秘密的、受到严密控制的。与之不同,美国则是一个开放的国家,重视个人的正义,强调自由民主、多样性和权力分散。美国不担忧外来入侵,其对外政策强调道义感和公开性,而且总是在内向和外向之间摇摆不定。约瑟夫·奈认为,由于苏美两国政治文化迥异,对外政策过程不同,因此不能相互理解。[1]

在个人层面。约瑟夫·奈强调了重要人物在历史事件中的重要性。例如,理解德国皇帝威廉二世和阿道夫·希特勒的个性,有助于理解第一次世界大战和第二次世界大战的起源,[2]而理解戈尔巴乔夫的个人行为与思想则有助于理解冷战的结束。[3]

约瑟夫·奈在书中对戈尔巴乔夫的思想进行了分析。戈尔巴乔夫想对共产主义加以改革,但引发了一场自下而上的革命。他对内提出了"改革"(perestroika)和"公开化"(glasnost)的主张。然而,一旦允许人民把自己的真实想法讲出来并且享有表决权,许多人就会提出"要自由"。对外,戈尔巴乔夫提出了"新思维",一方面主张共同安全,即通过国家间的合作来摆脱安全困境,并且摒弃了核武器越多越好的观念,提出保留最低限度的核保护力量;另一方面认为扩张主义的代价大于收益,苏联不再需要通过输出共产主义制度这种方式来维护边界的安全。按照约瑟夫·奈的理解,戈尔巴乔夫导致了苏联的解体。[4]

5. 核武器这类人造物也有意义

就国际关系事实而言,不但行为体的行为、所造成的事件具有

---

① [美]小约瑟夫·奈:《理解国际冲突:历史与理论》,第 186—188 页。
② 同上书,第 52 页。
③ 同上书,第 195 页。
④ 同上书,第 195—197 页。

意义,一些看似纯物质的人造物(比如核武器等)也都具有意义。约瑟夫·奈对冲突的理解,亦包括对核武器意义的诠释。

约瑟夫·奈认为,氢弹的问世提高了核战争的代价,产生了五个重大的政治后果:第一,它让人们重新接受了有限战争的观念。例如,美国和苏联分别接受了越南战争和阿富汗战争的失败,没有使用核武器。第二,危机取代中心战争成为国际政治的常态。柏林危机、古巴导弹危机以及 20 世纪 70 年代初的中东危机都起了类似战争的作用。第三,核武器使得威慑(通过恐吓使对手不做某事)成为一种重要的战略。第四,核武器导致超级大国间形成了事实上的行为谨慎规制,它们为避免迎头相撞而学会了相互沟通。第五,核武器,尤其是氢弹,被大多数官员视为不可使用的武器。对核武器国家来说,它们的较量,“更多的是心理上的,而非物理上的”。这些后果,作为核武器巨大物质破坏力的产物,体现了人们在战争问题上观念和行为的改变。这就是核武器的意义。①

以上叙述的几个方面,简要说明了约瑟夫·奈诠释国际冲突的意义的一些内容。需要注意的是,这些内容并不能反映约瑟夫·奈的综合性理解的全部观点。在书中,约瑟夫·奈对许多单一因素进行了分析,但同时反复强调“要小心对待过于简单化的历史模式。永远要对一个模式提出质疑,看看它是否同历史事实相吻合,是否与现实相一致”。②这种观点对于我们学习诠释方法是有重要的启示意义的。

7.4.2 对文本的诠释

1993 年《外交》夏季号发表了塞缪尔·亨廷顿(Samuel Huntington)的重要文章:《文明的冲突?》(The Clash of Civilizations?)。③该

---

① [美]小约瑟夫·奈:《理解国际冲突:历史与理论》,第 204—206 页。
② 同上书,第 160 页。
③ Samuel P. Huntington, "The Clash of Civilizations?", *Foreign Affairs*, Vol.72, No.3, 1993, pp.22—49.

文在国际舆论界与学术界引起了强烈反响。其后,该杂志秋季号
上刊登了七篇批驳亨廷顿的文章,并在 11/12 月号上发表了亨廷
顿的第二篇文章《如果不是文明,那又是什么? ——冷战后世界的
范式》(If Not Civilizations,What? Paradigms of the Post-Cold
War World)。①在持续的争论中,亨廷顿在 1996 年底出版了《文明
的冲突与世界秩序的重建》(*The Clash of Civilizations and the
Remaking of World Order*)一书,②并在当年《外交》的最后一期
发表了第三篇文章《西方文明:独一无二,但并不普遍》(The
West:Unique, Not Universal)。③

　　对于亨廷顿的“文明冲突论”,中国舆论界和学界有非常热烈
的议论,但主要是针对亨廷顿的第一篇文章。李慎之注意到,国内
很少关注亨廷顿的第三篇文章,而且未能理解其隐含的意义。
1997 年他在《太平洋学报》上发表了评论:《数量优势下的恐
惧——评亨廷顿第三篇关于文明冲突论的文章》。④李慎之的文章
(以下简称“李文”)虽然没有明言使用了诠释方法,但实际上对亨
廷顿提出“文明冲突论”的缘由和内心想法进行了解释。

　　李文一开篇就交代了亨廷顿提出的“文明冲突论”的主要观
点,即在华沙条约组织垮台、苏联解体、两大阵营的对抗(即冷战)
消失以后,国际舞台上的冲突将不再以意识形态划线,而主要是以
不同文明间斗争的形式展开。按照亨廷顿的分类,世界上的文明
可划分为西方文明、中国文明、日本文明、伊斯兰文明、印度文明、
东正教文明、拉丁美洲文明,以及(可能的)非洲文明。亨廷顿认为
西方文明会受到所有其他文明的挑战。他特别担心中国文明与伊

---

① Samuel P. Huntington, "If Not Civilizations, What? Paradigms of the Post-
Cold War World", *Foreign Affairs*, Vol.72, No.5, 1993, pp.186—194.

② Samuel P. Huntington, *The Clash of Civilizations and the Remaking of
World Order*. New York, NY: Simon and Schuster, 1996.

③ Samuel P. Huntington, "The West: Unique, Not Universal", *Foreign Af-
fairs*, Vol.75, No.6, 1996, pp.28—46.

④ 李慎之:《数量优势下的恐惧——评亨廷顿第三篇关于文明冲突论的文章》,
《太平洋学报》1997 年第 2 期,转引自[美]塞缪尔·亨廷顿:《文明的冲突与世界秩序的
重建》,周琪、刘绯、张立平、王圆译,北京:新华出版社 1998 年版,第 421—432 页。

斯兰文明可能联合起来,对西方文明构成最严重的挑战。这一段内容摘要,是对"文明冲突论"的语言学理解,说明了文本表达的主要意思。

关于文本中的词语,李文对"文明"一词作了一点说明。在亨廷顿的文章中,"文明"被定义为"文化的实体",而在行文中则常把文明与文化混用。李慎之认为这无悖于通行的概念。他引证1926 年张申府①先生的《文明与文化》一文的说法,认为两者实无区别。

评论亨廷顿的第三篇文章,李文概括了作者反复申明的主旨,即现代化并不等于西化,因为有越来越多的非西方国家实现了现代化,但实现之后却反对西方价值而复兴本土文化。按照亨廷顿的认识,西方中心主义已经没落,今后的世界将越来越多元化或多极化。西方"四分五裂"使它有可能成为非西方国家利用其内部分歧的牺牲品。"要延缓西方的衰落","保持西方的团结",就要守住北大西洋公约,以之作为"西方文明的保障机构",而且要明确"它的主要目的就是保卫和维护这个文明"。

亨廷顿为什么在这时提出捍卫西方文明的主张呢?李慎之觉得除了文本字面的内容,亨廷顿似乎还有"难言之隐"。虽然亨廷顿的内心想法通过三篇文章慢慢地、点点滴滴地透露了出来,但最后也没有明白说透。李文指出:"这些没有明白说透的话,简单说起来,其实就是,西方把现代化教给了世界,然而其人数在世界总人口中的比例却越来越萎缩,不但已远远被非西方的人口所超过,而且除非发生常情无法预料的激变,还有最后被淹没的危险。这样的前景不能不使西方文明最敏感的卫士,如亨廷顿这样的人,从内心深处感到忧虑甚至恐惧。"李文点出的这一点,实际上是替亨廷顿讲出了他没有明确讲出来的东西。

按照李文的理解,亨廷顿文明"范式"中最核心的东西,就是他不愿意多谈的种族界限。亨廷顿提出文明冲突论,起源其实不在

---

① 张申府(1893—1986 年),北京大学、清华大学教授,哲学家、数学家。

于他对国际问题的观察,而在于他对美国国内问题的感受。他觉得"文明"的范式是可以应用于美国的,因为美国正变成在族群和种族问题上越来越殊异的社会。

对于亨廷顿的内心想法,李文的解释作了两方面的分析。一是人口结构问题,即随着认同美国价值的欧裔白人在美国人口中比例的下降,特别是基督徒人数的日益减少,欧裔文化主宰美国的时代正在过去,西方已经没有经济的或者人口的活力足以把自己的意志强加于人了。二是美国主流意识形态问题,即自由主义的"政治正确性"的发展已不容许人们再有任何种族歧视、宗教歧视、语言歧视、性别歧视的公开表现了。正是这样的变化,导致作为熔炉的美国再也熔化不了越来越多的各种成分。亨廷顿担心,如果新移民不能融入迄今为止支配美国的价值与文化,那么人们所知道的美国将不复存在。事实上,这才是亨廷顿最担忧的"文明的冲突"。

然而,正如李文所指出的,在美国这个问题已不能再明白地讲出来了,如果有教授敢讲出来,那么等待他的命运很可能先是群众的抗议,然后是学校的解聘与失业。就亨廷顿的个人背景而言,他所认同的 WASP(White Anglo-Saxon Protestant,即盎格鲁-撒克逊新教徒),几百年来一直是决定美国社会的价值标准与文化走向的主体。亨廷顿内心的担忧,实际上代表着一大批人的一种深刻的恐惧。这种恐惧可能导致的"冲突",显然是一个值得重视的美国社会问题。

李文对亨廷顿"文明冲突论"的理解与解释,从方法来讲,包括了诠释操作的多个方面,诸如对文本内容的理解,对关键词语的界定,对文本的语境的解释,对文本意义的揭示等。该文的诠释有别于国内多数评论文章以批判西方中心主义和对抗思维为主旨的视角,具有新意。

从诠释方法在国际关系研究中的实际应用来看,它确实具有重要的和不可替代的作用。由于运用任何方法进行国际关系研究都需要解读文本,揭示行为体行为的动因需要解释其意义,因此诠释方法的使用是具有普遍性的,尽管很多人未必承认这一点。

　　当然,我们也应该认识到,尽管这种方法有重要地位,但这种方法的运用亦存在诸多问题。与案例研究法、定量研究法、形式模型等方法相比,诠释研究因主观性强,所得出的结论不能做实证检验,因而不容易形成"标准答案"。与有相对严格要求的方法相比,使用诠释方法有可能因为没有严谨的研究纲领和中心问题而提不出更好的解释。在国际关系学界,虽然对文本进行理解与解释是较多人选择的研究路径,但运用这种方法的研究者未必有明确的方法论意识。他们实际运用这种方法,一方面是因为做研究需要用到大量文本,需要对文本进行解读;另一方面也有可能是因为这种研究做起来比较容易,似乎无需讲究什么方法,可以"自发地"去做。正是这后一种原因,导致一些研究存在低水平重复和缺乏实质性创新的情况。针对这些问题,可取的选择当然不是放弃这种方法,而是应有意识地在实践中探究这种方法的规范使用并尽可能地完善它。

学习要点与思考题

一、 理解诠释方法的概念

　　"诠释"指对事实意义的理解和解释。"意义"可以大致理解为行为体在沟通过程中所表现出的一切精神内容及其作用,涉及意向、意志、意图、情感、认识、知识、价值等观念性因素。"理解"意为明白、懂得、领悟,"解释"是指对事实意义的发现。诠释者发现意义,主要途径是诠释文本。文本通常指任何由书写固定下来的话语。广义而言,通过文字、言语、图片、声音、数字、符号等传递的信息皆可被视为文本。对诠释者来说,只要文本的意义不能直接被理解,就需要进行解释。

　　思考题:

　　● 诠释学作为一门学问是怎样发展起来的?

二、 认识诠释研究的属性与特点

　　1. 诠释研究只针对社会事实,侧重点是人类赋予其行为的意义。

2. 诠释研究是通过使用小样本的非数字数据,探讨人们的想法、经验、情绪和观点。

3. 诠释研究会受人的主观意识和历史局限性的影响。

4. 诠释研究是通过揭示人的内在观念与外在行为的逻辑联系来理解和解释事实的意义,不能脱离客观现实。

5. 诠释研究不是单纯的解读和综述文本,而是要以问题为导向,以创新为宗旨。

思考题:

● 诠释研究与实证研究有哪些不同? 在研究中可以结合使用这两种方法吗?

三、 掌握诠释研究的操作要点

要懂得如何进行语言学解释、语境解释、历史意识解释、文本内在观念解释以及解释的创新。语言学解释是说明文本的词语和句子所表达的意思。语境解释是说明激发语言沟通的外部因素,涉及语言环境、情景环境和文化环境。语言环境是指上下文,即词语、句子、语段等不同的语言单位的不同搭配所形成的语言结构。情景环境是指言语沟通发生的时空环境,包括时间、地点、沟通方式、沟通参与者等因素。文化环境涉及文本产生的社会背景,包括人们的价值观、生活习惯、政治制度、宗教背景、历史传统等因素。历史意识解释是说明作者的世界观和历史意识在文本中的体现。内在观念的解释是说明作者赋予文本的观念因素。解释的创新是针对文本作者所阐释的问题和思想,把他该讲却没有讲,或者当时根本讲不出来的东西,站在后人的认知和思想高度讲出来,阐发新的意义。

思考题:

● 试诠释一篇文献,对照上述诸方面,看看哪些东西是可以理解的,哪些东西需要查阅更多资料加以解释,自己是否能提出具有新意的解释。

参考文献

韩震、孟鸣歧:《历史·理解·意义——历史诠释学》,上海译文出版社 2002 年版。

〔德〕汉斯-格奥尔格·伽达默尔:《诠释学Ⅰ:真理与方法》,洪汉鼎译,北京:商务印书馆 2007 年版。

〔德〕汉斯-格奥尔格·伽达默尔:《诠释学Ⅱ:真理与方法》,洪汉鼎译,北京:商务印书馆 2007 年版。

洪汉鼎:《诠释学——它的历史和当代发展》,北京:人民出版社 2001 年版。

洪汉鼎主编:《理解与解释——诠释学经典文选》,北京:东方出版社 2001 年版。

David E. McNabb, *Research Methods for Political Science*, Armonk, New York and London: M. E. Sharpe, 2004.

Gary Brent Madison, *The Politics of Postmodernity: Essays in Applied Hermeneutics*, Dordrecht; Boston: Kluwer Academic Publishers, 2001.

Josef Bleicher, *Contemporary Hermeneutics: Hermeneutics as Method*, *Philosophy*, *and Critique*, London; Boston: Routledge & Kegan Paul, 1980.

Martin Hollis and Steve Smith, *Explaining and Understanding International Relations*, Oxford, England: Clarendon Press, 1990.

Stanley Rosen, *Hermeneutics as Politics*, New Haven: Yale University Press, 2003.

Thomas M. Seebohm, *Hermeneutics: Method and Methodology*, Dordrecht: Kluwer Academic Publishers, 2004.

第 **8** 章
专业定位与研究规范

在掌握国际关系研究方法的基础上,进入专业研究阶段,从路径讲可以分为两步。第一步是专业定位,即确定拟研究的领域与方向,通过全面阅读相关文献,把握学界的研究现状和人们在研究的前沿问题。这是成为专业研究者的必要基础和前提。第二步,在所选领域,通过不断发现问题和解决问题,形成对学科的知识贡献。对于研究者来说,要在自己的专业领域做出好的研究,除了会用学科方法之外,还要掌握撰写学术论文的途径与规范。

8.1 学科和专业领域的定位

进行专业研究,前提是有明确的专业定位。即使有学者能够进行多领域研究,也一定有为主的方向。没有这样的定位,就不是专业研究者。在这里,国际关系学科的定位是相对社会科学的知识体系而言,专业领域的定位则是相对国际关系学的知识体系而言。有了这样的具体定位,研究者才能确定自己的知识领域,并且找到拟开展研究的方向。

8.1.1 国际关系学科

学科(discipline)是按照学问划分的门类。国际关系研究的学科,就是国际政治学或国际关系学。这一学科的出现,源于人们希望更好地理解国际事务和国家间政治。面对纷繁的国际互动现象,特别是国家间不断发生的各种冲突与战争,人们迫切需要找出认识国际行为模式的工具和处理国际关系的方法,以便更好地确立一种国际秩序,维护各自国家的利益,实现对外关系的安全与稳定。

　　"国际政治"(international politics)作为学科名称,通常与"国际关系"(international relations)、"世界政治"(world politics)同义,并且与"国际研究"(international studies)相通。[1]在国际学术界,这几个概念的使用并没有严格的区别,它们是可以互换的。不过,在一些情况下,这几个概念的用法是有区别的。"国际关系"侧重于国家间的关系,在某种意义上等同于"国家间关系"(interstate relations),而"世界政治"则含义更宽泛,既涉及国家行为体,亦涉及各种非国家行为体,在某种意义上等同于"全球政治"(global politics)。[2]"国际研究"强调的是对各种国际问题的研究,其中不但包括与国际关系和世界政治相关的研究内容,而且还包括对其他国际问题的研究,特别是对各种理论问题以及跨学科问题的研究,诸如对国际法、国际伦理、国际政治经济学、当代全球问题以及国别与地区问题的研究等。

　　国际关系研究作为一个学科,所包含的内容是极其广泛而丰富的。如果我们把国际关系学科界定为有关跨越国家边界的一切人类互动以及影响这些互动的因素的研究,[3]那么就可以想到,这个学科所指涉的事件、关系、现状与过程是纷繁和复杂的。对这样的对象进行观察描述、原因解释、规律探求、理论演绎和文本诠释,都是国际关系学科的任务。显然,任何一位研究者都不可能涉猎这么广泛。他们不可能具备相应的精力和专业知识,也不可能对所有问题都感兴趣。事实上,进入这个学科的人,迈出的第一步,

---

　　① Michael Brecher, "International Studies in the Twentieth Century and Beyond: Flawed Dichotomies, Synthesis, Cumulation", *International Studies Quarterly*, Vol.43, No.2, June 1999, p.214.

　　② Paul R. Viotti and Mark V. Kauppi, *International Relations and World Politics*, Upper Saddle River: Prentice Hall, 1997, pp.18—19.

　　③ Frederic S. Pearson and J. Martin Rochester, *International Relations*, New York: The McGraw-Hill Companies, Inc., 1998, p.15.

都是基于学术兴趣与偏好,划定专业领域,选择研究方向。如果把国际关系学科比喻为一座大楼,那么每一位研究者都应该有自己所属的房间和专门的座位。如果他还没有这样的房间和座位,那么走进这座大楼后的第一件事,就是找到这样的房间和座位而不能始终徜徉在楼道里。

8.1.2 专业领域

国际关系学科的专业领域,也可称为"问题领域",因为这个领域存在可供研究的适当问题。对于研究者来说,只有选定这样的领域并划出相对清楚的边界,才能知道哪些东西是该下工夫关注与研究的。虽然人们在实际研究中可能会"越界",但针对的核心问题和论述的主体内容,应集中于这样的专业空间之内。事实上,研究者只有把精力集中于这样的领域,才有可能成为某一方面的专家。这一特点构成了专业研究者与业余爱好者的主要区别。业余爱好者可能对任何一个偶发的国际事件感兴趣,而专业研究者则需要始终保持相对稳定的研究方向和问题领域。

国际关系学科的"问题领域",具体来说,就是研究者感兴趣的理论或现实问题所指涉的知识范围。定位这样的知识范围,研究者首先要有持续的兴趣,没有兴趣就很难产生有创意的想法。其次要有进行专业探索的能力与客观条件。例如,懂得所研究国家的语言,并且能得到所需要的相关资料。

在学术上,这样的范围应该足够大。鉴于国际关系学科的特点,研究者把自己的知识面限定得过窄,可能对自身专业的发展和研究的深入都不利。由于许多国际问题是相互关联的,一些互动进程可能涉及复杂的因果链条、背景条件和社会影响,因此只有知识面宽一些,对很多问题的解释才能深入。就自己拟研究的专业领域而言,只有知识面略宽一点,研究才是可持续的,才可能有充分的发挥余地,不断发现新问题。当然,知识面的拓展,并不意味着专业方向不着边际。实际上,研究者探讨问题的聚焦点始终应该足够小,这样才能进行非常深入、系统的探索而不致流于空泛。从这个意义来讲,"领域"应该比"学科"小,但比具体的"研究问题"大。

在国际关系学科,现存的专业领域是很多的,不可能一一列出。在这里,我们可以参考国际研究会(International Studies Association, ISA)的专题分会设置以了解国际关系研究的大学科之下的一些子学科。这些子学科在某种程度上可以视之为研究领域,尽管有一些相对较大。它们包括:外交研究;国际事务中的教育与学习;英国学派;种族、民族主义与移民;环境研究;对外政策分析;女权理论与性别研究;全球发展研究;全球卫生研究;全球国际关系;国际关系史;人权;情报研究;跨学科研究;国际传播;国际伦理;国际法;国际组织;国际政治经济学;国际政治社会学;政治人口与地理;国际安全研究;和平研究;宗教与国际关系;国际关系中的后共产主义体系;世界政治中的南亚;国际关系中的科学、技术与艺术;国际进程的科学研究;理论。[①]从这些分会的名称来看,其建立可能都有一定的历史原因和人为因素,并不都是国际关系研究领域的合理划分,但至少在某种程度上把国际关系研究的领域具体化了。

根据当代国际关系研究的现状,我们进行定位时可以参考以下的一些专业领域的划分。

1. 国际关系理论研究

理论研究是国际关系学科的基础。关于国际关系理论的概念界定、建构途径和对事实的解释,本书第 2 章已区分不同层次进行了讨论,这里不再赘述。对研究者来说,选择这样的专业方向,需要有远离现实的抽象思维能力和逻辑演绎能力,能够在研究中把事实转化为概念,把发现转化为系统的解释。

在国际关系理论研究中,进行纯理论特别是"大理论"研究的人从来都不多。原因在于这种被认可为"范式"的宏观理论,通常

---

① 参见 https://www.isanet.org/ISA/Sections,访问时间:2023 年 12 月 20 日。

都有恒久的解释力。面对国际关系的现有结构,人们很难再提出新的主义,所能做的主要是对已有理论进行修正。当然,我们应对大理论创新持开放态度。从学科的研究现状看,人们现在较多从事的是中观理论研究。这个层次的研究主要涉及的是对行为体行为的规律性的解释。通过定量分析提出解释变量关系的理论,大体上都属于这个层次。至于微观层面的理论,由于都与具体的问题研究相关,因此归入问题研究更合适。

2. 对外政策研究

在国际关系中,行为体进行互动的主要表现就是制定对外政策和实施对外政策行为。因此,对外政策是一个非常重要的研究领域。实际上,国际关系研究中的大部分现实问题研究,都可以归入这个类别。在这个领域,人们可以进行区域与国别研究,可以进行历史研究与现实研究,也可以进行一般化的理论研究,例如进行对外决策理论的研究。

在对外政策研究中,外交研究是一个重要方面。这个特定的领域主要指外交学的研究。从事这方面的研究,除了涉及对外政策研究之外,还包括外交制度和外交实践的研究。

由于国家制定的对外政策,在宏观的意义上也可称为"对外战略"或"国际战略",因此对外战略研究与对外政策研究大体上是同义的。通常,旨在为国家的对外政策出谋划策的研究,大体上都属于这个领域。

3. 国际安全研究

在国际关系中,安全始终是一个重要主题,因为任何国家都不能忽视安全。作为一个问题领域,安全研究包括理论研究和对策研究。理论研究是以安全的概念化或安全关系为对象,所要做的是对行为体的安全互动进行理论推演,并在可能的情况下探求其规律。对策研究则是在安全理论指导下,对各国实际的安全互动的研究,其目的是描述和解释具体国家的安全战略。

在世界各国所面对的国际安全问题中,冲突与战争始终是威胁人类安全的首要因素,因此如何消除这种威胁就成了国际安全研究的重要课题。这个研究领域既包括理论研究,也包括现实问题研究。探讨战争发生的原因,大体上是属于理论研究,而描述冲突的形势,研究实现和平的途径,则大体上属于现实问题研究。由于当代的国际冲突是一个持续的现象,因此对这个问题的研究构成了一个可持续的研究领域。国际上一些著名的研究机构,例如斯德哥尔摩国际和平研究所,所做研究就包括这个领域。

在这个领域,我们还可以再进一步细化。军售、裁军、军控、核不扩散等研究都可视为这个领域的子领域。

按照传统的安全观念,人们进行安全研究,主要关注的是传统安全,即主权国家的政治、军事安全。近年来,伴随着非传统安全问题的凸显,有关非传统安全的研究明显增多。非传统安全问题很难界定,因为它是指传统安全之外的一切安全问题。人们对恐怖主义问题、环境问题、难民问题、健康问题等的研究,都属于非传统安全研究。

4. 当代全球问题研究

上述非传统安全问题,也可称为"全球问题"。由于这种问题不是一个国家面对的问题,也不是一个国家能解决的问题,因此必须从全球视角进行研究,推动世界各国进行合作,实现全球治理。对这些问题进行研究,包括理论研究,也包括各个具体问题的研究。在理论上,人们需要对全球问题进行概念化,需要研究"全球政治""全球治理"等问题,并且需要对全球合作的制度形式等进行探索。就具体问题来讲,当代突出的环境问题、贸易与金融问题、发展问题、信息安全问题、大规模杀伤性武器扩散问题等,都是需要深入探讨的具体领域。

在全球问题中,近年来环境问题日益受到人们的重视,特别是围绕气候变化问题已形成了日益密切的国际政治互动。这个领域的问题,涉及自然科学研究,也涉及国家间的讨价还价。从国际政治的角度对这一问题进行研究,已成为日益迫切的国家需要。

在环境领域,人们还可以进行更具体的划分,例如可以研究空气污染、保护生物多样性、水资源短缺、能源等问题。由于这些问题都涉及国际政治的互动,因此我们也可以把"环境政治"作为一个问题领域。

5. 国际组织与制度研究

这个领域涉及的是国际合作的研究,包括有关国际合作的理论研究,也包括对具体的合作问题的研究。从理论研究的角度讲,可以研究诸如制度主义、多边主义、地区一体化、国际体制等问题。探讨这些问题,目的是解释国际合作及国际制度形成的理论与机制。这些理论也可称为国际组织与国际制度理论。从具体的合作问题来讲,可以分别对政府间组织与非政府组织进行研究。再具体一点,还可以对各个具体组织进行研究,诸如针对联合国、欧盟、北约、七国集团、二十国集团、金砖国家等进行研究。

6. 国际政治经济学研究

在国际关系中,国家权力与市场力量是不可分割的两个要素。进行国际政治经济学研究,就是要从全球视角分析这两种因素的相互影响。它既是政治视角的经济研究,也是经济视角的政治研究。在这个领域,我们可以从国际政治的角度研究国际金融问题、贸易问题、跨国公司问题等。

以上所列举的领域,只是对部分国际关系研究领域的介绍,并不是对专业领域的完整和严格的划分。作这样的介绍,目的是通过提供实例,说明领域的构成。实际上,每位研究者都可以通过对学科研究现状的了解和对国际关系现实的观察提出自己的领域构想。当然,对于已经存在的领域是应当重视的,因为研究领域的形成毕竟是学界知识积累的产物。不过,鉴于国际关系的演进是一个动态的过程,而人们的研究也是一个动态的过程,因此研究领域的变动与推陈出新是必然的,也是必要的。

8.1.3 研究方向

研究者在自己的专业领域开展研究,除了进行专业领域的选择之外,还需要确定自己的研究方向,即是进行纯理论研究,还是现实问题及对策研究。在社会科学领域,这两种研究有时亦被称为"基础研究"与"应用研究"。基础研究是理论导向型的,旨在建立学术理论;应用研究是问题导向的,旨在解决实际问题。①人们进行基础研究,目的是增加学科知识的积累,研究的结果通常是抽象的、具有普遍性的原理与原则,或是用以解释现象的理论或模式。进行应用研究则是出于解决实际问题的需要与目的,其结果是适用于特定对象与时空环境的说明与结论。②

在国际关系学科,进行现实问题及对策研究,主要解决的是国际关系中的"是什么"与"做什么"的问题;进行纯理论研究,主要解决的是国际关系的"为什么"的问题。尽管在实际操作中,这两种研究往往有交叠,但它们的侧重点毕竟不同。理论研究的侧重点是建立国际关系理论,无论是提出宏观层面的大理论,还是建立中观理论,其研究都是以对事实的抽象与概念演绎为主,宗旨并不是要解释某个具体问题或为政府出谋划策。现实问题与对策研究的侧重点则是描述和解释现实问题并进而提出战略对策,宗旨并不是要建立一般性理论。这样两种不同的研究旨趣,会决定研究者对研究方向做出不同的选择。

在国际关系学科进行现实问题研究,用几个英文疑问词来表述,就是研究"谁"(who)在"什么时间"(when)得到了"什么"(what)和"怎样"(how)得到的。③这里的"谁"是指国际关系中的行为体,包括国家行为体,也包括非国家行为体。"什么"是指国际关系行为体的利益与目标,这种利益与目标可以是政治的、经济的、社会的,也可以是文化的。国家参与冲突或进行合作,参加或退出条约,进行干涉或反干涉,都涉及一定的利益与目标。"什么时间"是指国际行为发生或可能发生的时间,也可以指行为持续的

① 吴明清:《教育研究基本观念与方法分析》,台北:五南图书出版公司 1991 年版,第 22—23 页。

② 陶保平:《研究设计指导》,北京:教育科学出版社 2004 年版,第 6 页。

③ 例如,可参见 Conway W. Henderson, *International Relations*, Boston: McGraw Hill, 1998, pp.20—21。

时间。"怎样"所涉及的是行为体实现目标的手段,其中包括军事手段、政治手段、经济手段以及外交手段等。对这几个疑问词做出回答,对研究者来说首先需要进行描述,即把事实说清楚,然后需要进行解释,即说明为什么会发生这样的事实。

在现实问题研究中,对于负有对策研究使命的研究者来说,除了例行的描述与解释之外,还特别需要就国家应如何行动提出建议。这种建议一旦为国家所采纳,就变成了处理对外关系的战略。由于任何国家在国际互动中都需要有中长期的战略指导,因此这种有关战略的研究构成了国际关系研究的重要组成部分。从属性来讲,国际战略研究侧重回答的是国家在国际互动中应该"做什么"。不过,由于决策者进行战略选择必须以对事实的充分了解为前提,而且需要运用一定的理论知识进行战略预测,因此战略研究尽管在原则上属于现实问题与对策研究,侧重于应用,但这种研究又与基础理论研究有着不可分割的联系。从这个意义来讲,战略研究可以说是建立在理论研究基础之上的实用对策研究。①

国际关系学科的理论研究,具体来讲,就是在观察事实的基础上进行概念化和理论推演,以期得出具有较普遍解释力的结论。这种研究所要提出的解释,与现实问题研究对特定事实的解释是不同的。现实问题研究所寻求的解释通常不具有普遍性,而理论研究所寻求的却是对事实的一般性解释,即有关事实发生的一般原理与机制。相对而言,理论研究是要从事实中抽取出共同的和本质性的特征。

在确定研究的类别与方向之后,对多数研究者来说,进行研究还需要确定自己的研究范式。所谓范式,是指包括研究问题、分析视角、资料搜集、概念运用、论证方法等要素在内的一整套指导原则,其中包含了特定的本体论、认识论和方法论视角。例如,第3章所阐述的科学主义与传统主义、实证主义与后实证主义、理性主

---

① 关于"是什么""为什么"和"怎么办"三个方面的分析,可参见阎学通、孙学峰:《国际关系研究实用方法(第二版)》,北京:人民出版社2007年版,第44—47页。

义与建构主义等就是不同的研究范式。实际上,现实主义、自由制度主义等也可被称为范式。把它们称为范式,强调的主要是看问题的视角与研究途径,而不是特定的理论观点。它们的研究视角,有时也会直接影响研究者对专业领域的选择。例如,倾向于现实主义的研究者可能更多关注国际冲突、军控、大国关系等领域,倾向于自由主义的研究者可能更多关注国际组织与国际制度,而倾向于建构主义的研究者则可能更多关注文化与规范的研究。

对于进行专业定位的研究者来说,无论是选择专业领域,还是选择研究方向,都需要对学界的研究现状有较全面的了解。研究者需要知道相关领域的学术共同体已提出了哪些问题,解决了哪些问题,还有哪些问题没有解决,不同学派提出了哪些不同观点,学者们争论的最新问题是什么,等等。通过广泛深入地阅读和梳理文献,研究者可以对该领域的知识有较好的把握,使自己能够居于该领域的学识前沿。通常,研究者需要通过做学科综述的方式来完成这个过程。一般来讲,做好这样的学科综述并不断更新,乃是成为专业共同体一员的一个必要条件。

研究者在自己感兴趣的领域广泛阅读文献并进行学科综述,可能会发现以下几种情况:

第一,该领域很少有人研究,甚至全然没有人研究。这种情况也许表明这个领域不具有研究意义,不值得研究;也许表明其重大学术价值还没有被发现,有实现重大创新的前景。不过,出现后一种情景的可能性是很小的,因为国际关系学科经过多年发展,凡是具有学理与现实意义的领域,通常不可能没人研究。因此,对这样的"领域"进行选择应持慎重态度,因为在这样的领域做研究可能会耗费自己的大量精力而一事无成。

第二,该领域过去有许多人研究,但新近已很少有人涉猎了。这可能表明这个领域的问题已得到了解决,目前难以再发现新的问题了。在这种情况下,如果研究者能发现新问题,推陈出新,那么就可以选择,否则也应持慎重态度。通常来讲,这样的领域研究价值不大。

第三,该领域当下有较多人研究,存在明显的热点和前沿问题。对于这样的领域,研究者往往会受到较大吸引,因为可阅读的资料与文献较多,话题较热。不过,选择这样的领域,前提是自己能有新发现,能在别人已有研究的基础上再向前走一步,提出新的观点和论证。如果做不到这一点,那么所做研究就会呈现低水平重复的现象,例如所写论文只不过是叙述、梳理已有的观点。

第四,自己感兴趣的领域只有较少人研究,但通过综述文献可以发现有待解决的问题。这样的研究领域应该是比较理想的选择对象。当然,要发现这样的领域,研究者必须有深厚的知识积累和高水准的判断力。由于要解决这样的新问题具有很大的挑战性,因此研究者还要有较强的研究能力并且肯付出艰苦的劳动。从结果来看,在这样的领域进行研究,有条件产生具有价值和意义的成果。事实上,一些取得成功的研究者,往往是因为找到了这样的领域,并做出了最适宜的研究问题的选择。

以上所讲的几种情况,既是一个阅读文本的过程,又是一个结合文本观察现实的过程。实际上,在文本中发现的感兴趣的东西,未必就是一个适宜的专业研究领域,需要通过对事实的观察来判断。现实中确实存在问题,构成了可供研究的空间,选择这一领域才是适当的。对研究者来说,真正有待研究的问题并不是人们单纯读文献就能想出来的。文献只不过表明人们在研究些什么,都解决了哪些问题。文本没有解决的问题存在于现实之中。脱离现实对着文本冥思苦想是做无用功。

就研究领域的选择而言,有人可能毕生在一个领域从事研究,并成为该领域的专家。但也有人会在研究过程中不断进行调整,"与时俱进"。按照前一种模式,研究者的兴趣会比较专一。按照后一种模式,研究者的专业涉及面可能比较广泛。由于国际关系学的各个领域有比较密切的联系,因此选择后一种模式的学者未必不能做出好的学问。当然,即使是采取后一种模式,也必须有最主要的专业方向。如果泛泛地什么都知道一点,但什么都不精,打一枪换个地方,那肯定是成不了专家的。从实践的效果看,这两种模式其实是不矛盾的。专一于一个领域的学者,在知识积累的过程中可能会逐渐扩大自己的研究面,而涉猎较广泛的学者也会日益集中于一个最主要的专业方向。所以,专业定位的比较理想的模式,应该是在掌握较广泛知识的基础上有一个最主要的专业研究方向。

8.2　研究设计与写作规范

进行国际关系研究的实际设计,模式没有一定之规,但要做到逻辑自洽,结构合理,特别是要有所创新,有几个规范是必须遵守的,包括:(1)观察事实与阅读文献要有发现;(2)有基于疑惑提出的研究问题;(3)有对问题的明确答案,即核心观点;(4)有适宜的文献综述以证明自己的核心观点具有新意与研究价值;(5)有论证核心观点的适宜方法;(6)有明确结论构成对国际互动现象的新认识并产生政策启示。这六个方面,前五点是基本规范,第六点是做好前五点的结果。作为相互联系的一个整体,这些规范是衡量研究设计的标准,亦是论文写作的基本要求。

8.2.1　发现是研究的起点

进行国际关系研究,使命是创新。所谓创新,就是在已有研究的基础上,运用已知的信息和条件,进行有别于人们已有认知的新思考,形成对世界的新认识,目的是增加学科的知识积累。

进行这样的研究,起点在哪里?"经验论"的观点主张研究应开始于观察,认为广泛收集资料,归纳经验事实,就能建立起科学的大厦。与之不同,"唯理论"的观点则主张研究应开始于问题,认为只有通过理性思考和演绎,提出一个又一个问题,才能实现知识的增长。实际上这两种操作对于学术探索都是不可少的,但仅有这样的过程是不够的,要进入实质性研究,研究者还必须跨过一个门槛,即找到拟论证或阐释的创新点,这样才有可能通过研究贡献新知识。找到这样的创新点的过程,确切讲应称之为"发现"。由于学术研究的实质就是论证发现,因此发现才是国际关系研究的起点。

从词义讲,发现就是"经过研究、探索等,看到或找到前人没有看到的事物或规律"①。在国际关系研究中,要有发现,人们需要观察作为真实的事实,但同时也需要观察(阅读)作为文本的事实。观察真实的事实,是要探究在国际互动中发生了什么,以便找到适宜的研究对象;阅读文本,则是要了解前人的研究和探索,以便确定是否找到了前人没有看到的东西。从发现的原理讲,这两种观察是缺一不可的。

研究者对事实进行观察,宗旨不是爆料新闻,而是希望发现尚未被阐释的事实的属性、特点、趋势、规律,找到对于事实的新的解释、价值判断乃至外交对策。由于研究者都有特定的专业方向,因此他们不会对任何新发生的事实都感兴趣,而主要关注的是与其研究领域相关的事实。例如,找到新的档案资料,重述某一段国际关系史;找到可证伪"凡天鹅皆白"的"黑天鹅",颠覆或修正相关理论;找到导致形势发生转折的重要事件,对国际格局作出新判断;找到可用的数据,探求新的相关关系、因果关系等。这样的发现,对于研究者来说都是可能实现创新的对象。

研究者观察文本,除了具有确认发现的含义之外,还有三方面的重要价值。一是获得有关真实事实的信息。由于绝大多数研究者没有直接接触真实事实的机会,因此阅读文本,诸如媒体报道、数据库数据、专题报告、档案资料等,就成了观察国际关系事实的常规途径。二是诠释文本中内含的观念因素,解读事实的意义。三是在前人研究的基础上,进一步推进学理性研究,特别是国际关系理论研究。

---

① 中国社会科学院语言研究所词典编辑室编:《现代汉语词典(第7版)》,北京:商务印书馆2016年版,第352页。

对事实(包括文本)进行广义观察,目的是通过分析、推理,特别是批判性思考,找到可以进一步研究的问题,或是找出新的探索方向。一般来讲,国际关系事实有一个不断发展、变迁的过程,人们的认识也有一个不断修正、完善和深入的过程。任何研究都难免有一定的认知和时代局限性,不可能穷尽探索的过程。从这个意义讲,前人的研究始终是有"问题"存在的,是可以进一步改进和发展的。后来者在观察前人的研究时,需要有质疑的精神而不能持迷信的态度。只有不断发现其中的问题,包括错误和缺失,才能推动学科的研究向前发展。这其实也是专业研究者应有的一种素质。

研究者在观察中要发现问题并找到可进一步论证的创新点,是需要有一定的学术素养的。没有一定的国际关系专业知识,不懂方法论,就不知道应该观察什么和怎样观察;没有理性思维能力就不可能产生疑惑;没有想象力就不可能提出具有学术价值的问题和有待论证的观点。对于研究者来说,只有站在学科研究的前沿,才可能有真正的发现。在这里,发现实际上是由两个要素构成的,即基于疑惑产生的问题和有待论证的观点。只有有了这两者,特别是后者,才能开启研究的进程。

8.2.2 提出问题

研究者提出问题,前提是在观察中产生了疑惑。所谓疑惑,可能有几种情况:一是对观察到的东西完全不懂,无从理解,例如碰到新的现象或概念;二是对观察到的东西有所了解,但发现与已有认知不符,用现有的知识不能解释;三是对已有研究产生了异议,认为可能错了。遇到这些情况,研究者为找到答案,通常会进行更深入的观察,并且查阅更多的资料。在这个过程中,如果发现这样的疑惑未被解决,就可以提出拟研究的问题。

研究者基于发现提出问题,与后面将要讨论的核心观点(即问题的答案)是相对应的。从研究设计来讲,这两者应该是同时确定的要素。如果研究者是直接想出了拟论证的答案,那就需要针对答案设计一个问题。如果答案在此后的论证中有所调整,那问题也需要随之调整。

在研究设计中,研究问题是有特定的功能与属性的。对于研究者来说,研究问题不单是需要解答的疑问,它还具有规定研究出发点和所要达到目的的特点。阿莫斯·哈奇(J. Amos Hatch)指出,确定研究问题是研究设计的关键步骤,因为问题会指导研究方向。①没有研究问题,研究者就会茫然而不知向何处去。

研究问题具有怎样的属性? 从知识的构成来看,它处于已知领域与未知领域相交的部分。研究问题相对已有的知识而言,应该是指涉未知的东西,但这种未知并不是完全的未知。对于完全不知道的东西,研究者是不可能提出有意义的研究问题的。在这里,研究者提出问题所要探求的未知,必须是与已知有联系的东西。这种东西应该存在于已知与未知这两个范畴的交界之处。②研究者要找到这种具体的交界之处,就要对已有研究有充分的了解,并且知道拟探索的未知与学界的已知存在怎样的联系。

从形式来讲,研究问题可大体概括为"是什么""为什么"和"做什么"三大类。

"是什么"的问题是与对事实的"描述"相对应的。如果研究者的发现涉及对事实的形态、属性、影响和变化趋势的描述,那就需要提出这类问题。例如,美国兰德公司的研究报告《非洲的大国竞争与冲突》(*Great-Power Competition and Conflict in Africa*),探讨的就是"是什么"的问题,即美国、中国和俄罗斯在非洲的利益是什么,它们为寻求影响力在采取怎样的外交、信息、军事和经济措施,它们的竞争可能在何处演变成冲突,冲突可能采取何种形式,

---

① [美] J. Amos Hatch:《如何做质的研究》,朱光明等译,北京:中国轻工业出版社 2007 年版,第 42 页。

② 孙小礼主编:《科学方法中的十大关系》,上海:学林出版社 2004 年版,第 58—59 页。

这些竞争对美国有什么影响等。①除了涉及对现实的新描述，"是
什么"还可以涉及对理论概念的描述。例如《国际政治中的权力是
什么?》一文,问题所对应的就是一种概念化的事实,即权力是一个
行为体使他者做原本不会做之事的能力或关系机制。②通常,在有
关概念的研究中,描述与解释总是结合在一起的。研究者在描述
概念化事实"是什么"的同时,也需要解释它的"为什么"。

　　"为什么"的问题是与"解释"相对应的。比如,发问"北约为什
么要东扩""美国为什么会把战略重心转向东亚",所提出的就是这
样的问题。针对冷战后现实主义不再具有解释力的批评,肯尼
思·华尔兹 2000 年在《国际安全》杂志上发表了《冷战之后的结构
现实主义》(Structural Realism after the Cold War)一文,该论文
讨论的核心问题就是为什么冷战后现实主义仍然具有解释力。③

　　"做什么"的问题是与"价值判断"和"对策建议"相对应的。由
于在国际关系研究中进行价值判断就意味着赞同或反对某种行为
体、互动行为、政策或现状,而对策建议则总是与价值判断相联系,
因此这两者就研究问题而言往往是分不开的。例如,《美国不同的
大战略观》(Competing Uisions for U.S. Grand Strategy)一文所
进行的战略观的比较,就对应了战略观应如何取舍和美国政府应
当"怎样做"的问题。④

　　研究者基于发现提出问题,途径没有一定之规。从操作的角
度讲,可以经由以下几个途径。

　　第一,观察事实,进行横向与纵向比较。人们的观察通常会关

---

　　①　Marta Kepe, Elina Treyger, Christian Curriden, Raphael S. Cohen, Kurt Klein, Ashley L. Rhoades, Erik Schuh and Nathan Vest, *Great-Power Competition and Conflict in Africa*, Rand, Sep. 2021, https://www.rand.org/pubs/research_reports/RRA969-2.html,访问时间:2023 年 12 月 20 日。

　　②　李少军:《国际政治中的权力是什么?》,《欧洲研究》2011 年第 2 期,第 1—14 页。

　　③　Kenneth N. Waltz, "Structural Realism after the Cold War", *International Security*, Vol.25, No.1, Summer 2000, pp.5—41.

　　④　Barry R. Posen and Andrew L. Ross, "Competing Visions for U.S. Grand Strategy", *International Security*, Vol.21, No.3, Winter, 1996—1997, pp.5—53.

注与他者不同的事实,或是理论不能解释的事实。进行这样的观察,人们可以横向地比较同类的事实,以探求事物的未知属性;也可以纵向地进行历史的比较,以探求事物的未知变化。

第二,阅读文本,进行理论的比较。人们阅读文本,了解一个理论概念的时候,总会对比已知的其他文本或已知的事实。通常,得到一定认可的理论总是能解释一定的对象。当研究者发现一种理论不适用时,就会思考是不是可以用其他理论进行解释。当发现没有适当理论可以解释时,就需要针对已有理论提出问题。这种问题可以是颠覆性问题,也可以是修正性和补充性问题。为了能够提出真正有意义的理论问题,研究者必须对相关事实和文献有全面和深入的了解。

第三,思考事实的意义。研究者提出"为什么"的问题时,通常都涉及对意义的解释。例如,提问俄乌冲突为什么会爆发、伊斯兰极端势力为什么与西方为敌,都涉及了行为体行为的意义。

第四,变换角度,基于新的研究思路提出问题。当研究者发现传统的研究路径不能有效解决问题,或是发现可以借鉴其他学科的有效方法时,就可以跨学科进行研究途径的借鉴。在国际关系研究中,人们借鉴经济学、社会学、语言学的研究视角与手段,就提出了新的问题。当然,借鉴新的学科方法,最终目的是要为国际关系研究服务,因此只有在必要的情况下才应该进行这样的转向。一般来说,变换思考角度要向研究较少、较薄弱的方面转化,向研究的空白点转化。①

第五,思考国家的外交应对。从这个角度提问题,与现实的国际互动有直接关系,所要解决的是国家应当怎么办。例如,应如何进行特定问题的外交谈判,应如何对国家利益进行判断,应怎样排列不同的目标与需求,针对危机应采取怎样的手段等。除了短期和急迫的对策需求之外,国家还面对着中长期的对外政策或战略问题,如国家应实施怎样的发展战略、安全战略、地区战略以及针

① 陶保平:《研究设计指导》,第24—25页。

对某一特定国家的战略等。提出这样的核心问题,配套问题通常涉及对形势走势、国家得失、资源运用、相关国家的可能反应等方面的研究。

以上所讲的问题提出途径,大体上都有一个深思熟虑的过程,但研究问题并非都是深思熟虑的结果,有时研究者突发的灵感和联想也可能形成问题。牛顿看到苹果下落而突发奇想提出的问题就是有趣的事例。在国际关系研究中,我们也不能排除这种情况。研究者在思索研究问题时,应该不受任何拘束。当然,有了初步的"想法"之后,还要经过仔细推敲才能判断它是不是一个好的研究问题。

关于好的研究问题,有四个方面可以考虑。

第一,一个好的研究问题,一定对应于一个未解决的疑惑,所期待的答案与论证具有创新性。这种创新性具有现实意义与理论价值。现实意义是指能产生对于事态的新的描述、解释或对策;理论价值是指有助于推动理论研究的发展,要么能推翻一个错误的理论并建立新理论,要么能修正一个有缺陷的理论使之更完善。

第二,好的研究问题应表述得非常清楚,有严谨的逻辑基础,其指涉对象没有含糊之处。如果问题表述含糊,那么针对它的研究,无论是证实还是证伪,都不可能给出清晰的论证。要想使所做的研究不产生歧义,提出清晰的问题是一个必要前提。

第三,好的问题应当有适中的领域范围,有较为广阔的研究和解释空间,但又不过于宽泛。通常,其构成应当是以核心问题为主的一组问题,这一组问题能够很好地构成研究的框架。如果大问题不能分解或演绎成若干具体的小问题,那么研究者就可能无处着手。

第四,好的问题应当有适用的研究方法和资料。对于研究者来说,问题就是要达到的目标,没有适用的方法就不知道应如何研究,自然不可能达到目标。由于研究者掌握和熟悉的方法都是有限的,因此所提问题一定要与自己的研究能力相适合。例如,不懂统计学,就不能提出需要做定量研究的问题。再者,研究者有了好的方法,还要考虑能否找到适用的资料。巧妇难为无米之炊。在国际关系研究中,例如进行外交史研究,有时就是因为档案不开放而无法进行。

8.2.3 提出核心观点——问题的答案

进行研究设计时,如果说提出问题是第一步,那么紧接着的第二步就是给出问题的答案,即提出论文的核心观点。[①]虽然在先的这两步对于研究的实质性启动都不可缺少,但提出观点无疑具有更重要的地位。对于研究者来说,观点是论证的中心,也是他者首先需要了解的要素。事实上,一项研究的选题有没有价值和意义,所做研究是不是在前人研究的基础上有所创新,所选方法是否适当,都是相对拟研究的核心观点而言的。

研究者预先提出的拟论证的观点,实际上是对问题答案的猜想,随后所做的研究,宗旨就是证实这样的猜想。在国际关系研究中,不论经由何种途径提出猜想,都必须有事实的依据,并且要合乎逻辑。

进行现实问题研究,人们提出猜想是直接源于对经验事实的观察。例如,看到新发生的重大情况,可以推测其原因、属性及影响等;观察一段时间的系列事实,可以推断国际格局是否在发生变化;观察国家间互动,可以通过战略分析,评估国家间关系的现状;观察国家面对的挑战,可以提出可行的对策建议;观察全球问题的现状,可以提出如何应对与治理;等等。

研究者观察行为体的行为和国际互动态势,除了涉及可以观察的因素,还涉及不可以观察的因素,诸如行为体的意图、事件的意义等。由于在国际互动中,行为体的内在观念会通过外在现象

---

① 在中国国关学界,一些论文存在的突出问题不是缺乏"问题意识",而是缺乏核心观点即对问题的明确回答。这也是创新情况不理想的原因所在。

表现出来,因此联系可以观察的现象才能对不可以观察的因素得出合乎逻辑的推断。在这里,可以观察的经验事实(包括文本)乃是进行推断的根据。如果研究者的猜测一开始没有根据,只是纯粹的想象,那随后也需要通过更广泛的观察(特别是阅读文本)寻找根据,否则论证就无从进行。

从事国际关系理论研究,进行经验观察的目的是提出对于事实的解释。倾向于传统主义方法的研究者,通常的做法是在审查和理解全部被认为相关和可靠的资料之后,依靠判断、直觉和洞察力得出结论;而倾向于科学主义的研究者,则更愿意收集大样本数据,通过运用数学工具进行定量和形式分析提出有关一般规律的假设。

为了提出具有新意的命题,研究者需要基于学科的基本概念和已有理论对发现进行概括和推论,以便提出待论证的命题。在这里,推论可分为归纳和演绎两种情形。归纳是从个别到一般的推理过程。收集大样本数据进行定量研究,所提出的命题就是归纳的结果。这样的命题通常具有较普遍的解释力。相反,演绎则是从一般到个别的推理过程。从既有理论中推论出对现实问题的具体解释就是一种演绎。这两种推理中,归纳能发现新的现象,但要解释为什么,则需要理论演绎提供证明。经演绎得出的命题具有逻辑的严谨性,虽然不能超出原理论的知识范围,但如果得出的命题是原本人们不知道的,能够解释此前不能解释的现象,那同样能成为有待论证的核心观点。

从具体操作讲,人们提出核心观点,在不同类别的研究中是有不同的形式的。

进行实证研究,例如论证所发现的因果关系、相关关系,核心观点就是论文的核心假设。对于假设的提出,钟伦纳指出,在一定的时间和资源条件下,每一个可以接受检验的概念或概念间的关系,都可以成为一项待验假设。有些题目可以转化为一项而且只有一项待验假设,有些则可以分解为多项或多种可以互相代替的待验假设。如果研究者遇上题目广泛而时间或资源不足的情况,那么就应选择最重要或最具代表性的假设来检验。①

在研究中提出假设,基本的前提是研究对象要可以观察。如果研究者提出的命题包含不能观察的要素,那么就无法进行经验实证。例如,建构主义者所提出的命题"共有观念建构了国际体系的结构",就包含了"共有观念""建构""国际体系的结构"等不可以直接观察的因素,因而不能作为研究假设。相反,民主和平论者所提出的"民主国家不相互开战",则符合假设的条件,因为该命题所涉及的两个要素,即"民主国家"与"战争",都是可以观察并能得到相应数据的,因而是可以进行验证的。

根据所指涉变量关系的属性,假设可以反映因果关系,也可以反映相关关系。如果观察事实发现 A 是 C 发生的确定原因,那么就可以提出有关 A 与 C 的因果关系的假设;如果发现 A 与 B 是影响 C 发生的因素,而这种影响的程度具有不确定性,那么就可以分别提出有关 A 与 C 和 B 与 C 的相关关系的假设。例如,米尔斯海默所提出的崛起国挑战霸权国导致大国战争的观点,指涉的就是因果关系,②而罗伯特·基欧汉和约瑟夫·奈所提出的在复合相互依赖条件下,非国家行为体地位上升、国际政治中低政治议题地位上升和军事力量地位下降等命题,所指涉的则是相关关系。③

根据指涉对象,假设可以分为特定假设与一般假设。特定假设是有关特定对象的假设,主要用于解释国际关系中的特定事件,带有特殊性。例如,冷战是一个特定事实,对于冷战的结束,人们就可以提出待验证的假设(答案)。一般假设是针对具有普遍意义的一般事实,具有较广泛的解释力。用于解释规律的假设,就是一般性假设。上述米尔斯海默和基欧汉的假设就属于一般假设。这种假设即使只能表明变量关系的或然性,仍具有较广泛的解释

---

① 钟伦纳:《应用社会科学研究法》,香港:商务印书馆 1992 年版,第 85—86 页。

② 可参见[美]约翰·米尔斯海默:《大国政治的悲剧》,王义桅、唐小松译,上海:上海人民出版社 2003 年版,第 38—40 页。

③ 可参见[美]罗伯特·基欧汉、约瑟夫·奈:《权力与相互依赖(第 3 版)》,门洪华译,北京:北京大学出版社 2002 年版,第 25—26 页。

意义。

在国际关系研究中,不论研究者提出何种假设,从方法的要求来讲,都应该有清楚明确的表述:假设所涉及的基本概念不应存有争议;所有变量都应有明确的界定;表述应为陈述句而不是疑问句;每一个假设说明的都是两个变量的关系,如果有更多的变量,则应分解为不同的假设。如果假设在表述上存在模糊性,人们在理解上就会有不确定性,进行验证也会有歧义。

与实证研究不同,如果研究者进行的是非实证研究,所针对的是不能观察的事实,那么就不能采取提出假设的方式陈述核心观点。通常,探讨事实之意义的研究,有关战略意图的研究,诠释文本语境的研究等,所提出的核心观点就都属于在理解基础上所做的主观判断。例如,2021 年美国、英国和澳大利亚成立奥库斯(AUKUS)联盟,澳大利亚借助美英两国技术打造核动力潜艇舰队,要讨论这个事实的意义何在,研究者就需要根据自己对经验事实的观察和对文本的解读,作出对各方意图的判断。

研究者以非假设的形式提出核心观点,其表述同样需要简明清楚。如果用一段话来陈述拟论证的观点,那么其中一定要有核心命题。一般来说,核心命题越简明,设计论文框架就会越明确,是否有创新就会越清楚。如果人们读一篇文章找不到清晰的核心命题,那么这篇文章就可能存在根本性缺陷。

设计论文提出核心观点,最根本的要求是要有新意。为了表明这一点,研究者需要进行文献综述。

8.2.4　进行文献综述

专业研究者进行文献综述,有两种不同的情形。一种是前边讲过的学科综述,即说明学科的发展,表明自己对相关领域的研究现状与前沿问题有充分了解。这种综述是研究者选择学科领域与专业方向必须做的事。另一种是问题综述,即集中于所要研究的问题,通过陈述学界的研究现状,说明自己拟做的研究具有创新性。进行这种综述,研究者能够为与其他研究比较提供一个基准。①比较这两种综述可以看到,前一种综述的范围是一个专业领域,宗旨是说明研究者在该专业领域的知识基础;后一种综述的范围是拟研究问题的特定知识背景,宗旨是说明所提出的观点相对学界已有研究有怎样的贡献。对于研究者来说,通过文献综述阐明自己所提观点具有创新性,随后所做的研究才具有合法性。

以创新为目的进行文献综述,既要表明论文拟论证的观点与已有研究的不同,又要表明这两者间有密切联系。研究者集中陈述学界对该问题研究的方方面面,要旨是说清楚针对该问题学界已有怎样的研究,提出了哪些主要观点。如果发现学界已有充分的研究,自己的观点没有新意,那就需要调整自己的研究角度和观点,或是放弃对该问题的研究。如果发现自己的观点有明显新意,且与已有研究存在逻辑联系,那就可以确定自己的选题是适当的。在综述中,如果研究者发现自己的选题在学界没有或很少有相关文献,要慎言"填补空白",因为具有现实价值与学理意义的问题,通常不可能没有人关注。除非研究者确信有重大发现,否则这样的问题很可能是没有研究价值的。

一般来讲,学术研究都具有沿袭传承的特点,有一个不断积累的过程。研究者为解决疑惑而提出的问题与观点,应当以学界已有研究为基础。在这个从已知走向未知的过程中,研究者对已有研究的清楚阐述乃是发现问题和提出新观点的前提。从操作的角度讲,进行文献综述要特别避免泛泛而谈,例如从现实主义、自由制度主义、建构主义等宏大理论讲起。基于研究问题进行文献综述,就像是为盖房子而打地基。房子的地基一定要打在拟建房子的地方。如果做综述缺乏针对性和深入性,所综述的文献与所研究的问题没有逻辑关系,那么所提出的观点就是没有基础与根据的,创新也就无从谈起了。

①　[美]约翰·W. 克雷斯威尔:《研究设计与写作指导》,崔延强等译,重庆:重庆大学出版社 2007 年版,第 23 页。

以提出的问题和观点为导向,综述文献要选取与问题相关的资料,特别是与该问题有直接关系的论述。如果没有直接相关的论述,则要选取有逻辑联系的相关论述。这种逻辑联系,可能是纲目关系,即所研究问题涉及的是所综述领域的一个子领域;可能是递进关系,即所研究问题是对所综述领域的发展;也可能是因果关系,即所研究问题是所综述领域必然产生的结果。为了说明诸如此类的逻辑联系,进行综述不能是纯粹的梳理,而要联系所提出的观点对资料进行评述。例如,要说明已有研究是否涉及过这个问题,已提出过哪些观点,是否解决了问题,等等。对文献进行学理分析,可以为随后的论证奠定基础。

研究者进行综述,资料的收集通常有一个不断深入的过程,即收集到一部分文献之后,通过阅读其中的文献综述部分、注释部分以及参考文献部分,可以方便地找到更多的文献,特别是代表该问题研究新进展的文献。尽管在收集资料的过程中研究者不可能检索到所有文献,但最好不要遗漏被反复引述的文献。对于这些文献,研究者最好找来原文认真读一读。这样做可以更好地理解作者的完整论述。在综述中引用他人的引文,一定要注明转引出处,要切实尊重前人在资料上的贡献。

总之,做好问题综述,归根结底是为了在学界已有研究与论文所做研究之间建立起学术联系。建立了这样的联系,研究者才能在综述过程中使问题和观点的提出更加准确、适当,并对不适当的问题和观点做出调整。①

8.2.5　方法的选择

有了适当的问题和拟论证的核心观点,还要选择适宜的方法才能实现研究的目的。在进行研究的时候,方法的选择取决于研究对象的属性。对于可以观察的对象,要用实证的方法,即用经验

①　陶保平:《研究设计指导》,第 41 页。

事实来验证。对于不可以观察的对象,则要用非实证的方法,比如诠释方法,来解读事实的意义。由于国际关系事实既是客观实在,又是行为体意图的结果,因此两类方法的运用具有同等重要的地位。

以对军事力量的研究为例。一个国家的军费开支、武器装备、军队规模与部署等都是可以观察(包括统计)的"外在现象",需要进行实证研究。国家发展军事力量的意图,对安全问题的判断,特别是会如何运用其军事力量,则体现的是不能直接观察的"内在意义",只能进行非实证研究。再比如,研究美日同盟关系的演进,对于其意义需要做非实证的研究,即依据各种文本进行诠释;而对其实际行动则需要做实证研究,即进行经验观察与解释。总之,对于任何一个国际关系事实,都需要同时研究其两面,只解释一个方面是不行的。当然,在实际研究中,人们都会有所侧重。

在前边的章节已经系统介绍了四种主要学科方法,即案例研究法、定量研究法、形式模型和诠释学方法。其中,定量研究法和形式模型是用于实证研究,诠释法是用非实证研究,案例研究法可以用于实证研究,也可以用非实证研究。这里不再一一赘述。

除了这几种主要的学科方法之外,研究者为了实现论证目的,还需要灵活运用其他工具性方法,诸如比较法、分析与综合法、系统方法等。此外,还可以运用访谈、问卷等研究工具。

运用比较法就是对两个或多个事实进行对比性研究。通过对比,可以对研究对象的属性和特点有更清楚、深入的认识。在国际关系研究中,人们可以进行同时段的不同对象的比较,也可以进行同一对象的不同时段的比较;可以进行定性比较,也可以进行定量比较。无论进行哪种比较,都要有明确的标准。

运用分析与综合法包括两个方面,一方面要把研究对象分解为若干要素进行研究,得到对各要素的比较深入的认识;另一方面则要把有关这些要素的研究结合起来,以便得到对研究对象的整体认识。

系统方法是从自然科学中借鉴来的。运用这种方法,基本的

理念就是把整个世界视为一个相互作用的要素的综合体,其中存
在着各种复杂的因果链条和动态过程。从这种视角观察国际关
系,会得到与传统观念不同的认识。与传统的科学方法以探讨对
象的确定性为宗旨不同,运用系统方法研究的是对象的不确定性,
即系统对事物的整体影响和所导致的复杂效应。

　　国际关系研究可以运用的方法还有很多,不可能在这里一一
介绍。对研究者来说,一方面应尽可能全面地掌握不同方法的原
理与操作,另一方面则要恰当地选用这些方法。在这里,"恰当"是
就研究问题而言的,即方法要切合拟解决的问题。

　　进行方法的选择,人们通常都有自己的偏好。一些研究者
在选用某一种方法的时候,往往对其他方法持否定态度。在国
际关系学界,长期存在的有关方法论的争论就反映了这种情况。
不过,进入 21 世纪以来,国际学界有越来越多的人接受了这样
的认识,即进行国际关系研究,应当包容各种方法,而且需要不
同方法的综合。理由是国际关系问题大多具有复杂的构成,只
用单一方法从单一角度进行研究,很可能得不出完整的描述与
解释。在 2000 年的国际研究协会(ISA)年会上,一批学者就从
这个视角对国际关系研究进行了反思。①这种学术倾向是值得中
国学界思考的。

　　本章的内容,说明的是研究者进行实际的学术研究应当怎样
做,包括操作的步骤和规范。对于学习者来说,要成为专业研究
者,不但需要掌握有关方法的基础知识和研究工具,了解进行国际
关系研究的基本概念和主要的学科方法,而且需要掌握进行实际
研究的操作规程,懂得如何进行专业定位和研究设计,并了解论文
的写作规范。虽然按照这些条条框框做文章似有"八股"之嫌,但
不按这些规范做,就进不了学术研究的大门。这就如同进行体育
活动一样,不懂规则就不能参加比赛。当然,单只学会这些形式上

---

　　① 可参见会后出版的论文集,见 Frank P. Harvey and Michael Brecher(eds.),
Evaluating Methodology in International Studies,Ann Arbor:The University of
Michigan Press,2002。

的东西是不够的,研究者只有把创新精神融入其中,并且充分发挥经验观察能力、逻辑思维能力和写作能力,才能真正做出好的研究。对于好的研究,人们读过之后应该对国际关系现实和理论有更深层次的理解,对事态的演进能产生一定的前瞻性认识,并且能从中得到对策性启示。研究有这样的效果,才能为国际关系学科的知识积累做出贡献。

　　下面的评估表所提出的问题是对本章内容要点的提示。无论是评估他人的研究,还是设计自己的研究,这些问题都必须想清楚。如果学习者能完全理解这五个方面,并且能应用于实际,那么对国际关系研究方法的学习就算入门了。

表 8.1　论文设计评估表

● 事实:针对研究对象,观察事实发现了什么?
● 问题:基于疑惑,提出的研究问题是什么?
● 观点:回答上述问题,所提出的核心观点是什么?
● 综述:评述相关文献,能表明拟论证的核心观点具有创新性吗?
● 方法:进行论证,拟采用哪些研究方法?

学习要点与思考题

一、　国际政治学科与研究者的专业定位

"国际政治""国际关系"和"国际研究"作为学科用语通常可以互换,要知道其界定与区别。进入专业研究,首先需要在学科中大致划定自己的知识范围,明确研究方向和问题领域。本章所列的问题领域可作为参考。通过专业学习和广泛的文献阅读,可以找

到感兴趣的领域。要根据自己的条件进行专业定位。

思考题：

● 为使知识面有足够的宽度和研究有专业深度,怎样才能更好地把握问题领域的大小?

二、 研究方向

要确定自己是进行纯理论研究,还是现实问题研究。前者属基础研究,是以对事实的抽象与概念演绎为主,旨在建立学术理论;后者属应用研究,侧重点是描述和解释现实问题并提出对策。研究者选择确定的专业方向,是以对相关研究现状的全面了解为条件,要理解做学科综述的必要性。

思考题：

● 怎样认识理论研究与现实问题研究的关系? 两者可以截然分开吗?

● 对学科的发展、现状和前沿问题不了解或者了解很少,能够在该领域进行专业研究吗?

三、 研究设计与规范

研究起步于观察经验事实和文本的发现。发现要包括基于疑惑提出的问题和作为答案的核心观点。说明核心观点具有创新性要通过文献综述。论证观点要选择适宜的研究方法。掌握这五个要素的内涵和操作原则,是进行研究设计的基本要求。

思考题：

● 怎样通过经验观察和文本阅读看到或找到学界未知的东西?

● 发现疑惑,怎样提出好的问题?

● 怎样根据不同的研究对象提出不同形式的待论证观点?

● 怎样通过针对相关问题的文献综述表明自己的研究具有创新性?

● 在研究中应怎样根据对象选择适当的研究方法?

● 选一篇论文,根据"论文设计评估清单"进行衡量和评价。

参考文献

［美］加里·金、罗伯特·基欧汉、悉尼·维巴:《社会科学中的研究设计(增订版)》,陈硕译,上海:格致出版社 2023 年版。

孙学峰、阎学通、张聪:《国际关系研究实用方法(第三版)》,北京:北京大学出版社 2021 年版。

陶保平:《研究设计指导》,北京:教育科学出版社 2004 年版。

［美］约翰·克雷斯威尔:《研究设计与写作指导》,崔延强等译,重庆:重庆大学出版社 2007 年版。

钟伦纳:《应用社会科学研究法》,香港:商务印书馆 1992 年版。

Frank P. Harvey and Michael Brecher (eds.), *Evaluating Methodology in International Studies*, Ann Arbor: The University of Michigan Press, 2002.

Guillaume Devin(ed.), *Resources and Applied Methods in International Relations*, London: Palgrave Macmillan, 2018.

Luigi Curini and Robert Franzese(eds.), *The SAGE Handbook of Research Methods in Political Science and International Relations*, London: SAGE, 2020.

Michael Brecher, "International Studies in the Twentieth Century and Beyond: Flawed Dichotomies, Synthesis, Cumulation", *International Studies Quarterly*, Vol. 43, No. 2, Jun. 1999, pp.213—264.

Stephen M. Walt, "The Relationship Between Theory and Policy in International Relations", *Annual Review of Political Science*, Vol.8, 2005, pp.23—48.

图书在版编目(CIP)数据

国际关系学研究方法 / 李少军著. — 3 版. — 上海：
格致出版社 ：上海人民出版社，2024.6
（格致方法.社会科学研究方法系列）
ISBN 978 - 7 - 5432 - 3566 - 3

Ⅰ.①国…　Ⅱ.①李…　Ⅲ.①国际关系学-研究方法
Ⅳ.①D80 - 3

中国国家版本馆 CIP 数据核字(2024)第 079651 号

责任编辑　顾　悦　刘　茹
装帧设计　路　静

格致方法·社会科学研究方法系列

国际关系学研究方法(第三版)
李少军　著

出　　版　格致出版社
　　　　　上海人ﾑ出版社
　　　　　(201101　上海市闵行区号景路 159 弄 C 座)
发　　行　上海人民出版社发行中心
印　　刷　上海商务联西印刷有限公司
开　　本　720×1000　1/16
印　　张　17.5
插　　页　2
字　　数　234,000
版　　次　2024 年 6 月第 1 版
印　　次　2024 年 6 月第 1 次印刷
ISBN 978 - 7 - 5432 - 3566 - 3/C·313
定　　价　78.00 元

格致方法·社会科学研究方法系列

国际关系学研究方法(第三版)

李少军 著

质性研究方法(第三版)

范明林 吴 军 马丹丹 编著

社会科学研究方法概论

王 凯 著

整体网分析(第三版)——UCINET 软件实用指南

刘 军 著

管理研究方法(第三版)

孙国强 编著